本书为教育部人文社科重点研究基地中山大学历史人类学研究中心基地重大项目"清王朝的物资控制、国家运作与地域社会"（16JJD770039）研究成果

新 / 经 / 济 / 史 / 丛 / 书

"十四五"国家重点出版物出版规划项目

规制如何生财

清代盐政基本原理研究
（1644~1850）

黄国信　著

社会科学文献出版社

SOCIAL SCIENCES ACADEMIC PRESS (CHINA)

"新经济史"丛书序言

黄国信　温春来

　　呈现在大家面前的这套丛书，最终以"新经济史"命名，是一个无奈的选择，也是一个有意识的选择。以"新"来命名历史学或者历史学相关学科，实在缺乏表现力；更糟糕的是，"新经济史"本是 20 世纪西方经济学中以数量分析而著名的经济史流派。这两个因素，足见以"新经济史"来命名一套丛书，绝非明智之举。但我们最终仍然行此下策，是希望能赋予这一概念某种新义。我们所谓的"新经济史"，是结合经济史中的历史学派与计量学派的学术理路，以中国社会经济史传统为学术传承，以历史上经济、政治、社会、文化等密切联系的各要素的整体组合为思考依据，从历史过程的内在逻辑出发，以阐释学术意义上的中国传统经济体系为旨归，力图据此与相关社会科学展开对话，推动基于中国历史经验的经济史解释模式学术理路的形成与发展。

学界通常所说的"新经济史"，兴起于 1950 年代的美国，是计量方法与历史主义方法竞争的结果。受德国经济学历史学派的影响，1880 年代以后，历史主义一直是美国经济史研究的主流方法，研究者并不以新古典经济理论为指导，而是强调历史文献和历史数据统计，意图从描述史料和统计数据中形成理论。然而，1950 年代开始，经济学在美国全面数学化。在一般均衡原理得到数学的严格证明后，1957 年在美国经济史协会的专题学术会议上，有学者正式提出，同样可以用新古典经济学理论解释历史上的因果关系，这成为美国新经济史的宣言，计量方法开始挑战历史主义方法，并逐步成为美国经济史研究的主流。

在此背景下，1964 年，罗伯特·福格尔（Robert W. Fogel）出版了《铁路与美国经济增长：计量经济史论文集》一书，成为美国新经济史的代表作品。该书以新古典理论为指导，意在基于计量，精确地对铁路与美国经济增长的关系予以新解。此前，著名发展经济学家沃尔特·罗斯托（Walt W. Rostow）认为，铁路是美国经济起飞的重要动力，铁路降低了运输成本，扩大了国内市场，并且带动了煤、铁和现代工业的成长。这一观点得到经济史学界的广泛认可，成为经典论述。不过，福格尔认为，这一论述缺少足够的数理支持，只能视为一种假说。因此，在缺乏直接数据的情况下，福格尔极有创意地采用了反事实推定法，他推算如果没有铁路，美国的经济增长会受到多大影响。为此，他设定了一系列指标，并用线性规划模型，据已有数据创造数据，计算出 1890 年铁路带来的货物运输的社会节约是 5.6 亿美元，仅为当年 GDP 的 4.7%，铁路建设对钢铁、机械、木材等产品的购买量为 3211 万美元，仅占制造业总额的 3.94%。综合两个数据后，他觉得罗斯托关于铁路是美国经济起飞重要动力的结论，是有问题的。

　　福格尔新论一出，引起了美国经济史学界的强烈关注，支持者众，批评者亦不少。但他把由直觉推论得到的结论，置于科学主义的计量分析之下，具有极大魅力。由此开始，以计量为主要方法、以新古典经济学为理论指导的"新经济史"在美国蓬勃兴起。1968年，道格拉斯·诺斯（Douglass C. North）的《1600~1850年海洋运输生产率变化的原因》发表。该文用每吨货物的平均海洋运输成本来衡量海洋运输生产率，认为1600年至1850年轮船代替帆船之前，货物的平均运输成本下降，海洋运输生产率提高。而造成这一变化的原因，不在众口一词的海洋运输技术进步，而在海洋运输的安全性加强和市场经济规模扩大。而后者的动力，来自制度的变革。诺斯的研究，把新经济史的计量分析演化成经济学史上的新制度学派，制度从经济分析中的常量，一跃成为内生变量，"新经济史"由此进入一个新阶段。

　　实际上，比"新经济史"在美国的兴起稍早，在法国，计量方法也在历史研究中产生了重大影响。法国年鉴学派大约从1930年代起，逐步将计量方法引入历史研究。他们首先利用计量开展价格史研究，并逐步将其发展为"系列史"。所谓系列史，就是将一组同质的事实材料，尤其是数字材料，排成一个序列，以分析其在特定时间范围内的变化，既包括价格、税收等经济史数据，也包括宗教文书、建筑等同质数据。在系列史中，过程成为研究对象，时间的同质性被消解。由此，最终发展出米歇尔·福柯（Michel Foucault）的历史非连续性论断。此后，年鉴学派又将计量方法引入心态史研究，推动历史学的计量化，比美国"新经济史"走得更远。

　　凭借计量的科学感、制度分析的魅力，法国年鉴学派和美国新经济史学派引领了大批学者进入历史计量分析行列。虽然由于历史上的统计数据常常残缺，难以直接计量，但具备良好数理逻辑思维的研究者，总可以将许多并非数据的史料，通过赋值转化成数据史料来利用。比如，可以将黄河决堤理解为水量增加，把沿海动乱看成海盗活动，并将其赋值，进而进行计量分析。经过赋值，历史计量可能性变大，研究领域大幅扩展。由此，计量方法不仅在经济史研究中广泛运用，而且被推广到历史学其他领域，形成了全球性的"计量历史学"热潮，以《计量历史学》为名的教科书应广泛的市场需求而产生。与此同时，经济学家也从史料中寻找数据源，努力创新经济理论，诺斯还因此获得诺贝尔经济学奖。

"新经济史"和计量历史学以其模型化和计量化，把不可计量的内容变成可计量，反对"从直感得到推论和综合"的历史学，得到了作为社会科学家的经济学家们的认可，他们甚至期待这一方法可以将历史学彻底"科学化"。不过，这也激起了一批经济史家、经济学家和历史学家的广泛批评，其要点可以概括为以下几个方面。第一，计量数据与历史语境的抵牾性。以"新经济史"为代表的计量历史学以统计分析为基本手段，数据是其根本基础。然而，不少计量历史学研究者利用数据时，缺乏良好的历史学素养，不了解既有数据的语境，将其视为当然，直接使用，难免差之毫厘，失之千里。须知历史数据与其他史料一样，必须置于其语境中去考察，否则就可以根据清前期田赋额较低，而推断当时国家能力孱弱了。既有数据之外，对非数据史料赋值，更需要良好的历史感，符合历史学的基本原则，不然就可以根据史料中盗贼出现的次数，来推断农民起义爆发的次数了。计量经济史学家认为，推动经济学学理意义上的学术进步，才是计量经济史学的重点，在这一目标之下，某些数据错误并不影响计量结论。诚然，如果经济数据的性质早已得到广泛认可，数据的大小有偏差，并不影响逻辑结论，比如清嘉庆年间，中国的 GDP 占全球 30% 还是 35%，的确不影响宏观结论，但如果得出宏观结论本身所依据的数据有错误，则跟物理实验材料用错性质相同了。所以，英国著名历史学家埃里克·霍布斯鲍姆（Eric Hobsbawm）早就指出过，"新经济史"虽然可促进历史学者清晰思考，但它把终结历史神话的历史学家变成算术工具，失去对史料的掌控和驾驭，严重伤害了历史学。第二，人文学科与社会科学的方法论差异。历史学是典范的人文学科，关注行动者的主体性和能动性，重视具体场合所发生事情的多样性与丰富性。人们做出决策的机制非常复杂，在人的复杂决策机制中选择一两项作为变量而将其他视为常量或者外生变量，显然会背离事实。进而言之，历史是在无数人的合力推动下演变的，较之于个体，变量尤其复杂多歧，虽然康德、黑格尔、恩格斯等先哲早就表述过，无数个体的激情与意图所造成的偶然性，无损于历史总体内在的合规律进程，但如果研究者不是从这种历史哲学出发去阐明整个人类历史演变的宏观模式，而是致力于实证性的经验研究，就不得不面对人心易变且变量变化可能杂乱无序的状况。这就需要以整体史观作为研究的理论指导，以人为思考的中心，尽量关注到各种变量，并且要注意变量的突变，即同一个或一群人决策时，变量从 A 突然跳跃到 B 的情况（诸如有人开始以经济理性做决策，突然又转变到为宗教理性所左右）。此外，相当多的历史学者，和不少经济史家一样，明确表示无法接受历史研究的反事实推定，他们认为假定即虚构，由此构建的数据与事实无关。而一批有良好历史感的经济史家，则几乎众口一词地认为"新经济史"构建的历史模型，控制变量太多，自变量太少，结论可信度大有问题。第三，经济理论不像自然科学公式那么有效，只能是经济和经济史分析的工具，不能直接套用。它不是经济史的源头，反而经济史才是经济理论的来源之一。凯恩斯（John M. Keynes）指出，经济理论只是人们思考和理解经济问题的工具，并不具有普适性，不能与自然科学的公式相提并论。韦斯利·C.米切尔（Wesley C. Mitchell）同样认为，如果将理论当作公式分析历史数据，则不仅可能违背历史逻辑，更会遗漏发明经济理论的可能机会。第四，某些计量经济史研究不过是用一些漂亮的模型来表达一些历史学习以为常的结论。虽然经济学家可能认为这是将历史学结论从假定变成了科学验证的结论，但是，批评者仍然认为，这种研究没有提供任何新的知识，是无意义的重复劳动，对历史研究并无帮助。

计量历史学的种种缺陷，使当初曾雄心勃勃想以之改造历史学的学者们的意图彻底落空，甚至有的主要倡导者也很快改弦易辙。1967年，著名历史学家、年鉴学派第三代学者的代表之一埃马纽埃尔·勒华拉杜里（Emmanuel Le Roy Ladurie）放言："未来的历史学家要么就是一个程序员，要么就不是历史学家。"然而，仅仅8年后，他的代表作《蒙塔尤》出版，这部享誉世界的史学经典，回归到传统史学的叙事，与计量毫无关系。1970年代后，计量历史学逐渐衰落。近年来，计量历史学在一些国家和地区有复兴趋势，这有着计算机算法进步、云计算与大数据时代来临的背景。一些计量历史研究和"新经济史"也号称大数据，但事实上，许多计量历史研究，无论是在基本理念、数学模型还是数据规模上，都与六七十年前的第一代计量历史学没有多大区别，体现不出多少新意，失误的类型也如出一辙，唯一的区别可能只是史料获取更为方便了。

"新经济史"和计量历史学受到的批评，除了数据的语境之外，主要是经济学与历史学之间的学科差异造成的，双方都有自己的学理依据，都觉得有必要去改造对方。但是，对双方来说，这都是不可能完成的事情，毕竟双方学科的基本逻辑不一样。因此，提出"看得见的手"的著名企业史家艾尔弗雷德·D. 钱德勒（Alfred D. Chandler）认为，与其让双方不停相互指责，不如让双方各守本业。

我们认为，固然双方都有自己的学科本位，但中间亦存在着沟通的可能性与必要性。基于此，本丛书希望在传承中国社会经济史学术传统的基础上，就此开展一些探索。中国社会经济史研究有着近百年的时间纵深，自诞生起，它就坚持历史学的严谨考证方法，注重史料语境，强调史料利用的可靠性，并在此基础上，引入经济学、社会学等学科的分析方法，揭示纷繁复杂的历史现象所蕴含的意义。梁方仲的明代中国商业经济"一马当先"论、傅衣凌的资本主义萌芽于山区论、吴承明的二元经济论和广义经济学，均是此类研究的经典和代表。在他们开创的学术道路上，近年来刘志伟提出贡赋经济体系，系统解释了传统中国商业的高度活跃与高度集权的政治经济体系之间的关系，构建了经济史研究的"中国模型"。

本丛书倡导的"新经济史"，希望循着既有的研究路径，坚持历史学本位，以社会科学视野为观照，探析传统中国经济史的可能路径，既注重史料的语境及其可靠性，讲求历史过程的内在逻辑，也注重经济学等社会科学的分析方法和模型化的思维方式，进一步推进历史学与社会科学的融合。中国经济史文献中，叙述性史料浩如烟海，占据着主导地位，它们难以被数量化，但又是我们理解传统经济运行机制的凭借，也为相关数据性史料提供了语境。基于此，必须高度重视叙述性史料，但除了利用考据、编年等传统史学方法对之进行解读外，还必须以建构模型的视野来分析之，并且要考虑更多变量。我们也高度重视数据史料，既重视数据本身，也重视其生产过程与文本意义，回归历史场景和历史内在逻辑来建构数量关系模型。此外，我们对通过赋值来产生数据的方法持谨慎态度，不会轻易将复杂的历史现象归结于一两个简单的指标以创造数据。作为历史学者，我们深知，稍有不慎，看似科学、客观的赋值数据就会变成研究者的主观臆断，千疮百孔，破绽百出。总之，我们希望可以建构一套宏观理解传统中国经济体系的模型，以此为指导，结合扎实的描述史料和数量分析，具体展现财政、盐政、矿政、马政、市场以及其他领域的经济运行机制。我们希望本丛书倡导的新经济史在方法论上有下述特点。

第一，坚持历史学的基本原则，但对经济学和其他社会科学保持开放性。研究对象本身并不意味着学科属性，研究取向才真正决定学科性质。对过去的人与社会的研究，可以是历史学，可以是人类学，也可以是经济学，或者其他学科，但如果不遵守历史学的史料处理原则，不遵从历史过程的内在逻辑，就意味着无论研究的时期为何，都不能被视为史学研究，而只能是其他学科的研究。从历史学的立场出发，无论是文字史料、数字史料还是非文字史料，都应该当作文本看待，史料是生产于具体语境之中的，脱离语境，必将误读史料。建立在误读史料基础上的研究，无论描述如何精彩，统计如何"精确"，模型如何优美，都只是一种背离史实的智力游戏，很容易就被大量的史料与史实所证伪，不可能令历史学者满意，更不要说试图以此来改造历史学了。

但是，经济史研究也应超越美国历史主义经济史传统，不要认为只能从历史中产生理论，而不能用经济理论和其他社会科学理论来分析历史现象、历史数据和历史材料。我们认为，经济学以及其他社会科学的理论、概念和方法，有助于理解、分析和把握历史时期的经济现象与其他社会现象。很多时候，凭借这些理论、概念和方法，研究者往往能够事半功倍地穿透纷繁复杂的历史文献资料，看到意义，抓住要害，发现历史的内在逻辑，并使分析明晰化。

社会科学是在近代西方发展起来的，中国史研究对其保持着开放性，必然会涉及本土经验与西方理论的调适问题。我国史学界存有一种观念，认为西方理论产生于西方土壤，应用于中国历史，难免水土不服。然而，理论本就是对经验现象的简化与抽象，因此一定是与现实不完全吻合的，古今中外的任何理论莫不如此。简化与抽象的角度不同，针对同一现象的理论之间甚至可能势若冰炭。若说西方理论符合西方经验，那就不至于基于同一西方经验现象，却产生出层出不穷的西方理论了。理论的意义不在于完全符合现实，而在于提供一种观察视角与分析工具，而不同的人类社会虽然存在着差异，但或多或少有相通、相似之处，因此来自异域的分析工具，往往有可利用之处。只是任何理论，不管是来自本土还是异域，都不能简单套用，否则就是将工具等同于现实了。

本丛书倡导的"新经济史"，希望立足于本土经验，并认为传统中国的经济史有自身的历史逻辑，并非可以由现有的任何理论模式轻易阐释。近年来贡赋经济、帝制农商社会等理论，虽然在逻辑的自洽性以及与西方理论对话的能力上，并非完全等同，但都是立足本土经验并积极放眼国际学术所发展出来的经济史理论，值得我们重视和借鉴。

我们相信，异域经验不仅可以作为研究中国经济史演进的对照与参考，而且从异域经验出发产生的经济学理论等社会科学的理论，很多也能作为中国经济史分析的工具。众多西方的大师级学者中，有的甚至关注过中国，他们高屋建瓴的理论建构以及对中国本土经验的抽象概括，令人叹服，已经成为中国研究的宝贵学术积累。因此，无论是他们理论模型中的中国经验，还是他们产生于中国经验之外的理论架构与概念方法，均可以在切实弄清其语境和中国的历史情境之后，判断是否可加以利用。例如，近年来明清社会经济史学界日益认识到，传统中国赋役、财政与市场之间紧密结合的情形，与习俗经济、命令经济、再分配经济等来自异域的、与市场相关的西方理论之间，存在着很大的利用与对话的可能，从这里出发，我们有可能更深入地认识传统中国独树一帜的经济体系与别具一格的国家治理模式，并进而提出相应的概念范畴与理论体系。

第二，坚持整体思维的基本原则，但不避讳模型思维。鉴于计量经济史研究数理模型存在设定的常量和外生变量多而内生变量少，并且无法处理变量的突变等缺陷，我们希望坚持整体思维，从一堆复杂的历史现象里，尽可能地观察到更多的变量，进而从历史的内在逻辑出发，分析它们之间的关系，确定哪些是变量而哪些是常量，哪些应该深入展开，以及变量会不会突然跳转、常量与变量会不会转换等要素，然后再以此指导复杂的史料分析。

在这样的分析中，我们并不忌讳模型思维，而是在整体思维的基础上利用模型。我们将历史视为有机联系的整体，借用模型来洞察复杂的历史关系，并在模型中融入历史维度，以期将历史展现得更为清晰，更富有逻辑，更具备与社会科学对话的可能与潜力。当然，我们强调的模型思维，必须建立在扎实的史料基础上，否则，模型会变成脱离实际的空中楼阁，非但价值不大，甚至会造成某种误导。此外，由于整体思维的引入，并且要观照变量之间的突变以及常量和变量之间的转换，我们并不一定要追求模型的函数化及其可计算性，模型可以用文字表述，也可以用图形表达，当然也可以是公式化的。

第三，在追求历史的丰富性与多样性的同时，力求从总体上给出一种明晰的解释。经济学家所写的经济史，通常围绕一两个基本假设展开，抛去那些烦琐的细节，剔除与主旨疏离的事实，显得明晰、简洁而优美。从历史学出发的经济史，则往往缺乏一以贯之的概念与主线，但却有着复杂的枝蔓与丰富的史实。本丛书基于历史学的定位，力图不厌其烦地从史料中发掘经济现象的细枝末节，呈现不同行动者的矛盾与博弈，考察经济决策的来龙去脉及其落地的具体情景，探讨管理制度的区域与人群差异。不过，我们也深知这样的研究取向庞杂而缺乏解释力，所以，我们也要在丰富性与多样性呈现的基础上，给出提纲挈领、简明扼要的总括说明，并进而提出一些概念范畴，以期更为深刻、明晰地解释复杂的历史现象。为此，历史学者应积极借鉴社会科学家那种概念清晰、逻辑自洽的表述方式。

目前，各种社会科学的分析概念与理论模式，均无法完全有效解释传统中国的经济模式与运行机制，我们希望从史料及其语境出发，以人为思考的中心，借鉴经济学等社会科学的概念方法，结合整体史观与模型思维，注重描述研究与计量分析，基于历史过程的内在逻辑，提出一些关于中国传统经济体系的理论解释，并探索与社会科学理论对话的可能。这样一种"新经济史观"，并不敢企望真正融合钱德勒所说的经济史研究中的双方，而是希望凝聚一批志同道合者，表达一种努力的方向。

2022 年 4 月 28 日

于中山大学马岗顶历史人类学研究中心

目　录

图表目录

附录各表目录

问题的提出：盐政为何可以"规制"

　　本书从规制视角出发研究清代盐政基本原理。规制，即规制经济学或者公共管理学中 regulation 一词的中译，又译管制或者监管，原指市场经济条件下，为了解决市场失灵造成资源错配、妨碍社会公平，国家以政治权力规范、约束企业经营活动的行为。20 世纪 60 年代，施蒂格勒（Geoger G. Stigler）建立分析模型，认为有规制需求的利益集团向国家提供政治支持，以交换政府供给的规制，才是规制产生的根本原因。这两种理论框架，前者可以称为公共利益理论，后者可以称为利益集团理论。前者主要解决市场失灵情形下的经济效率问题，相信政府监管可以改善市场失灵；后者主要解释利益集团如何通过政府规制获取收益，认为政府管制也会失灵，从而妨碍经济效率。新近的规制理论，则认为政府与市场均是现实的，"市场制度具有竞争带来的市场力量，但是也有各种摩擦因素所导致的市场失灵，而管制制度既能够增强人们对公平、公正的预期而有效约束交易成本，也存在与寻租等机会主义行为相关的管制失灵"。因此，规制经济分析放弃最优目标，放弃政府与市场的二元对立观，结合现实的市场和现实的政府，在其行为间进行具体的比较，通过比较寻找到不是最优，却是二者结合之下的"较优"方案，以达到提高经济效率的目的。[1] 由此可见，规制经济理论的发展历程，显示其不同时期的主要目标有二：（1）以政府或政府与市场的结合来寻找提高经济效率的途径；（2）解释企业主为了更高收益，如何与政府交换获取规制政策。

规制经济学建立在市场经济基础之上，研究规制的产生原因、手段和效益等问题，清代盐政则建立在传统社会中，那么本书为何可以将二者放在一起呢？二者有何联系？盐政如何可以被置于规制的视角来分析呢？这取决于以下两个理由。

第一，规制手段具有一致性，将规制作为方法来分析传统中国的经验事实，有其内在逻辑合理性。

规制经济学建立在市场经济基础之上，清代经济体系并非现代市场经济，[2] 说明清代盐政本不在规制经济学的讨论范畴之内。然

1　曹啸、计小青：《管制经济学的演进——从传统理论到比较制度分析》，《财经研究》2006 年第 10 期。

2　关于清代经济体系的性质，学界至少有三种有影响的观点，分别是刘志伟的"贡赋经济论"、万志英的"市场经济论"和传统的"封建经济论"。参见刘志伟《中国王朝的贡赋体制与经济史》，《贡赋体制与市场：明清社会经济史论稿》，中华书局，2019，第 1~32 页；万志英《剑桥中国经济史（古代到 19 世纪）》，崔传刚译，中国人民大学出版社，2018，李伯重序；至于封建经济论，作为曾经主流的理论判断，无须详列参考书目。

而，规制经济学里的规制，只是一种分析方法，它并不暗指人类社会存在过一种叫作规制经济的经济体系。因此，凡是经济活动中的规制行为，就可以用规制理论来分析。而且，无论规制目的何在，规制背后的经济体系是什么，规制手段是有一致性的。规制经济学认为，其最经常使用的手法包括准入、定价、数量和质量限制，以及环境和安全标准约束等，事实上，清代盐政中的规制手段亦不外如此。

清代盐政是指清王朝对食盐的产、运、销实行管控，以获取盐课的行为，它采用了市场准入、定价限制、食盐销售配额、流通过程监管等规制办法。清政府虽然试图垄断食盐，控制食盐的产、运、销诸环节，但事实上，私盐一直未被彻底根除，而且清代市场非常活跃，这就决定了在清廷并没有完全成功垄断食盐的情况之下，需求曲线仍然影响市场关系，市场力量对盐政影响不小。在这样的背景下，清廷出台的一系列准入限制、数量限制、定价限制措施，与规制经济学研究的规制，不仅在手段上，而且在市场背景上，都有较大程度的吻合。因此，用规制的视角来分析清代的食盐管制措施，有其内在逻辑合理性。

此外，市场经济条件之下，企业自然垄断[1]必然造成社会福利损失，国家常用规制和公有制的办法来反垄断。其中，所谓公有制，就是国家把企业自然垄断，变成国家经营自然垄断，而国家自然垄断中经常使用的手法，仍以规制手段为主，即国家定价、国家确定供给数量、国家制定产品质量和安全标准等。清代盐政虽然并未实行公有制，但也有国家进场，实行国家定价、国家配额等一系列管

---

[1] 所谓自然垄断，指某产品和服务由一家企业提供比由多家企业提供，能产生更高效率的垄断。比如自来水，如果一个城市有多家自来水公司，每家公司重复铺设管道，用户数量分散，反而规模不经济；如果只有一家自来水公司，效率最高。

制措施。因此，将规制作为一种方法分析清代盐政，不仅具有内在的可行性，也具有发覆的可能性。

第二，清代盐政的规制目标，与规制经济学和公共管理学所论规制的目标不同，可以为规制分析提供新的视野。

清代为食盐的产、运、销设定了一系列制度和规定，其目的与规制经济学所论之规制目的明显不同，它既不主要为了增进社会福利，提升经济效率；也不是为了帮助某些企业主获取更多收益。它的主要目的在于帮助清廷获取高额盐课，换句话说，是为清廷"生财"，为清廷和皇室生财。用规制的视角来看，清代盐政是清廷管控食盐谋取高额盐课的行为，故可以称之为"规制生财"。"规制生财"这一事实说明，清代盐政与规制经济学的研究目标颇不相同。清廷盐政虽然也口口声声号称盐政的目标之一是保障民食，但生财，即获取高额盐课才是其根本目标。因此，用规制的视角来分析清代盐政，可以在规制的目标这一层面，拓展规制经济学的研究视野。也就是说，将规制分析方法应用于清代盐政研究，不仅可以加深对清代盐政的理解，还能为规制分析方法提供发展空间。

清廷盐政的目标是通过规制"生财"。为了实现这一目的，清廷运用了一系列规制措施，主要包括通过准入许可来防范无准入许可的人员进入食盐生产和流通环节；通过定价管制将食盐销售价格维持在超过市场自然形成的价格水平上；通过配额限制防止市场食盐流通过剩或短缺；通过流通过程监管实现全过程规制以防范规制失效和走私等问题，从而将食盐的生产和流通控制在自己的手中，实现高盐价和高盐课，达到生财的目的。但是，设计这些规制措施，并非一个简单的事情，尤其在信息技术和交通技术相对落后的清代，让这些规制措施顺利落地并且长期维持，更非易事。所以，清廷在盐政规制的实施过程中，一直努力寻求官员、商人、灶户、消费者等各参与方的关系平衡，不断试错，不断调整规制措施的力度，最终实现规制的顺畅运转。即便如此，由于目的是生财，而不是提升社会福利，规制必然会有其代价。本书的目标，就是探讨清廷盐政规制的目的、实现规制目的的手段、为实现规制手段而进行的试错、通过试错寻找到的各种关系平衡，以及规制的代价、规制的效果等问题。显然，这些问题正是清代盐政的原理性问题。一般认为，基本原理指的是某一事物（含政策、制度）运行的目的、规则、依据与逻辑，而清代盐政的基本原理，则指清代盐政的基本出发点和目的、实现这一目的的基本措施及其行为逻辑、其运行的基本依据和原则，以及决定该制度诸多复杂面向的内在机制。显然，通过规制的视角，可以系统地理解盐政的基本目标，实现手段及其原则、代价等问题。正是因为有了规制的视角，清代盐政基本原理涉及哪些范畴，才变得容易把握，否则，什么内容构成清代盐政的基本原理，并不容易确定。规制分析方法的应用，为理解清代盐政提供了一种方向感。

因此，本书要解决的问题主要有二：一是研究清代盐政规制如何生财；二是生财目标对规制经济学有何潜在价值。前者是本书的重点——研究清代盐政规制，探讨其具体措施，分析其如何生财，揭示其代价，总结清代盐政基本原理。在此基础上，本书亦希望从清代盐政的经验事实出发，从生财的角度，拓展规制经济学的视野，分析非市场经济体系的规制手段、规制原则、规制目标、规制效果和代价。

学术史：从厘清史实到有方向感的探索

清王朝对盐务极为重视，留下了大量文献史料。因此，清代盐政研究一直是清史研究的热门课题之一，但不时仍有学者称其为"盐糊涂"。[1]实际上，百余年来学术界对清代盐政展开了大量研究，取得了长足进步，已有多部盐史研究论著目录和研究综述出版，总

1　"盐糊涂"概念于1912年由极力推动食盐自由运销的盐务专家景学钤提出。当时，一批力图废除专商引岸制度的改革人士，以景学钤为核心，创办《盐政杂志》，批评"废清末叶，盐务黑暗"（参见延《时评：改革盐政岂可再缓？》，《申报》1935年1月14日，第6版），称其为"盐糊涂"。很快，这一名词不胫而走，不仅成为《盐政杂志》和《谈盐丛刊》两大以盐为主题的杂志争辩时的重要概念，而且深入人心，成为普通官员和老百姓的口头禅。据张锡龄回忆，其担任熊希龄机要秘书的父亲就曾说，当时"凡服务于盐业者，无不有以'盐糊涂'口头禅，自相汕薄"（参见张锡龄《先父季庭公与熊院长希龄先生》，载周秋光编《熊希龄：从国务总理到爱国慈善家》，岳麓书社，1996，第391页）；甚至陕西大荔县盐滩一位叫孙尔文的副保长，1942年，在谈论当地盐民被乱收税时，也说这些盐民是"盐糊涂"（中国人民政治协商会议陕西省大荔县委员会文史资料研究委员会编《大荔县文史资料》第4辑，大荔县政协文史资料委员会，1991，第29页）。何为"盐糊涂"，当时各家各有说法。有人将其集中指向盐务运作混乱，认为"我国盐政，明清以来，以税收为目的，法系混乱，弊窦丛生，不加整顿，迄于今日，'盐糊涂'三字仍脍炙人口"［参见郑直明《增加盐税之商榷》，《盐政丛刊二集》（下），盐政杂志社，1932，第559页］。也有人说，由于"盐务官员的操守与勤惰，我国历来有'盐糊涂'之称"，其颟顸腐败，可以想见"，将"盐糊涂"指向盐政的马虎和腐败问题（参见其华《新盐法》，载盐政杂志社编印《五中全会议决通过限期实施新盐法案及各方评论》，1935，第52页）。陈沧来则说，"平心而论，盐那里会糊涂，不过大家要把它弄到糊涂的地步，才好打混水来捉鱼"（参见陈沧来《中国盐业》，商务印书馆，1929，第7页）；更有田斌鲜明地指出，"盐糊涂三字，凡历蹉政者，无不知之。上下交为狼狈，作奸犯科，制度名词，均艰涩不能识"（参见田斌《中国盐税与盐政》，江苏省印刷局，1929，第20页），直指"盐糊涂"就是盐务中的腐败与黑暗，更指由此而来的制度艰涩难明。"盐糊涂"至今仍是盐史学界的困惑。1996年，哈佛大学的一篇博士学位论文赫然以"盐糊涂"为主标题（Yang Jeou Yi Aileen, The Muddle of Salt: The State and Merchants in the Late Imperial China, 1644—1911, Ph. D. Dissertation, Harvard University, 1996），2014年和2015年，马伯煌和陈支平先后指出，盐政难治，学界素有"盐糊涂"之称（参见马伯煌主编《中国近代经济思想史》，上海人民出版社，2014；陈支平《台湾文献与史实钩沉》，商务印书馆，2015）。

结了其成果，[1] 大量复杂的制度及其细节已得到厘清，许多私盐案例已得到发掘，盐商奢靡生活已得到呈现，其他种种问题也进入了研究视野。在此基础上，具有现代学术意识和问题意识、重视理论思维和社会科学视野、注重盐政运作逻辑的研究成果大量涌现，在厘清盐政制度、探索区域盐史特点、从盐史出发观照明清历史走向、私盐的产生与持续存在等课题上，均取得了重要进展，清代盐史研究被推到了新的高度。

1. 盐政制度逐步厘清

厘清制度是开展深层次历史研究的基础。清代盐政制度及其官僚体系极为复杂，因此，近百年的清代盐史研究，首先便集中于食盐产、运、销的国家制度层面。1930 年代，任职于中央研究院社会科学研究所，同时也是"史学研究会"核心成员的刘隽，在景学钤、左树珍等盐务工作者的研究基础上，将清代盐政研究带进了现代社会科学的视野。

自那时开始，[2] 先辈学者筚路蓝缕，后来者孜孜以求，花费了大量精力处理复杂而琐碎的盐政制度和官僚体系问题，出版了一批有

1　论著目录包括吉田寅編『中国塩業史研究文献目録：1926～1988』（立正大学東洋史学研究室、1989）和陈然《中国盐业论著目录索引（1911~1989）》（中国社会科学出版社，1990）。研究综述则有吴海波、曾凡英的专著《中国盐业史学术研究一百年》（巴蜀书社，2010）和相关期刊刊发的一些综述文章，其中具有代表性的是徐泓《盐与明清历史：研究史回顾》和陈锋《近百年来清代盐政研究述评》（均载《汉学研究》2006 年第 2 期）。

2　第一部关于清代盐政的著作，是 1905 年由日本间谍机构——东亚同文会出版的《清国盐政考》。该书由日野勉通过实地调查而撰写，较为系统地介绍了清代盐政的基本架构、盐区的分布、产盐方式、盐商及其运作，以及盐课盐厘的一般情况，初步揭示了清代盐政分区行盐、专商引岸等特点。所谓专商引岸，指的是经过清政府特许的盐商，一个商号负责一个地区的食盐销售；而分区行盐指的是朝廷将全国划分为多个盐区，每一盐区有固定的地理边界，有本盐区指定的食盐产地，其盐产只能在本盐区销售。参见日野勉調査、成田与作閲『清国塩政考：附・日本塩専売法令』東亜同文館、1905。

影响力的重要论著。1956 年佐伯富的《清代盐政之研究》、1988 年陈锋的《清代盐政与盐税》是其中的代表作。佐伯富以两淮盐区为中心，兼及其他盐区，重点讨论了清代的盐场、盐区、私盐、盐价、盐商以及两淮盐政改革等内容，试图探析清代盐法的制度困境及其解决之道。[1]陈锋则以中国第一历史档案馆的档案为主要史料，以清初盐业恢复到清末盐政改革为线索，论及清代盐务管理体制、盐区、盐课、盐商报效、私盐、盐政改革等问题，剖析了清代盐政史上诸如课归地丁、川盐济楚等一系列重大问题，内容全面。[2]1972年徐泓的《清代两淮盐场的研究》，则兼具社会制度史的倾向，翔实地讨论了两淮盐场的行政制度、盐商对盐场的管理与控制以及由此引起的私盐流通问题，兼及由私盐而起的盐场和盐法改革等问题，为认识清代两淮盐场提供了坚实基础。[3]

值得注意的是，盐政制度从来都处在不断调整的过程中，因此，其调整必然成为盐政研究中至关重要的课题之一。这方面的代表作品有倪玉平的《博弈与均衡：清代两淮盐政改革》。他应用博弈论，从两淮盐务运作过程中政府、商人与民众三种力量的博弈过程出发，总结了两淮盐政制度变迁的逻辑，认为其存在一个从均衡到均衡被打破、再重建均衡的过程，这对认识两淮盐政以及整个清代盐政制度的调整有重要参考价值，对本书的部分分析框架也有启发。[4]

杨久谊的博士学位论文《"盐糊涂"：晚期帝制中国的政府和

1　佐伯富『清代塩政の研究』東洋史研究会、1956。
2　陈锋：《清代盐政与盐税》，中州古籍出版社，1988。经作者修订后的第二版由武汉大学出版社于 2013 年出版。
3　徐泓：《清代两淮盐场的研究》，嘉新水泥公司文化基金会，1972。
4　倪玉平：《博弈与均衡：清代两淮盐政改革》，福建人民出版社，2006。

商人（1644~1911）》也值得盐史学界重视。这是一部问题意识明确、建立在史料整理与考据的基础上，却又超越了史料整理考据的盐史著作。作者在占有大量史料并做出考订之后，尝试对清代盐政做出符合历史逻辑的解释。首先，她在经验事实层面总结出清代盐法呈现出湖广等地盐引一体通销（引窝占有式）和其他地区专商引岸（引地占有式）的制度差异，判断了食盐分区运作制度的唐宋渊源，总结了认课行盐制度与盐区的结合形成了盐商利益区域化现象，并指出此现象甚至影响了清代包括铁路建于何处等诸多政府决策。在此基础上，她努力阐释清代盐政的行政运行机制与政治过程的关系，并力图通过对公共财政、国家与盐商的关系等问题的叙述，挑战太平天国之前清朝廷可以高度集权并控制地方的传统观点。[1]

而王方中关于纲法的演变过程、萧国亮关于清代食盐专卖制度、王振忠关于"窝"的概念、黄凯凯关于清代盐课和盐引分派原则的论著，也大大加深了对清代盐政与盐法的研究。[2]

2. 区域盐史研究硕果累累

清代食盐管理政策，学术界一般称之为专卖制度，[3]并以专商引岸和纲法等概念作为其总体框架来表达。但实际上，清代分盐区生产与销售食盐，盐区之间的制度差异极大，并且随时间而不断演

1　Yang Jeou Yi Aileen, The Muddle of Salt: The State and Merchants in the Late Imperial China, 1644–1911.

2　王方中：《清代前期的盐法、盐商与盐业生产》，《清史论丛》第 4 辑，中华书局，1982；萧国亮：《论清代纲盐制度》，《历史研究》1988 年第 2 期；萧国亮：《清代盐业制度论》，《盐业史研究》1989 年第 3、4 期；王振忠：《明清徽商与淮扬社会变迁》，三联书店，1996；黄凯凯：《"疏引裕课"：清代前中期的盐课征收与官盐营销》，中山大学博士学位论文，2018。

3　对清代的食盐管理政策，前人多以专卖而归结之，但本书对该政策的总体判断是政府专营。

变。专商引岸制度是制度趋势，但地域最大、盐课收入最多的淮南盐区，基本就游离在专商引岸的引地占有式制度之外，而采用引窝占有式；另一方面，纲法却主要推行于淮南盐区，其他各盐区，真正运行纲法的时间各不相同，甚至完全没有推行纲法。面对如此复杂的盐法制度，学者们深知按照当时的行盐区而开展分区研究，是符合学理逻辑的选择。因此，分区的盐史研究，成为清代盐史研究的主流倾向之一。这方面的研究成果非常多，涉及盐法、盐商、私盐和文化等方方面面。

其中，徐泓《清代两淮盐场的研究》首开社会史视角的盐场区域研究先河。其后，舒瑜、吴滔、段雪玉、叶锦花、李飞、李晓龙、徐靖捷、蒋宏达等人或从区域社会史的视角，或从历史人类学的维度，对两浙、两淮、广东、福建和云南的部分盐场展开了深入研究，在呈现盐场的区域特征时，展现了对清代盐场制度的整体理解，以及对王朝国家历史演进的区域脉络把握。[1]

关于盐商的分区讨论成果同样突出，寺田隆信关于山西商人、

---

[1] 吴滔：《海外之变体：明清时期崇明盐场兴废与区域发展》，《学术研究》2012年第5期；舒瑜：《微"盐"大义：云南诺邓盐业的历史人类学考察》，世界图书出版公司北京公司，2009；段雪玉：《宋元以降华南盐场社会变迁初探——以香山盐场为例》，《中国社会经济史研究》2012年第1期；段雪玉：《乡豪、盐官与地方政治：〈庐江郡何氏家记〉所见元末明初的广东社会》，《盐业史研究》2010年第4期；段雪玉：《〈十排考〉——清末香山盐场社会的文化记忆与权力表达》，《盐业史研究》2010年第3期；叶锦花、李飞：《户籍赋役制度改革与盐场地区基层组织演变——以清前中期福建晋江浔美场、浔州场为例》，《学术研究》2017年第1期；叶锦花：《户籍制度与赋役需求及其规避——明初泉州盐场地区多重户籍现象研究》，《清华大学学报》（哲学社会科学版）2016年第6期；李晓龙：《承旧启新：洪武年间广东盐课提举司盐场制度的建立》，《中国经济史研究》2016年第3期；李晓龙：《康乾时期东莞县"盐入粮丁"与州县盐政的运作》，《清史研究》2015年第3期；徐靖捷：《嘉靖倭乱两淮盐场盐徒身份的演变》，《盐业史研究》2013年第1期；蒋宏达：《子母传沙：明清时期杭州湾南岸的盐场社会与地权格局》，上海社会科学院出版社，2021；等等。

傅衣凌和藤井宏关于两淮盐商的研究早已成为经典；[1] 王振忠关于徽州商人、曾小萍关于自贡盐商、关文斌关于长芦盐商的研究，同样成为后来研究者的重要基础。[2] 他们的研究的共同特征是，在清代盐法（部分著作涉及明代盐法）的制度背景下，展开区域性盐商研究，成功地呈现了盐商的区域性特征和演变脉络。[3] 而汪士信和汪崇筼等人也试图厘清各自研究区域的盐商利润。[4] 韩燕仪则切入贸易问题的核心，研究淮南盐商的食盐交易规则和制度。[5] 这些分区研究，落实到清代盐场和食盐贸易制度的运作层面，呈现了盐商经营活动和社会活动的细节，加深了人们对清代盐政的整体理解。

3. 明清经济演化方向的初步呈现

明清经济的演化方向，是中国古代史长盛不衰的课题，其中最重要的是所谓资本主义萌芽问题。盐史学者们亦从盐的个案出发，对其展开了初步探索。清代盐史中的资本主义萌芽问题，首先由西方学者提出，并得到中国学者的参与。1954 年，何炳棣关于扬州盐商的著名论文在《哈佛亚洲研究》刊发。通过对 18 世纪两淮盐商在商业经营中积累的财富数量的考辨，何炳棣确认他们是当时中国最

1　寺田隆信：《山西商人研究》，张正明等译，山西人民出版社，1986；藤井宏：《新安商人的研究》，傅衣凌、黄焕宗译，载《江淮论坛》编辑部编《徽商研究论文集》，安徽人民出版社，1985，第 131~272 页；傅衣凌：《明代徽州商人》，《明清时代商人及商业资本·明代江南市民经济初探》，中华书局，2007，第 48~88 页。

2　王振忠：《明清徽商与淮扬社会变迁》；Madeleine Zelin, *The Merchants of Zigong: Industrial Entrepreneurship in Early Modern China*, New York: Columbia University Press, 2005，中译本见曾小萍《自贡商人：近代早期中国的企业家》，董建中译，江苏人民出版社，2014；关文斌：《文明初曙：近代天津盐商与社会》，天津人民出版社，1999。

3　参见吴海波、曾凡英《中国盐业史学术研究一百年》，巴蜀书社，2010。

4　汪士信：《乾隆时期徽商在两淮盐业经营中应得、实得利润流向试析》，《中国经济史研究》1989 年第 3 期；汪崇筼：《明清徽商经营淮盐考略》，巴蜀书社，2008。

5　韩燕仪：《清代淮南盐的交易制度研究》，中山大学博士学位论文，2020。

富裕的商人，同时指出，由于中国传统价值观的限制，这些商人利用其资本，努力寻求文化身份和政治身份，耗费大量资本，从而失去了代代相传不断积聚资本的可能，未能发展出商业资本主义。[1]这说明18世纪中国最有力量的商人及其所从事的商业贸易，仍然停留在传统的经济体系中，没有突破的可能。

1982年，王方中撰写《清代前期的盐法、盐商与盐业生产》一文，从盐商资本有没有引发资本主义萌芽的问题意识出发，全面、系统地论述了明代纲法到清代盐法的来龙去脉。在分析了盐商资本和盐业生产的组织形态与变迁之后，作者指出海盐盐业，包括淮、浙、粤盐等，由于榷盐制度以及盐商对土地的垄断，是"商业支配产业"的典型，盐商资本没有向组织生产转化，唯有在四川井盐生产中，商业资本向产业资本转化，成为"一般投资的一个特殊要素"。[2]因此，除川盐有所突破外，清代盐业的传统性质在整体上并未改变。

汪崇筼则努力搜集徽商经营史料，深入考察徽商经营从明初追求"糊口"到明中叶以后追求"巨额利润"的演变过程，研究其具体利润与利润率，证明明中叶徽州盐商的经营实现了向商品经济形态的转变，这奠定了汪崇筼的基本观点：明清徽商是封建晚期商品经济发展的产物，具有时代进步意义，它有助于农业人口向商品生产领域的转化，在思想观念上也具备了商业化的色彩。[3]汪氏的意见，

1　Ping-ti Ho, "The Salt Merchants of Yang-Chou: A Study of Commercial Capitalism in Eighteenth-Century China," *Harvard Journal of Asiatic Studies*, Vol. 17, No. 1/2 (1954), pp. 130–168, 中译见何炳棣《扬州盐商——十八世纪中国商业资本的研究》，巫仁恕译，《中国社会经济史研究》1999年第2期。

2　王方中：《清代前期的盐法、盐商与盐业生产》，《清史论丛》第4辑。

3　汪崇筼：《明代徽州盐商述论》，《盐业史研究》2001年第1期。又可参见其专著《明清徽商经营淮盐考略》。

与前述不少学者的观点相左。不过，何为商品经济，何为市场化，汪氏并未充分界定，只是提出自然经济向商品经济变革的重要标志是巨额利润的实现。显然，这一颇为感性化的界定，仍然需要进一步的逻辑论证。实际上，明清经济的演化方向，一直都在相关哲学社会科学，尤其是经济学理论的引导下，不断得以推进。

4. 私盐问题得到系统探索

私盐问题在清代盐政史中具有重要地位，这既与私盐案件档案留存多有关，更与私盐与官盐对立，从而可能有"反垄断"的自由市场性质有关。在这方面，张小也的《清代私盐问题研究》建构了完整的关于私盐与市场关系的理论框架。她认为，中国历代盐法过于僵化，盐产分配的固定化与实际生活中变动不羁的消费状况不吻合，容易造成某些地区食盐供应不能满足需求的状况，不得不由私盐来填补市场空缺；而更为重要的是，官府对高额盐课的追求，导致官盐价格过于高昂，在食盐生产技术被普通盐工掌握并且人口流动频繁的背景下，私盐的生产与销售有利可图，私盐遂大量涌入市场，并在官府的重重打压之下展开与官盐的竞争。[1] 前一类私盐需求，可以看作市场对私盐的绝对需求，而后一类则属于相对需求。她指出，官盐与私盐属于可替代商品，它们为消费者提供的效用基本相同，一边价格上升，必然导致另一边销量增加。在私盐的相对需求和绝对需求都大量存在的情况下，私盐的供给群体众多，包括灶户、盐商、官员和兵弁、受雇参与盐斤运销的各类人员、盐枭等，私盐贸易相当盛行，成为清代食盐贸易中的重要现象。虽然清政府努力打击私盐，但它还是随着时间的推移而不断发展。[2] 张小也的研

---

[1]　张小也:《清代私盐问题研究》，社会科学文献出版社，2001，第14~27页。

[2]　张小也:《清代私盐问题研究》，第46~252页。

究以古典经济学的原理，揭示了私盐问题的经济逻辑。这一逻辑，得到了经验事实的广泛支持。

吴海波关于两淮盐区私盐的研究、吕一群关于清末私盐对湖广市场争夺的研究，都强调了私盐的市场属性。[1]总体来说，学术界关于私盐的研究成果众多，专门著作亦有多部，限于篇幅，本书不做详细综述。这类研究有一个总的趋向，那就是认为官盐贸易是政府专卖或专营，而私盐贸易是市场化的商业行为，基本确认了私盐贸易的市场性质。[2]

5. 规制措施的非自为讨论

清代盐史研究在史实细节、盐政制度、盐商、盐产和私盐等问题上，都取得了相当可喜的进展。但是，清代盐政依据什么原则运行，运行的逻辑与机制是什么等核心问题，并未得到完全有效的阐释。这显然妨碍了学术界对清代盐政整体上的把握。那么，如何才能在这些核心问题上取得突破呢？这需要引进新的理论分析工具。规制经济学正是分析清代盐政的合适工具。正如上文所论证，规制分析方法的应用，可以为理解清代盐政提供一种方向感。

清廷对食盐的产、运、销诸环节，均设置了复杂的管理制度，采用了一系列诸如准入许可、配额控制、定价管制、进程监管等规制措施。由于缺少规制经济学的分析方法，既往研究一般将这些规制政策和措施，视为清政府控制食盐的手段，常有将各种规制措施

1　吴海波：《两淮私盐与地方社会（1736~1861）》，中华书局，2018；吕一群：《清末私盐对湖广市场的争夺与政府的缉剿》，《湖北大学学报》（哲学社会科学版）2006年第6期。

2　笔者曾在《国家与市场：明清食盐贸易研究》（中华书局，2019）一书中对私盐问题提出了稍具弹性的认识，有兴趣的读者可以参阅。

集合判断为垄断的倾向，缺乏细致区分清廷食盐产、运、销各环节种种具体规制措施的类别与性质的讨论，其结果是难以从中发掘对清代盐政基本原理的体系性认识。但是，既往研究在非自为状态下，已经对清廷盐政的规制问题做过不少研究。在一定程度上可以认为，凡是探讨过清代盐政管制措施或者清代盐政管理办法的研究，都已触及清代盐政的规制措施。

其中，最接近规制研究的清代盐政体系性讨论，当属刘翠溶《明清食盐市场不完全竞争的特征》一文。[1] 受古典经济学市场理论的影响，并呼应传统士人的自发市场理念，清代盐史学界基本认为清代盐法背离了经济逻辑与规律。但是，经济学早已证明，信息充分、完全竞争的市场并不存在，不完全竞争才是市场的真相。在其影响之下，刘翠溶系统讨论了明清盐法的演变，包括明代余盐的变化和由此产生的边商、内商、水商的分化，以及纲法的出现，清代官盐配额、盐课、盐价的历史变化过程以及官盐市场及"税收"升降的情况等，分析了清代士大夫希望放开食盐管制的舆论，最终总结了明清食盐贸易在盐法、盐额、盐课、盐商、舆论等六个方面的变化，指出明清的官盐贸易有不完全竞争市场性质，并指出其不完全性主要体现在：（1）政府设定盐区，并限制盐区间竞争；（2）盐商由政府募集而来，有准入和退出条件，纲法实施后世袭；（3）盐引或盐票是食盐买卖的合法且有价凭证，盐价大部分由官方制定而非市场决定；（4）政府严禁私盐，并用各种方法来应对私盐以维持官盐市场。她由此说明清代盐政的垄断性和专卖性不容忽视。刘翠溶的研究，重点在于通过对清代盐政中管制性和市场性结合过程

1　Ts'ui-jung Liu, "Features of Imperfect Competition of the Ming-Ch'ing Salt Market," in Yung-san Lee and Ts'ui-jung Liu, ed., *China's Market Economy in Transition*, Taipei: The Institute of Economics, Academia Sinica, 1990, pp. 259–327.

的探讨，来论证清代食盐贸易的不完全竞争市场性质。其研究体系性强，对食盐贸易的性质把握准，已成为后来研究者再出发的重要基础。

墨子刻则从商业组织能力的角度，分析了清代食盐专卖与市场的关系，强调清代两淮食盐产销过程显示出来的清廷商业组织管理体系，既非西方学者所认为的政府压倒一切，亦非完全僵化、官员缺乏专业水准并且腐败混乱。他认为，清政府建立了一套执行、监督、咨询、协调的官员体系，并且在生产、运输、销售、征课等领域都建立了复杂的系统，有清一代，官员体系和产、运、销及征课系统，大部分时间都较为有效，显示出清政府有较好的商业组织管理能力。[1]

显然，刘翠溶关于清代食盐贸易属于不完全竞争市场的四个不完全性，涉及准入、定价、过程监管等方面的规制措施；墨子刻总结的清代盐政官员体系和产、运、销及征课系统，都是清代盐政的规制办法。这显示，他们的研究已经非常接近规制分析，可以认为是非自为的规制研究。不过，他们并未将规制作为分析工具，只是笼统地将清廷的盐务规制称为经济控制（economic control），在一定程度上影响了对清代盐政更加高屋建瓴的把握，比如忽略了一些规制手段、放弃了对规制必须遵循的原则等问题的探讨，并且将清廷盐政制度归结为控制而忽略了对其性质的具体研究。当然，从其研究主题出发，他们已经达到研究目的，取得了成功。不过，如果后来者能在此基础上进一步拓展思路，对清代盐政基本原理的认识将有可能得到深化。

1　Thomas A. Metzger, "The Organizational Capabilities of the Ch'ing State in the Field of Commerce: The Liang-huai Salt Monopoly, 1740–1840," in W. E. Willmott, ed., *Economic Organization in Chinese Society,* Stanford University Press, 1972, pp.9–46.

分析方法与理论架构

清代盐政研究无论在史实细节方面，还是在有方向感的逻辑分析和论证方面，都已取得可喜进展。但是，分析工具仍主要局限于历史学史料排比考辨方法和古典经济学基于完全竞争市场假设的分析方法，这在分析结合经济逻辑与政治逻辑运行的清代盐政问题时，颇有捉襟见肘之感。虽然刘翠溶等人的研究在方法论上有较大创新，从而在对清代盐政的体系性认识上实现了明显推进，但正如上文所指出，在其基础上进一步拓展分析方法，则有可能再次推进对清代盐政基本原理的认识，尽快走出学术界自嘲或他嘲为"盐糊涂"的状态。因此，本书引入公共规制经济分析方法，就清廷盐政规制的目标、效果、手段、准则、局限、代价等问题展开研究，以厘清清代盐政在1850 年之前的基本原理。

清王朝的盐政制度设计，核心目标在于盐课课入，这已经成为学界共识；也有不少学者意识到盐政制度亦将保障民众食盐供应以维持社会运转作为自身目标之一。但是，对清代盐政基本原理中最核心的一些问题，比如清王朝依据什么原则，在政策实施层面，需要处理一些什么问题，最终才能实现盐课收入和保证民食，即规制如何可以生财，目前的讨论仍然不够充分。同时，学术界一般认为，1850 年以前，清廷财政的基本特点是量入为出，通俗地说，就是能收到多少钱，就办多少事。从宏观上看，这一结论显然抓住了清廷财政的要害。不过，以往关于清代盐政的研究，却认为它是以行政管控手段征收高额盐课的制度，这似乎在暗示清政府的盐课汲取，与清代财政"量入为出"的总体趋势颇为不同，盐课汲取有追求最大化的倾向。[1] 但是，既往研究强调清代盐政以行政管控手段征收高额盐课，却从来没有分析过其"高额"的数量化程度，也没有研究其"高额"是否受到制约，以及在制约之下，清廷的盐政行为隐含了哪些基本逻辑等问题。因此，本书力图通过对盐政史料的深入研究，解决这些问题。本书将首先证实清廷盐政的确异于"量入为出"的原则，有较为明显的课入最大化倾向——它不仅表现在统治者的言论里，也表现在其盐课征收的实践中。在此基础上，本书还将对盐课的征收进行统计分析，揭示其"高额"的数量化程度、它所受到的制约，以及在这些制约因素影响之下，清廷采用的基本行为逻辑，以证明"规制"何以"生财"。

因此，本书的目的，就在于利用规制分析工具，将这些清代盐政运作的基本问题作为研究对象，以探索清代盐政的基本原理。通俗地说，本书研究清代盐政基本原理，是希望从庞杂的经验事实中提炼出一个简明的模型，以涵盖并解释清代盐政中纷繁复杂的面向。这一模型的基本架构如图1所示。

本书将用此模型说明，清代盐政设计的基本目的，即规制目标是汲取盐课，但盐课汲取受到交易成本等因素的现实制约而不能无限扩大，交易成本构成规制手段的天然限制。因此，清廷不得不在盐课征收实践中努力平衡交易成本与课入量的关系，以实现盐课汲

1　本书所谓"课入最大化"，利用了经济学"理性经济人追求利益最大化"假设中的"最大化"概念，借以说明清廷"尽可能多地征收盐课"的期望。但"最大化"一词在本书中，与经济学可以用公式来计算的效用最大化、利润最大化、福利最大化等最大化概念并不完全相同。首先，本书所谓最大化，仅仅是"希望尽可能多"的意思，表达的是一种期待、希望，不大容易数量化；其次，限于清代统治者的技术水平，本书所谓的最大化基本不能数量化，也就不能以数学公式来计算，它只是一个会意的表达。所以本书中一般使用"最大化倾向"来更准确地表达此含义。

```
┌─────────────────┐   ┌─────────────────┐   ┌─────────────────┐
│ 盐政目的（规制目 │⇒ │ 制约因素（规制约 │⇒ │ 行为逻辑（规制准则）：│
│ 的）：汲取盐课   │   │ 束）：交易成本   │   │ 平衡交易成本与课入量 │
└─────────────────┘   └─────────────────┘   └─────────────────┘
         ⇓
┌─────────────────┐   ┌─────────────────┐
│ 模式选择（规制手段）：│⇐│ 运行基础（规制   │
│ 特许专商、分地行盐 │   │ 依据）：市场容量 │
└─────────────────┘   └─────────────────┘
```

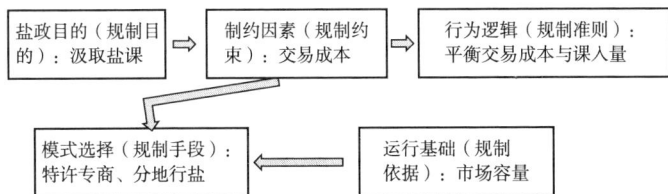

图 1　清代盐政基本原理模型

取的既定目标，平衡原则是清廷盐政规制的基本准则。同时，在盐课汲取受到征课成本制约的条件下，清廷努力寻找最佳征课模型，最终选择了具有准入限制、定价限制、配额限制、过程管制的特许专商与分地行盐方式，实行政府监控下的盐商独立经营，从而决定了市场容量成为配额限制体系运行的基本依据并进而成为清代盐政运行的基本依据。[1]而分地行盐和食盐配额限制，必然因为当时技术手段的限制，导致盐区边界线不能与盐区间食盐价格平衡线完全吻合，从而形成盐区之间旷日持久的争端，可见规制必有其代价。这就是本书解释清代盐政制度及其实践机制的基本框架。当然，本书在实践上已将规制经济分析拓展到了传统社会，所以也希望这一实践可以为规制经济学提供适用性和目的分析方面的延伸可能。

材料利用与基本概念

本书的研究，以数据统计为基础，展开描述与分析。在数据统

1　这一基本模型的有效性时间下限为 1850 年。1850 年之后，清代盐政运作的基本原理有较大变化，本书拟不做讨论，以待将来之研究。同时，本书讨论的基本原理，侧重于盐政运作方面，至于盐政运作过程中盐商的投资、经营，即资本市场和商品市场的原理，黄凯凯、韩燕仪等学者已有不少研究可供参考，而盐场社会和运作原理，则有徐泓、舒瑜、叶锦花、李晓龙、徐靖捷、吴滔、段雪玉、蒋宏达等学者的深入研究可资借鉴，本书基本不再涉及。

计部分，以官方数据为依据，主要材料来自官方档案、地方志和盐法专志。对这些数字史料，本书的使用方法是将数字视作文本加以利用。食盐运销是一个涉及人口、课征、盐引配额等问题的财政与民生的双重过程，史籍中留下了大量不完全成体系的、支离破碎的数字。面对这些数字，经济史学界最一般的做法是，参照相关历史文献，分析、批判这些数字的真伪，进而对这些数字进行评估，再加以纠正，做出估算，形成估算后的系统数据，最后使用新的估算数字进行统计分析。然而，除了这种处理方式外，对历史文献中的数字采用文本分析方式，似乎更能彰显这些数字的价值。所谓数字的文本分析，就是不对既有数字进行批判和重新估算，而是回归历史场景去理解这些数字的含义。[1] 因为这些数字不管是否真实地反映了历史时期的对应的计量事实，它毕竟是当时的官府为处理某一问题而使用过的数字，哪怕它只是一些因循抄袭的数字。[2] 这些数字是当时官府不得不面对，并且以其为依据来处理当时相关政务的数字。清代盐政中的大量数字，本身就是当时官府做出盐政重要决策时所使用、参考的数字，[3] 这些数字包括人丁数、盐引数、盐课数等。历任盐务官员甚至地方官，就是面对着这样的数字来做盐务决策的。这就意味着，我们完全可以不对这些数字进行新估算，而是回归到历史场景中，利用这些数字去理解当时官方的决策。本书的研究，将通过对这些数字的文本解读以及统计分析，来揭示清代盐

1　这种数字史料的使用方式，梁方仲先生曾经在研究实践中广泛使用。参见梁方仲编著《中国历代户口、田地、田赋统计》，上海人民出版社，1980；陈争平《梁方仲对经济史统计工作的贡献——兼评经济史研究中的统计方法与计量经济学方法》，《清华大学学报》（哲学社会科学版）2011 年第 2 期；等等。

2　对因循抄袭的数字，我们需要解读的是为什么当时的官员和书吏要抄袭这些数字。

3　当然，有时候决策者并非不知道这些数字不准确，但在没有更多数据的情况下，他们仍然需要参考这些数据来做决策。

政运作宏观层面的机制，尤其是清廷实施的规制手段——配额限制的机制。

本书的研究，在描述性史料分析部分，主要包括盐课征收中矛盾、冲突和协调的材料，以及清代两淮盐区及其与周边盐区交界地区冲突与纠纷的史料，主要类别是档案、地方志和文人文集。本书一方面以这些史料研判清代盐课征收的基本原理，另一方面则以这些材料研判盐区之间冲突与解决冲突的内在机制。关于后者，显然，两淮盐区是清代盐产量和盐销量最大的地区，也是盐课收入最多的盐区。两淮盐区的边界地带，在大部分情况下，淮盐盐价都比周边盐区的盐价高，因而成为其他盐区私盐大量涌入的地区。为了维持两淮盐区的销售，保证盐课收入，完成自身考核任务，两淮盐区官员与周边盐区官员的纷争不断。理论上说，如果盐区边界划分符合市场逻辑，就不会存在这种食盐走私，也就不会发生官员们的纠纷。食盐走私和官员纠纷的发生，说明朝廷划定的两淮盐区边界，与市场逻辑之间存在冲突。然而事实是，在一系列纷争之后，两淮盐区的边界，虽然有过一些小的调整，但大体上仍能维持稳定，且并未因此实质解决盐区边界和市场逻辑之间的冲突。因此，这是一个需要认真解释的问题。本书将通过描述性史料，从事实层面解答在与市场逻辑冲突的情形下，盐区制度得以维持、两淮盐区边界大体稳定的原因与机制，揭示清廷盐政规制措施——分地行盐制度的代价。

温春来和李晓龙早在 2013 年即已指出，"'盐糊涂'困局的突破，关系到一些基本史学认识与史学方法的更新，从而'预流'于当今史学发展进程之中的问题。具体而言，任何制度条文与社会的实际运作之间均存在复杂的距离、互动与关联，如若沉溺于前者必定会使研究成为脱离历史实际的'纸上谈兵'。因此，必须从具体的社会运作中去重新认识、理解中国盐制度"。[1] 杨久谊则认为，"如果我们对清盐专卖制整体上运作的机制，及在此框架底下活动的政府与盐商的认识有所偏差，那么在这个基础上所建立的观点或理论，对于了解中国历史的助益不仅不大，可能反而有误导作用"。[2] 他们或强调历史上的制度不是条文的制度，而是运作的制度，制度的运作即便是行政性的，也无法逃离社会性；或强调制度运行的机制，强调只有在对此机制的整体把握之下，才能对政府和盐商的行为表达做出准确判断。显然，只有结合这两种认识，才能准确理解与把握清代盐政。本书的研究，正是努力从这种角度出发，以整体视野研究清代盐政，将制度视为社会性的运作规则而非条文，并利用规制分析方法宏观把握清廷的盐政制度，对其展开运作层面的分析，系统地把握清廷及其各级机构的行为逻辑，总结清代盐政的基本原理。

为了理解清代盐政原理，需要提前了解一些清代盐法的基本概念。一般认为，清代盐政的核心是"纲法"。纲法沿自明中后期的两淮盐区，其核心是商人获得准入许可成为盐商后，必须结成有组织的商业团体（商纲），在朝廷指定的盐场买盐，在规定的地区（引岸）销盐，及时运送盐货并缴交盐课。为此，朝廷设置专门的盐务官僚机构，划分盐区，控制盐引与引岸，按盐引征收盐课，严缉越界和无引私盐，以确保官盐销售量。纲法体系下盐政的基本概念主要有以下八个。（1）盐引。合法的食盐销售凭证，即许可证。（2）引岸。官方划定的某地所产食盐的销售地域，亦称"引地"或

1　李晓龙、温春来：《中国盐史研究的理论视野和研究取向》，《史学理论研究》2013年第 3 期，第 22 页。

2　杨久谊：《清代盐专卖之特点——一个制度面的剖析》，《"中央研究院"近代史研究所集刊》第 47 期，2005 年，第 36 页。

"引窝"。清代除蒙古、新疆和西藏部分地区外，将全国划为十一个盐区，即长芦、奉天、山东、两淮、两浙、福建、两广、四川、云南、河东、陕甘。其中长芦盐的引岸为直隶及河南的大部分地区，奉天引岸为东三省，山东引岸为山东一省以及河南、江苏、安徽各一部分，两淮引岸最广，为江苏、安徽、江西、湖南、湖北等省大部以及河南一部分，两浙引岸为浙江、江苏、安徽、江西省各一部分，福建引岸为福建、浙江各一部分，两广为广东、广西两省及湖南、江西、福建、贵州的一部分，四川引岸为四川一省及湖南、湖北、贵州、云南、甘肃、西藏的一部分，云南引岸为云南一省，河东引岸为山西省及陕西、河南一部分，陕甘即陕西花马池盐，主要供陕西和甘肃的部分地区销售。[1]（3）商纲。即一群盐商组成的商业团体，内设纲首（纲总、总商）负责本纲商人的内在管理以及交纳本纲商人的盐课。（4）纲商。纳入商纲的盐商。（5）签商。招徕商人为盐商，并做一定具结。（6）私盐。没有盐引或者超越合法引岸销售的食盐。（7）缉私。政府直接组织或者由代理商组织巡丁查缉私盐。（8）考成。对相关官员以及盐商的盐务绩效进行考核，如果食盐销售量或者盐课征收不及格，相关官员将受到降职直至革职的处分。[2]考成的核心是保证官方控制的食盐的畅销，从而征收到足额的盐课。为此，清王朝还在《吏部则例》中规定地方官只要受过与盐政有关的纠劾或处罚，就不能获得升迁。盐务考成，对官员们来说，是其行政收益考量的一个重要出发点。这一复杂盐政体系的主要目标，自然是维护朝廷的盐课收入。为了保证盐课收入，清政府实行分区行盐制度，努力控制食盐生产，在运销环节实施商人准入

1　《清史稿》卷 123《食盐四·盐法》，中华书局，1977，第 3603~3604 页。
2　乾隆《钦定大清会典则例》卷 18《考功清吏司·盐法》，四库全书本，第 12 页。

机制，以考成制度强化官员的盐务责任感和主动性，同时以巡役兵丁打击私盐，全方位地干预、控制食盐的生产与销售。

内容、结构与思路

本书分为正文和附录两个部分，正文分为四章，依据附录中的数字史料，以及其他描述性史料，从规制的视角构建清代盐政基本原理。附录是清代分盐区数据统计，汇集清代各盐区的官方人口数、户部核定盐引数、盐课数于一体，既方便后来研究者参考，也作为本书分析性结论的基础。

在导言对问题意识、学术史、分析方法和内容结构做简单介绍之后，本书第一章将分析清代规制的目标及其效果，第二章研究规制政策的实现原则，第三章讨论清廷盐政规制的主要手段，第四章分析规制的代价，最后为全书的结论，总结清代盐政基本原理。

第一章的研究发现清代盐政的首要目标是盐课收入，即"生财"，而且是有最大化追求倾向的"生财"，清廷通过对食盐产、运、销进行规制，实现了生财的目标，获取了数倍于普通商品流通税率的盐课收入。第二章的研究显示，清廷在追求最大化盐课收入的倾向之下，推行盐政规制，但规制政策的良好运转并非轻而易举之事，它受到众多因素的制约，最主要的是交易成本，清廷必须处理好这些制约因素之下的多组关系的平衡，才能实现其盐课目标。因此，多组关系的平衡原则，是实践中的盐政规制得以实现的准则。第三章讨论清廷盐政的具体规制手段和办法。清代盐政对食盐产、运、销的规制，集中表现为四个方面的手段和办法，即准入限制（含抵御私盐）、定价限制、数量限制、过程限制。本着前人已有研究，后来的著述就不必为所谓的系统性再重复叙述一遍的规范，本书将不再就清代盐政的准入限制（含抵御私盐）、定价限制、过程限制等三个规制手段展开详细讨论，只详细讨论一种规制手段，即数量限制，也就是盐引配额问题。第四章以官员们围绕着盐区边界地区的食盐走私及其经济、行政收益而展开的纠纷与冲突为核心，呈现事实细节，并最终总结清廷盐政规制的一种代价，以及经济规制措施引起经济实践中的具体矛盾和纠纷的深层次逻辑。

　　本书将指出，由食盐的特殊属性所决定，清廷在多种征课模式中选择了管控生产与流通，从而征收高额生产课入与流通课入的方式，体现出其对盐课课入量的最大化追求倾向。但是，对盐课课入量的最大化追求倾向，并没有成功实现课入最大化，数据统计显示清代盐课的征收实践，得到的往往是盐课课入最优化的结果。这是因为，盐课实际征收过程受到了征课交易成本的制约，清王朝不得不在诸如体恤盐商与增加课入、照顾民食与保证盐课[1]、惩罚官员与利用官员、查缉私盐与容忍私盐、容忍私盐与减少动乱等决定征课交易成本的关系中寻找平衡，以维持盐政规制体系的长期正常运转。这种寻找平衡的努力，体现在盐政制度和运作实践中，就是一系列复杂多变甚至矛盾的政策、制度和现象，包括且不限于盐区间制度的差异、盐法改革及其反复、盐课的不同类型及其特色、食盐生产流通经营主体的多样性、盐商交易的烦琐环节和繁杂过程、复杂的私盐类型和走私的活跃程度，等等，这些政策、制度及现象的

1　实际上，清廷盐政保障民食以维护社会秩序的目的，主要落实在这组关系的平衡实践中，尽管保障民食是清代政治家们在讨论盐政时的重要主题。当然，一旦居民的食盐供应不足，有危及社会秩序的潜在可能时，清廷的确会主动调整这组关系，以保证盐课课入量和社会稳定二者得到合理平衡。但是，与不少学者的立论相反，从清代的情况看，居民食盐问题虽然也引起过局部动乱，但始终没有成为颠覆清王朝的重要因素之一。

细节，正是盐史学界百余年研究的重心。因此，本书将以清代盐课征收的基本原理来尝试统一解释这些政策、制度及现象，建构一个由盐课出发的、能够涵盖并解释这些政策、制度及现象的完整体系，揭示清廷盐政运作实践，即规制的基本行为逻辑。

在此基础上，本书将从规制的视角出发，研究清廷在盐政中的数量限制措施，探讨以专营为特征的清代盐政运作的基本依据。研究显示，清代盐政虽然有命令或计划性，但在实际运行中，盐引配额大体尊重了市场容量，从而促使清代盐政具有一定程度的市场导向性。与一般垄断论者认为的清代盐政背离市场逻辑不同，清代盐政的计划性实质造成了运作的市场性。基于这一基本依据，清代盐政规制在运作过程中，只要能够有克制地寻求课入与征课交易成本的平衡，保证其行为逻辑的合理性，就能够保持长期有效并正常延续。

但是，不可回避的是，出于管控食盐、实行专营、追求盐课的目的和长期的历史延续性，清代实行分区行盐制度，在盐区边界地区，常常因为盐价的差异，造成食盐走私，进而引起盐区之间的行政纠纷与冲突，强烈显示出与市场脱节的表征。本书将解释这一现象，指出它是盐政规制的必然代价，它既受历史延续所带来的路径依赖因素的影响，也受官员的现实行政收益考量的制约，但它不会在整体上对清代盐政构成冲击，这就保证了以分区行盐制度为基本框架的清代盐政长期持续运作的可能性。

总之，本书希望通过清廷盐课的课入最大化追求倾向原则、盐课征收的交易成本与课入平衡原则、盐引配额不断趋近市场需求的计划性与市场性结合原则、盐区边界纠纷中的官员行政收益考量原则以及路径依赖原则，构建一个以规制分析为研究视角、关于清代盐政基本原理的逻辑架构，为解释清代盐政规制及运作过程中的种种现象及细节提供一种系统可能性，希望能对解决清代"盐糊涂"困境以及拓展规制分析适用性、规制目的论分析提供有实质意义的参考。

　　本书结合数据研究与文字史料分析，在前人以及笔者此前研究的基础上，重新构建了清代盐政基本原理的阐释架构。为了重建此架构，本书由全新撰写的内容和笔者已经发表并收入论文集的文章重新改写组成。这些曾经发表过的论文包括《中国经济史研究》2017 年第 4 期的《清代盐政的市场化倾向——兼论数据史料的文本解读》以及《史学月刊》2017 年第 4 期的《清代食盐专卖制度的市场化倾向》，它们曾收入笔者 2019 年在中华书局出版的《国家与市场：明清食盐贸易研究》一书，这一次则对原文中的数据进行了全面校核与修订。此外，还有《深圳大学学报》（人文社会科学版）2021 年第 1 期的《市场导向与行政理性：清代盐政运作的原则和机制》和《学术研究》2021 年第 10 期的《交易成本与课入量：清代盐课基本原理研究（1644~1850）》（与刘巳齐合作）二文。本书还利用了笔者于 2006 年在三联书店出版的《区与界：清代湘粤赣界邻地区食盐专卖研究》一书的部分史料，这些史料，在本书中不再从区域与界的角度展开分析，而是以清代盐政规制的运作机制来重新阐释。

第一章 规制目的与效果：追求课入最大化的倾向

本章讨论清王朝盐政规制的目的及其效果。一般认为，清王朝的盐政制度，有引课、专商、考成和缉私四大核心。其中，引课是清代盐政的根本目的，它是盐政制度安排的首要出发点，这一点已经成为学界共识，而其他三大核心，均属于为盐课收入服务的手段，是为规制措施。为了盐课目标，官府必须指定专商来运销食盐，再辅以对官员的督销考成和盐课考成，以行政力量保证地方官员和盐务官员重视食盐运销和盐课征收，并努力查缉私盐，防止私盐对官盐的冲击，以保证食盐市场在官方的主导下有序运转，最终保证官方所制定的官盐销售额——也就是盐引配额正常售罄，从而保证盐课足额征收入库。可见，考成、缉私以及专商，都是保证盐课征收的手段，即规制的办法均服务于征收盐课的目标。

　　本章将证明，与田赋征收的"盛世滋生人丁，永不加赋"不同，清王朝在多种可能性的资源管控模式之下，基于对盐课课入追求的最大化倾向，选择了控制食盐生产与流通两个环节来征收高额盐课的模式，取得了数倍于普通商品税率的盐课收入，这说明清廷的盐政规制基本实现了其预期目标。课入最大化追求是清廷盐政规制的基本目的，成功获取高额盐课是其效果。但对于食盐的普通消费者来说，其承受的盐课负担并不重，说明盐课收入的结果，仍是清王朝在各种因素制约之下，在一定程度上克制了其征收欲望而取得的成效。在此基础上，本章最后将指出，盐课本质上是盐商向清王朝支付的特许费，但它也与欧洲近代化早期的特许费不同，并无近代化的性质。

盐课征收的制度选择

　　清廷征收盐课，设置了一系列制度，建立了一套完整的官僚体系。那么，其盐课征收选择的是怎样的制度体系，收益如何呢？这可以从传统国家资源控制与收益的多种关系出发来展开。

　　1. 传统国家资源控制与收益的六种模式

　　传统时期，王朝国家的资源控制可以分为管控资源与非管控资源两种类型。无论管控与否，国家都有可能从中获取收益。其资源控制与收益可以形成如图 2 所示的几种组合。

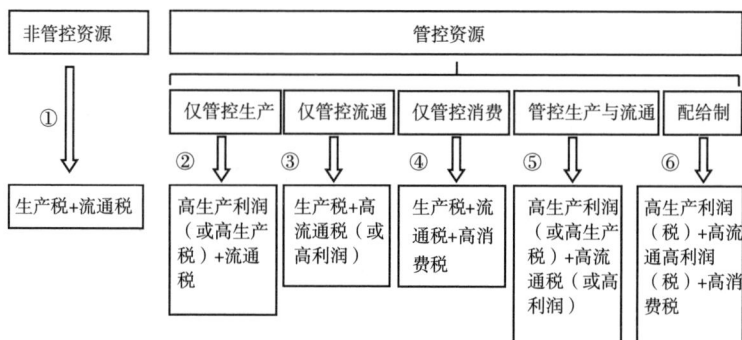

图 2　王朝国家资源控制与收益模型

　　如图 2 所示，王朝国家资源控制与收益可以有六种组合。一般来说，国家对它无意管控的资源，会视作普通商品进行管理，可对其生产环节征收生产税，对其流通环节征收流通税。当然，大部分情况下，生产环节并不征税。这是传统时期最为常见的国家资源控制与收益方式。

　　而某些具有特殊属性的商品，王朝国家则出于紧缺程度、战略性或课入需要，对其进行管控。这些物质资源存在生产、流通和消费三个环节，王朝国家可以管控其中一个或两个环节，也可以实行配给制，将三个环节全部控制起来。不同的管控方式，所能获得的收益自然不同。在生产环节，如果政府采用特许商人经营生产，则可以获取高额生产税（或特许费，或生产税与特许费叠加，下同）；如果政府直接组织生产，则可以获得高额生产利润；如果政府与特许商人共同组织生产，则可以兼得部分生产利润和生产税。同样，在流通环节，如果政府采用特许商人经营流通，则政府可以获取高额流通税（或特许费，或流通税与特许费叠加，下同）；如果政府直接组织流通，则可以获取高额流通利润；如果政府与特许商人共同经营流通，则可以兼得部分流通利润和流通税。政府也可以同时管控生产与流通环节，如果政府直接组织生产和流通，则可以获取高额生产利润和高额流通利润；如果政府采用特许商人经营，则可以获取高额生产税和高额流通税；如果政府与特许商人共同经营生产与流通，则可以兼得部分生产利润、流通利润和生产税以及流通税。政府还可以将三个环节全部控制起来，实行配给制，从而获取三个环节的高利润。

　　图 2 六种组合，政府收益高低不同。一般来说，非管制模式（即模式①）收益最低，配给制（即模式⑥）收益最高。在传统中国几千年的历史长河里，王朝国家采用过上述六种组合中除仅管控消费（即模式④）外的所有组合。清王朝也因时因地而异，在不同时间和不同地点，利用了这六种组合的多种形式来控制资源与获取收益。对食盐，清王朝同样采用了多种模式来控制，并据此获取高额盐课收入。

　　2. 清廷控制食盐生产与流通的出发点

　　清王朝试图对食盐实施管制的目的是获取高额盐课。为何管制食盐容易获取高额盐课呢？这首先得从食盐的特殊属性说起。在传统时代，盐是一种比较特别的资源，它跟绝大部分资源一样，是稀缺资源，但是，它又跟一般稀缺资源的特性有差异：第一，它的产地有限；第二，它的产量相对于需求量来说，可以趋近无限；第三，每个国民均有需要，且较难替代，[1]所以市场需求大，交易量高。

　　基于这三个特性，对王朝国家来说，控制食盐有下列好处。第一，食盐产地有限，主要集中于沿海和内地盐井盐池，控制难度较小。其他诸如粮食、棉花等物资，产地分散，要对其进行控制，需

1　也有不少边远地区（民族地区）在食盐供给稀少的情况下，会使用草木灰等物以代替人体对盐分的需要。在民族史的研究中，这类案例比较常见。

要大量的人力和物力，而控制食盐，相对于其他产地分散的物资，行政成本要低得多。第二，食盐产量相对于需求量，可以趋近无限满足，保障市场供应的风险小。毕竟食盐关系到每一位国民的日常生活，如果由于管控造成供应不足，就容易出现社会秩序失衡的重大风险，这会导致管控得不偿失。第三，市场需求大，产品交易额高，人人必需且很难替代，意味着对其管控，获取盐课的空间大，易于获得高额盐课。第四，食盐作为人人必需、几乎餐餐必食且难以长久保存的商品，除非供应短缺，否则家庭一般不会大量囤积。居民对市场食盐依赖度大，市场流通活跃度高，这就决定了在国家财政有特殊需要比如发生战争、灾害时，政府随时有可能对市场流通的食盐，临时提高课入标准或增加课入种类，而增加收入，以应对财政突发需求。所以，从食盐生产和流通中获取课入，相对于地丁银而言，具有更高的灵活性，可操作性强，甚至还可以直接要求特许商人提供"报效"之类的临时课入，这使盐课的灵活性和可操作性远超常规的地丁银，也能超过一般的关税和杂税。第五，管控盐产来征课，征课对象主要是盐商，进入清代以后，不仅流通环节征课对象是盐商，连生产环节的征课对象主要也是盐商。对这一对象征课，甚至不断增加课入标准或增加课入种类，也不违背传统时代王朝国家的治国理念。传统中国，王朝统治者一般以"爱民""仁政"等口号相标榜，常常以降低田赋为德政的标志。因此，除非别无他法，统治者一般不大愿意大规模提高田赋，而传统儒家士大夫出于种种原因，常将商人之财视为"不义之财"，[1] 至少也认为商人容易取得财富。这一背景决定了在田赋征收缺乏灵活性的情况

1　当然，这不妨碍清廷及其部分官员，一直与部分商人保持着极为密切的关系，相关研究众多，这里不赘述。

之下，向享受国家特许权的盐商征收高额盐课，成为一种最符合意识形态要求，也最有可操作性的办法。

可见，在清代，控制食盐生产与流通，难度较小，行政成本较低，市场供应易于得到保障，而市场需求量大并且相对稳定，容易获得较高的课入。更重要的是，相对于田赋等其他税种，盐课具有巨大的灵活性，而从商人手中征税，道德压力较小。所以，清王朝延续明代传统，控制食盐产业，以获取高额盐课。这就是清代设立盐政规制以管制食盐生产和流通的基本出发点。

需要说明的是，清承明制，明朝万历以后的盐法体系也被清朝继承。不过，这一继承是在当时历史条件下的合理选择。明初曾经实行过食盐配给制，以获取高课入，但该制度需要辅以非常强大的国家强制力量才能维系。所以，这一制度很快被废止，反而是利用商人来解决边塞粮草供应的开中法得以持续，并最终演变发展为万历年间的纲法。纲法采用特许专商、分地行盐的方式，政府设官分职对食盐运销加以监控，具体运营和纳课任务则交由商人负责。虽然此制度受到不少鼓吹自由市场理论的士大夫的批评，但它仍然是明王朝两百年盐法演变过程中寻找到的交易成本较低而收益较高的、当时最合理的制度框架。清王朝入主中原后，由于路径依赖和军需孔亟，选取并继承了这一有较大合理性的盐政制度，继续努力管控食盐的生产和流通，以获取高额盐课。[1]

管制食盐生产与流通以获取盐课的重要性，在清代，从帝王到一般士大夫，都认识得相当清楚。他们或云"国家正赋之外，充军

---

[1] 杨久谊认为，清军入关后，继续实行纲法，但因为需要盐商提供经费支持，所以对明代盐法做出迅速的"增修"，努力招揽流散的商人，"招商认课"，授予其特许专卖权和引窝，以筹措军费。参见杨久谊《清代盐专卖之特点——一个制度面的剖析》，《"中央研究院"近代史研究所集刊》第 47 期，2005 年，第 13 页。

国之用，惟盐法、关税、钱法而已"，[1] 或曰"夫国计民生，孰大于赋役、盐课、选举、防圉"。[2] 乾隆年间"毗陵七子"之一的吕星垣称："自管子创煮海之法，汉兴，修明法禁，历代因仍。度支边饷，咸取给焉。"[3] 他不无夸张地认为，食盐专卖以来，国家财政所出、军需所需，均出自盐课。康熙十三年任扬州知府，后升任江宁驿传盐法道副使兼署盐运司的金镇，在回顾历史时，也说吴王刘濞在东南地区"煮海为盐，国无赋而用饶"，[4] 认为拥有大量海岸线的地区，只要实行盐专卖，征收盐课，即使不收田赋，亦可实现财政收入的丰盈。乾隆年间的工科给事中曹一士，上疏讨论盐法时则说"盐课为国计攸关"，[5] 高度重视盐课的重要性。

除了一般文士和官绅，清代帝王也经常强调盐课对于王朝的价值。顺治帝曾直接指出"盐课钱粮，关系军国急需"，[6] 认为军费开支倚重盐课；康熙帝则称"盐课关系紧要，必得廉干之员差遣，乃能严缉私贩，惠恤商民，疏通引法，以裕国课"，[7] 显示了对盐课的重视。雍正帝也曾在谕令内阁时说"各省盐政，关系国计民生，所当加意整理"，[8] 强调盐课不仅于国计，于民生同样非常重要。类似的表

1　夏骃：《鼓铸议》，贺长龄辑《皇朝经世文编》卷 53《户政二十八·钱币下》，《近代中国史料丛刊》初编第 731 册，文海出版社，1972，第 1924 页。
2　王鼎相：《〈兴国县志〉序》，康熙《兴国县志》，康熙刻本，第 3 页。
3　吕星垣：《盐法议》，贺长龄辑《皇朝经世文编》卷 50《户政二十五·盐课下》，《近代中国史料丛刊》初编第 731 册，第 1777 页。
4　金镇：《盐法考》，贺长龄辑《皇朝经世文编》卷 50《户政二十五·盐课下》，《近代中国史料丛刊》初编第 731 册，第 1780 页。
5　曹一士：《请停商捐并申盐禁疏》，贺长龄辑《皇朝经世文编》卷 50《户政二十五·盐课下》，《近代中国史料丛刊》初编第 731 册，第 1806 页。
6　光绪《大清会典事例》卷 1028《都察院·巡盐》，《续修四库全书》第 812 册，上海古籍出版社，2002，第 321 页。
7　《清圣祖实录》卷 25，康熙七年三月辛酉。
8　《清世宗实录》卷 147，雍正十二年九月辛丑。

达，无论是官绅还是皇帝，都经常发出，说明清代盐课的重要性早已成为官方共识。这种共识正是清代盐政管制食盐生产和流通以获取高额盐课收入的实践基础。

3. 清王朝盐课征收的模式选择

那么，清王朝的盐政制度安排，选择的是图 2 所示六种模式中的哪种呢？经验事实显示，清王朝因时因盐区而异，在控制食盐与获取课入的模式上有所不同。因时间和空间的不同，采用了图 2 所示六种模式中的多种模式。结合众多史料和相关研究，清廷控制盐产和获取盐课的主要模式有图 2 所示的①②③⑤（即当作普通商品、仅管控生产、仅管控流通、管控生产与流通）四种模式，大体没有使用的是④仅管控消费和⑥配给制两种模式。但是，由政府组织行政机构，由官员和属吏来直接经营盐业生产和运销的做法，行政成本实在太高，[1]所以，清廷采用图 2 中①②③⑤四种盐产资源控制与课入获取模式时，由政府直接组织生产和运销，以获取较高生产和运销利润的情况非常少见，清廷的主流选择是政府设机构以监督管理，具体生产与运销事宜交由特许商人经营，以此控制生产与流通，从而获取高额生产课入和流通课入。[2]这是清王朝在明代户口盐法、开中法和纲法三种主要制度中，根据入关后军费紧缺以及行政

---

1 只有少数时候在少部分盐区，清廷才部分实行过由官方直接主导的官运官销模式。当然，官运官销模式之下，实际也有不少盐商参与，并非全部由官员和差役实现食盐的运销。此外，生产课入和流通课入，以特许费为主，偶有税项加入。

2 远在春秋时代，在资源禀赋异于农业国的齐国，这一资源管控与经营模式已为管仲所发明，"管子创煮海之法"，将盐的生产与销售作为齐国的支柱产业来安排，其与女红等产业一起，促成了齐国的兴起。此后，汉武帝出于与匈奴作战筹措战争经费的需要，利用桑弘羊等人组织起全国范围内的第一次大规模盐铁专营。安史之乱后，第五琦重新实行食盐专卖，并延续了相当长的时间。清代食盐专营，就是这段悠久历史的一个段落。同时，应该说明的是，作为模式分析，此处使用了食盐生产税和流通税的概念，但清代盐课不仅是简单的税收，更是特许费，关于这一点，下文将详细讨论。

人力并不充足的状况而做出的选择。

这种模式实际是对明代纲法的继承与损益。在这一模式之下，一方面，在生产环节，清朝在盐场设置场大使等官员，创立管理制度，在灶户人群及其身份都频繁流动的情况下，主要由盐商（偶尔由官员）经营盐场食盐生产，由盐场官员依据相关制度实行监督、保护生产，并掌控食盐生产量，进而征收盐课；另一方面，在流通环节，同样设置上至盐运司、下至州县的整套管理系统，并以专商或者官员之属吏经营食盐交易，交易的每一环节，均在官方监控部门和监控人员的监督下进行，以严防食盐偷漏走私，确保获取高额盐课收入。显然，这是建立在政府规制、盐商独立经营基础上的盐课征收制度。[1]太平天国运动爆发以后，清王朝迫于军费供应，在原有的盐课征收模式上，允许地方军事集团加征盐厘，这引起了清王朝整个盐课征收模式的调整。虽然总体上仍然采用的是图 2 中的模式⑤，但是，其由政府管控之下的盐商独立经营，转变为政府管控下的政府与盐商共同经营。[2]正如上文所指出，图 2 中的模式⑤，实际可以有政府直接经营、盐商独立经营以及政府与盐商共同经营三种形式。而 1850 年以前，清廷选择的是特许专商、分区行盐体制之下的由政府规制和监管的盐商独立经营模式；1850 年以后，清廷被迫选择了特许专商、分区行盐体制之下的，由政府规制和监管的政府与盐商共同经营模式。

高效率的盐课征收

基于食盐在传统时期的特殊属性，清廷采用规制办法，利用特

1　政府监控下的盐商独立经营模式理论，请参考韩燕仪《清代淮南盐的交易制度研究》。
2　韩燕仪：《清代淮南盐的交易制度研究》，第 168~178 页。

许专商、分区行盐的宏观原则，控制食盐的生产与流通，选择盐商独立经营的模式经营盐业，以获取高额盐课收入。那么，清廷这一模式经营的成效如何呢？下文的统计分析将说明，清廷的盐课经营相当成功，效率很高。

为了说明这一点，先从表1所示清代课入结构开始。

表1　清代课入统计

单位：百万两

年　份	土地税和人丁税	盐　课	商　税
顺治九年（1652）	21.26	2.12	1.00
康熙二十四年（1685）	28.23	3.88	1.85
雍正二年（1724）	30.28	3.87	1.97
乾隆十八年（1753）	29.64	7.01	5.60
乾隆三十一年（1766）	29.91	5.74	——
嘉庆十七年（1837）	28.02	5.80	5.86

资料来源：何本方《清代商税制度刍议》，《社会科学研究》1987年第1期，第56页；许檀、经君健《清代前期商税问题新探》，《中国经济史研究》1990年第2期，第87、90页。此外，费正清、赖肖尔《中国：传统与变革》（陈仲丹等译，吴世民等校，江苏人民出版社，1992）数据与此基本一致，参见该书第200页。

表1中的数据说明，清代财政收入的最大来源是田赋，其次即为盐课，然后是商税。其中，田赋占比在80%上下，具有压倒性优势，这充分体现了清王朝农业国家的特点。但是，田赋是最欠缺灵活性和机动性的税项，其税额、课税主体和课税客体均相对固定。因此，遇到国家财政有不时之需，比如战争费用支出等，或者内务府有特殊需要，一些具有灵活性的财源便必不可少。正如前文所指出，盐课和盐商报效，是当时最为灵活、最容易操作的财源之一。考察《清实录》的记载，盐课事实上已经在军费支出、赈济灾荒、皇室巡游、修天津城池、修长芦兵房且为之生息等非经制事务上发

挥了重要作用。陈锋的研究翔实地证明了盐课在临时军费需求上
的灵活性。他指出，三藩之乱起，军需孔亟，盐课遂有"加征五分
银""加斤增课银""计丁加引增课银"等众多加增，结果康熙十八
年两淮盐区的盐课，比顺治十年增加了 100 万两零，增长了 84%。[1]
可见盐课较之田赋要灵活得多，到晚清开征盐厘，其灵活性则更加
突出。

　　清中前期，盐课虽在稳步增长，但在国家财政中所占份额并不
大。不过，由此推论盐课在清王朝财政中的地位不高，那就大错特
错了。这是因为，第一，虽然按表 1 统计，盐课占比仅在 8%~17%，
但它仍然是清中前期国家财政收入中仅次于田赋的第二大项收入，
地位很高。第二，更重要的是，盐课与商税相比，其作用更为明
显，这尤其体现在征收效率上。吴承明先生的经典研究，总结了鸦
片战争前中国主要商品市场的流通量（见表 2）。

表 2　鸦片战争前中国市场主要商品流通量

单位：万两，%

商品名称	商品量	商品值		商品量占产量
		银	比重	
粮食	245.0 亿斤	16333.3	42.12	10.5
棉花	255.5 万担	1277.5	3.30	26.3
棉布	31517.7 万担	9455.5	24.39	52.8
丝	7.1 万担	1202.3	3.10	92.2
丝织品	4.9 万担	1455.3	3.75	
茶	260.5 万担	3186.1	8.22	
盐	32.2 亿斤	5852.9	15.10	
合计		38762.4		

　　资料来源：吴承明《中国资本主义与国内市场》，中国社会科学出版社，1985，
第 251 页。数据为原文如此。

1　陈锋：《清代盐政与盐税》第 2 版，第 219~220 页。

　　吴承明先生的研究显示，鸦片战前，中国市场主要商品流通量总值约为 3.88 亿两，其中盐的流通总值约为 0.59 亿两，也就是说，排除了食盐，当时国内市场主要商品流通总值约为 3.29 亿两。将此数据与表 1 数据比较，可见，价值 0.59 亿两的食盐贡献的课入几乎等同于其他商品一共 3.29 亿两的税收贡献值。如果以嘉庆十六年的数据来看，根据倪玉平的研究，当年盐课收入在 625 万两上下，关税在 500 万两上下，杂税大概 100 万两。[1] 以此数据为参考，则每百万两价值食盐的流通，可以创造 107000 两的盐课收入，而其他所有主要商品汇总，每百万两价值商品的流通，只能创造 18000 两的课入。食盐在清代中前期的课入创造能力是普通商品的 5.94 倍，盐课征收效率明显最高（见表 3）。因此，其重要性对清王朝来说不言而喻。或者反过来说，清王朝对盐课的重视程度，明显会高于对其他普通商品课征的重视程度。

　　如果清王朝采用对普通商品的课税办法，盐课收入将大为下降，理论上将降到 104 万两左右，从 625 万两降至 104 万两，降低幅度达 83.4%，而这正是不少清代（还有历代）思想家和政治家不断建议的盐政策略。这些思想家和政治家常常批评清代食盐的课入创造能力，是严重违背经济规律的"高额盐课"。然而，他们在抨击清王朝盐课制度的同时，却高度评价唐代刘晏理财时的盐政方案，"由是国用充足，而民不困弊"。事实上，刘晏改革使"江淮盐利"从"四十万缗"增加到"六百万缗"，[2] 盐课比从前增加了 14 倍，而清代盐课不过是普通商品课入能力的 5.94 倍。如果了解这一事实，这些批评家们似乎应该反过来肯定清代的盐课制度了。

1　倪玉平：《试论清朝嘉道时期的财政收支》，《江汉论坛》2018 年第 2 期，第 115 页。

2　顾炎武：《行盐》，贺长龄辑《皇朝经世文编》卷 49《户政二十四·盐课上》，《近代中国史料丛刊》初编第 731 册，第 1735 页。

表3　嘉庆十六年盐课与其他商品税入贡献比较

单位：百万两，%

类目	课入	贡献率（课入/百万两盐的流通）	指数
盐课	6.25	10.7	594
关税＋杂税	6	1.8	100
所有商品课入	12.25	2.9	161

资料来源：倪玉平《试论清朝嘉道时期的财政收支》，《江汉论坛》2018年第2期。

　　当然，需要说明的是，表3的统计存在两个小问题：第一，户部统计数据之外，商品流通过程中，有相多一部分课入归入了地方政府，这会事实上降低户部统计的商税总数；第二，户部盐课统计中，又有一部分实际上是政府经营盐业的利润，比如政府偶尔实行的官运官销，其利润就被统计进了盐课。这两点会影响盐课与商税之间的数量关系，但总体比重和趋势不会有大的影响。而且，上文数据分析的是中央财政结构中的数量关系，盐课正是中央财政的组成部分，因此，这一统计分析并不会明显受到这两个小问题的影响。

　　这说明，清代盐课的征收效率不仅远高于田赋的征收效率，也远高于一般商品的征收效率。而且，在盐课正额之外，清廷还会时常向盐商收取"捐输"、"报效"以及"生息银两"，它们亦有重要的财政意义。表4为乾隆年间部分年份盐商捐输报效的情况，从表中可以看出，乾隆年间金川和台湾用兵之时，盐商（尤其是两淮盐商）的捐输报效数额巨大，甚至可能超过当年的盐课收入总和。在某种意义上，盐商的捐输报效，相当于清廷拥有一个随时可以支取钱款的"钱袋子"，而皇帝利用银钱"发商生息"，则是将盐商视为可增值的钱庄。捐输报效和发商生息，以及乾隆朝内务府直接从盐政项目获取的常规收入，构成了清廷除盐课外重要的灵活性收入来源，这进一步强化了盐政在清廷课入中的作用和效率。

表4 乾隆朝部分年份盐商捐输报效额

单位：两

时间	军需报效	助赈报效	助工报效	备公报效	总计
乾隆九年（1744）		100000		310000	410000
乾隆十三年（1748）	1000000			200000	1200000
乾隆二十四年（1759）	200000	21826	217600		439426
乾隆三十八年（1773）	6500000				6500000
乾隆五十一年（1786）		3920			3920
乾隆五十三年（1788）	3200000	1000000			4200000

资料来源：陈锋《清代盐政与盐税》第2版，第294~300页；倪玉平《博弈与均衡：清代两淮盐政改革》，第35~36页。江晓成对乾隆、嘉庆两朝盐商捐输总额有所补正，证明盐商总体捐输额比以往研究的数据更高，参见江晓成《清乾嘉两朝盐商捐输数额新考》，《中国经济史研究》2021年第4期。

盐课课入追求的最大化倾向

清廷的盐政在实践中获取了高额盐课，取得较之于其他税项5.94倍税率的课入，实现了比地丁银和其他税项更高的征收效率。那么，这一高效率的征收，其最大可能性和限度又在哪呢？5.94倍课入是否已经到达其极限呢？或者换句话说，清廷是否还可以获得比此课入更高的收入，从而实现盐课课入量追求的最大化倾向？这一追求是否能够实现？它受到哪些现实因素制约？本节将以统治者的言论和盐法改革的个案为例，对这一问题做一初步的宏观分析。

1. 康熙帝关于盐课收益追求的表达

上文已论及，食盐有着其他商品所没有的诸如易控制、可操作性强、市场流通量大、课入道德压力小等一系列特殊属性，这决定了清廷对其设置一套繁杂的盐政制度、配置一套琐碎的运作体系以追求高额盐课收入的必然性。显然，从逻辑上，清廷如此操作是希望得到尽可能多的盐课收入，借用现代经济学的表达，就是有追求盐课课入最大化的倾向。

事实上，清廷上下对盐政均极为重视，"盐课为国计攸关"一类的表达经常出现。康熙帝甚至明确谕称："盐课关系紧要，必得廉干之员差遣，乃能严缉私贩，惠恤商民，疏通引法，以裕国课。"[1] 这短短三十余字，高度概括了清代盐政的目标和核心，包含了清廷盐政制度安排的三个重要观念：第一，盐政制度的设置，以及一系列复杂的制度安排和人事运用，目标是获取盐课；第二，为了顺利征收盐课，需要用人得当，要重视缉私、恤商、疏引三个核心环节；第三，对于本研究来说，最重要的一点是，康熙认为，为了征收"关系紧要"的盐课，清廷利用复杂的制度和合理的人事安排，采取一系列规制措施，处理各个方面的复杂运作实践，最终目标是"裕国课"。"裕"，即增加、提高和上升。这说明，清代盐政制度安排的方方面面，目的在于获取盐课，并通过征收盐课，充裕、提高、增加国家的财政收入。

在传统时期以儒家理论作为治国意识形态的背景下，清廷的最高统治者，尤其是以"仁"而著名的康熙帝，基本没有可能直接说出"追求盐课最大化"之类的话，而且他的经济理论水平，也决定了他没有能力提出"盐课收入最大化"这一概念。但是他明确表达出，设官分职，用人得当，理顺盐政缉私、恤商、疏引三个环节，

---

[1] 《清圣祖实录》卷25，康熙七年三月辛酉。

核心目的就在于"裕国课"，即提升、充裕国课收入。康熙的这一表达，颇能说明问题。[1]

现代经济学将所有自然人和法人都假定为理性经济人，与现实生活的经验逻辑发生冲突，常受历史学家诟病。对于传统中国的经验事实，以理性经济人的观念来分析，显然是存在问题的。但是，必须指出，一方面，以理性经济人分析经验事实时，其前提是假定

---

1 关于"裕国课"的含义是使国课充裕，还是提高国家财政收入，可以有所争辩。公认的观点是，清代财政因为纳税人口庞大，国家拥有充足的财源，财政收入相对稳定，并稍高于相对固定的财政开支（参见李怀印《中国是怎样成为现代国家的？——国家转型的宏观历史解读》，《开放时代》2017年第2期）。并且，清王朝以"原额主义"的财政思路，量入为出，只要收入能达到原额，并满足开支，就不再追求财政收入的增长，即"经常性的财政收支控制在一定范围内"（参见岩井茂树《中国近代财政史研究》，付勇译，社会科学文献出版社，2011，第16~17、262页）。所以，"裕国课"应该是使国课充裕，满足开支的需要。但是，有意思的是，检索《清实录》即可发现，在嘉庆朝以前，所有的"裕国课"只指向盐课和关税，与田赋毫无关联。这种现象暗示了清代关于盐课和关税的政策与田赋政策有明显差异。事实上，盐课之外，关税情况最为典型。乾隆十四年十一月十四日，皇帝明确表示，康熙年间，关税多有缺额，雍正清查后始现盈余，说明关税并非没有盈余，而是被瞒报。因此，户部建议盈余若比上一年减少，则按成数处分税员。但是，乾隆认为这将迫使各关关税每年递增，势必造成税官逐年加征关税，而致"病商"。所以，乾隆皇帝实行了可持续征收基础上的关税递增政策，谕令户部要求"各关赢余成数，视雍正十三年短少者，该部按所定分数议处，永着为例"，即关税定额外的盈余部分，只能在雍正十三年的基础上增长，不能减少（《清高宗实录》卷352，乾隆十四年十一月庚申）。这一政策，虽然是为了避免官员瞒报而设计出来的制度，但事实上，已经显示出一定限制条件下追求关税最大化的意味。矿业的情况与此类似，温春来指出，清廷规定，矿产量与课税均有定额，相关官员若不能如数完成任务，必须赔补甚至面临人事处罚，如超额完成，则尽收尽解，朝廷试图以定额为底线，尽量多收（参见温春来《事例原则：清代国家治理的一种模式》，《中国经济史研究》2021年第1期，第63页）。张泰苏则指出，清代财政可以分为农业税和非农业税两个部分，二者的制度与实践逻辑并不相同，可以从朝廷的经费需求和财政供给的角度，以及王朝的政治需要来解释盐税、关税等非农业税在清朝的理性增长（参见张泰苏《对清代财政的理性主义解释：论其适用与局限》，《中国经济史研究》2021年第1期）。因此，本书认为，清廷在盐课征收问题上，确有尽可能多收的倾向，但情形复杂，并不能用现代经济学意义上的最大化来概括，故称之为最大化追求倾向。

自然人和法人的其他理性逻辑不变（并非不存在），再构建理性经济人在经济理性引导下所展开的经济活动中因变量与自变量的函数关系，从这个意义上说，康熙存在一些理性经济人的思维，并非天方夜谭；另一方面，在经验事实层面，也必须区分清统治者与明太祖朱元璋一类帝王之间经济理性的巨大差异。众所周知，在朱元璋的治国理念中，经济理性不受重视，但清朝统治者与朱元璋在此问题上，完全不可相比。后金在东北崛起时，其军费并非完全由兵民合一制度直接解决，而是大量取自商业经营收入。岩井茂树较早注意到努尔哈赤的商业经营活动。[1] 狄宇宙亦指出，1606 年到 1610 年间，满洲的年人参潜在贸易量，可能接近当时整个中国从美洲输入银元总量的 12.5%，大概有 8 吨之多。[2] 刘巳齐则进一步强调，建州女真人除了能征善战，还善于经商，八旗体系下兵民合一，每旗都有一支官营的商队，可视为一个官营商业公司。远在明中后期，建州女真人就已加入了由葡萄牙人和西班牙人主导的、以白银为主要媒介的全球贸易圈，并且在东北亚的区域贸易中，扮演了重要角色。建州女真与周边部族以及明王朝的紧张关系，很多均起因于对方无法满足其贸易需求，这些因素促成了清政权的商业性。[3] 赵轶峰

1　岩井茂樹「十六・十七世紀の中國邊境社會」小野和子編『明末清初の社会と文化』京都大学人文科学研究所、1996、625~659 頁。

2　Nicola Di Cosmo, "The Manchu Conquest in World-Historical Perspective: A Note on Trade and Silver," *Journal of Central Eurasian Studies,* Vol.1 (2009), p.54.

3　刘巳齐：《15~17 世纪东北亚区域贸易与后金（清）崛起》，中山大学博士学位论文，2021。申斌认为，清政权的这一特性，使其入关后，仍以包衣为主体控制关税、盐课以及部分矿产等行业。即便这些行业，继承明朝的传统，已形成定额，但捐输、报效等手法说明，包衣属于清皇室的"自家人"，自家人经营的行业，当然需要随时给内务府以及清廷提供各种紧急财政支出，这体现出清政权的商业性。参见申斌《清朝财政的三个传统》（未刊稿）。笔者认为，捐输、报效非常明显地表现了清廷在盐课定额基础上的收入最大化追求倾向，而且事实上定额本身也不断增长。当然，清廷在落实该原则时，有一个前提——保持征课的可持续性，清廷并不想杀鸡取卵，迫使盐商走向破产。

明确指出，清廷"通过多种渠道参与商业"，"清代皇室、贵族、官府资本商业运营比明代更为发达"。[1]万志英则指出清朝的商业政策倾向于市场自由主义，清朝统治者对商业采取自由放任政策，并促进了市场扩张，乾隆皇帝甚至在财政思想上转向经济自由主义。[2]这些研究表明，尽管没有理由，也不能将清统治者视作没有其他理性逻辑的理性经济人，但是，在以征收盐课为目标的盐政问题上，他们的言论和行为，表现出一定程度的经济理性，有追求盐课收入最大化的倾向，这并非毫无可能。当然，值得注意的是，康熙并非在任何经济问题上，都以经济理性来决策。与盐课对比强烈的是商税，康熙二十二年（1683）收复台湾，次年谕令"开海贸易"，称"出海贸易，非贫民所能。富商大贾，懋迁有无，薄征其税，不致累民"。[3]显然，在刚刚收复台湾时，恢复两岸贸易远比对商人课以重税更重要，故康熙实行的是"薄征其税"的政策。[4]实际上，正如上文所指出的，清代的商税税率一直比盐课征课率低，这恰好反证了康熙对盐课有追求最大化的倾向。

2. "滋生人丁，永不加赋"与盐课额的不断增长

清廷对盐课有追求最大化的倾向，还可以通过盐课与田赋的比较来分析。众所周知，康熙末年的"滋生人丁，永不加赋"改革，始于人口增长速度远高于耕地面积增长速度。康熙认为，这种趋势

1　赵轶峰：《明清商业与帝制体系关系论纲》，北京大学中国考古学研究中心、北京大学震旦古代文明研究中心编《古代文明》第 10 卷第 4 期，上海古籍出版社，2016，第 66~67 页。

2　万志英：《剑桥中国经济史（古代到 19 世纪）》，第 269、274 页。

3　《清圣祖实录》卷 116，康熙二十三年九月甲子。

4　这与上文所述乾隆以后对关税实行定额外的盈余部分，只能在雍正十三年的基础上增长，不能减少的制度并不矛盾，毕竟康熙年间这一决定是收复台湾之后的暂时性政策。

造成了"分一人之产供数家之用，其谋生焉能给足"[1]的民生困境。因此，为了统计真实人口，实行其德政，减轻无地和少地但家庭人口多的农民之负担，康熙五十一年二月，谕令"直省督抚，将现今钱粮册内有名丁数，毋增毋减，永为定额。嗣后所生人丁，不必征收钱粮"。[2]在此谕令中，康熙还明确指出，"今国帑充裕，屡岁蠲免，辄至千万。而国用所需，并无不足之虞"，让地方官放心将以前隐瞒的人丁数报告给户部，而不至于因此追加钱粮。此制度延续至雍正朝，正式发展为"摊丁入地"，冻结了人丁税，成为中国历史上最为重要的赋役制度改革之一。经过康熙和雍正的这两次改革，清廷最为重要的、来自农业的税入，除了伴随垦田面积的扩大有些增长外，基本上就被固定了下来。

但是，与此相反，清廷并未同时把盐课固定下来。黄凯凯的研究详细讨论了清初到乾隆年间盐课增长的过程。他指出，顺治初，盐课和田赋一样，以万历盐课原额为征课目标，计丁派引，到顺治十三年开始大规模增行新引，两淮、长芦、山东、两浙、河东五个盐区，新增课额在 11%~24%；顺治末至康熙朝则通过增加盐引配额、给每引增加斤数等办法，给各盐区增加了大量盐课额，其中长芦增长了 116%，两淮增长了 96.3%，河东增加最少，也增长了 34.3%；雍正和乾隆年间，在两淮盐区通过"预提盐引"即使用未来盐引配额的办法，其他盐区则用增加余引的办法来增加盐课征收，每个盐区每年动辄增加 20 万至 40 万引。[3]其结果是，表 1 所见清廷盐课从顺治朝的 200 余万两，增加到乾隆十八年的 700 余万

1　《清圣祖实录》卷 240，康熙四十八年十一月庚辰。
2　《清圣祖实录》卷 249，康熙五十一年二月壬午。
3　参见黄凯凯《"疏引裕课"：清代前中期的盐课征收与官盐营销》，第 60~138 页。

两，[1]到嘉庆年间困于白银外流、市场动荡、官吏贪腐、管理不善等问题，反而下降。嘉庆十七年仅有 580 万两，二十五年也只有 600 余万两。[2]赋役额的固定与盐课的不断增长，相当清楚地说明了清廷对盐课的追求，与对田赋的追求是不一样的，对盐课有不断扩大收入的愿望。

康熙十七年（1678）十一月初二日户科给事中余国柱《为增盐课禁私盐题本》则更直截了当地说明了清廷对盐课与田赋、关税的不同态度。他说："钱粮之大款项，田赋、关税、盐课三者而已。田赋少加则厉民，关税少加则阻商。盐课一项，虽云计口授食，然户口额数，其来已久，逐年新增，不知凡几。即使酌量加增，以有余之户口，食不足之盐数，于商民两无病也。用兵以来，禁旅四出，需饷甚殷。臣昔任户部，专理筹项事务，故入垣办事无刻不以为念。"[3]可见，清廷在发现田赋和关税加增会造成"厉民"和"阻商"之后，敏锐地发现了人口不断增长的事实，从而将盐课不断加增，以为军旅支出之所需。这直接证明了清廷对盐课的追求与对田赋、关税的追求截然不同，其对盐课课入有最大化追求的倾向完全坐实。当然，正如上文指出，到乾隆以后，清王朝的关税课入倾向也有转变。

---

1 陈锋发现其实乾隆年间的 700 余万两盐课，有一部分来自康熙、雍正年间以其他名目课入的食盐部门的收入。参见陈锋《清代盐政与盐税》第 2 版，第 225 页。

2 嘉庆二十五年十月初七日两淮盐政延丰对当时两淮盐课的情况有过详细报告。他说："两淮为财赋要区，……两淮每年必须银八百余万两，方敷京外一年之用。……近年楚西豫皖等省私充引绌，每纲止能销及十分之七八，约仅收课银六百余万两，每年不敷尚多。……赔折日深，竭蹶支持已非一日。"延丰：《奏陈淮南运迟课绌应须酌加调剂三项事宜》（嘉庆二十五年十月初七日），中国第一历史档案馆藏宫中档朱批奏折，04-01-35-0499-021。以下所引档案馆藏地相同者不另注。

3 方裕谨：《康熙年间关于盐务的御史奏章》，《历史档案》1985 年第 1 期。

3. 盐课追求最大化倾向与课归地丁、票盐法及改埠归纲之关系

清朝统治者的言论，一定程度上表现出对盐课追求的最大化倾向，清廷从顺治到乾隆年间不断增长的盐课额，也明确证实了这种追求，乾隆年间河东盐课改革的史料，同样直接体现了盐政实践中清廷的盐课课入追求最大化倾向。河东盐区以解州（今运城）盐池为盐产地，其盐销山西、陕西、河南诸省区。其盐课征收从顺治到乾隆年间不断上升（见表5）。

表5　课归地丁前河东盐课征收额

单位：万两

	明末	顺治元年	顺治十三年	雍正元年	雍正三年	乾隆五十六年
盐课	19.31	13.12	16.32	17.87	38.75	51.62
指数	147	100	124	131	295	393

资料来源：陈永升《从纳粮开中到课归地丁——明初至清中叶河东的盐政与盐商》，中山大学博士学位论文，2002，第114页。雍正元年指数当为136，作者计算有误。

陈永升的研究指出，河东盐课收入从顺治到雍正初年均无多大变化，直到西北用兵，年羹尧直接管理河东盐政，迅速提高盐课，三年内加课一倍多。后来年羹尧虽然倒台，却并未阻挡河东盐课的增长步伐，历时60多年，到乾隆五十六年，额定盐课已经达到雍正元年的三倍。[1]

此时河东盐区的人口也在增长，但目前尚缺乏成序列的准确数据，无法计算出其人口增长率。[2]但从河东盐商的表现来看，人口增

1　陈永升：《从纳粮开中到课归地丁——明初至清中叶河东的盐政与盐商》，第112~113页；陈锋：《清代盐政与盐税》第2版，第311~312页。

2　乾隆四十一年以前的官方人丁数是纳税单位，故顺治十八年的接近413万丁和康熙五十五年的423万余丁，均非人口数据，即使有乾隆四十八年河东盐区人口数为2181万余丁的记载，亦无法计算出其人口增长率。

长率可能没有达到盐课增长的速度，盐课的涨幅已经超出了当时盐
商的纳课能力，盐课征收与盐商的负担之间形成了巨大张力。加上
官定盐价和乾隆二十二年河东盐池水灾造成盐产下降，[1]盐课却还在
增长，盐商经营盐业已无利可图。这说明在既有盐政体系下，清廷
在河东的盐课课入已经接近最大化，盐业陷入"运商无力告退，革
之则招抚无人"的境地。[2]因此，乾隆皇帝不得不答应河东盐商提高
盐价的要求，"着照所请，将续增二厘盐价，加恩准作定额，……以
纾商力"，[3]试图以此来维持盐课的课入量以及整个盐政的常规运行。
即便如此，仍然无法改变无人愿意充商的局面。于是，清廷不得不
"佥富充商"，即在当地搜寻富裕人家，强令其充任盐商，但是盐政
仍无起色。无奈之下，山西巡抚书麟建议对河东食盐管理制度"通
盘酌核"，做出全面改变，[4]从而拉开了河东盐法课归地丁改革的序
幕。由此可见，盐课课入追求的最大化倾向和其他几个因素一起，
最终迫使清廷实施此次盐法改革。[5]

　　道光年间陶澍在淮北推行的票盐法改革，与河东课归地丁的逻
辑颇为一致。道光十年十二月，钦差大臣王鼎与两江总督陶澍在全

1　既往研究侧重讨论环境与水灾对河东盐产的影响，不大关心盐课额度的增长与
　　盐产问题一起影响了河东盐政的正常运作，参见陈永升《从纳粮开中到课归地
　　丁——明初至清中叶河东的盐政与盐商》，第112~113页。但关于盐课增加对盐
　　商造成负担之事，陈锋有过深入分析，参见陈锋《清代盐政与盐税》第2版，第
　　311~312页。

2　西宁：《奏为据实密陈河东商众情形仰祈睿鉴事》（乾隆十五年十二月初五日），
　　宫中档朱批奏折，转引自陈永升《从纳粮开中到课归地丁——明初至清中叶河东
　　的盐政与盐商》，第115页。

3　《清高宗实录》卷1244，乾隆五十年十二月己丑。

4　陈永升：《从纳粮开中到课归地丁——明初至清中叶河东的盐政与盐商》，第137页。

5　关于河东盐法课归地丁改革的原因，杨久谊从引窝问题出发，强调了坐商"锭
　　名"提高运商经营成本这一因素，参见杨久谊《清代盐专卖制之特点———个制
　　度面的剖析》，《"中央研究院"近代史研究所集刊》第47期，2005年，第34页。
　　不过，显而易见，这并不与盐课课入增加造成盐商经营困难相矛盾。

面调查两淮盐务后，联名上奏称："两淮鹾务凋敝败坏，至今日已成决裂之势。盖库贮垫占全空，欠解京外各饷为数甚巨。历年虚报奏销，总商假公济私，遮饰弥缝，商人纳课不前，日甚一日，现在每卯竟无课饷上库。紧急应发之银，虽欲挪垫亦无款可挪，且口岸滞销，商运裹足，间有领运，无非借官行私，弊端百出。……通纲情形全属涣散，已等于停运停销。当此山穷水尽不可收拾，实非补偏救弊所能转机。"[1]为了拯救"山穷水尽"几乎"停运停销"的两淮盐务，陶澍最终在淮北试行了票盐法，放宽盐商准入机制，以保证盐政运转和盐课征收。

为何道光十年前后，两淮盐政崩坏如此呢？陶澍指出，其根源在于"成本积渐过多"和"借官行私过甚"。[2]什么是成本？"成本"在清人文字中，代表的就是盐商的食盐销售价格，主要由流通费用、课费支出和引窝及纸朱等价三部分构成。[3]一方面，从乾隆到道光，两淮正课已由180万至190万两，提高到220万两；另一方面，盐商行盐"浮费"高涨，总额甚至超过正课总数。浮费主要由两个部分组成，一部分属内务府收入（含帑息），另一部分为其他衙门的规费、匣费、办公费以及上贡等费用。其中前者的比例略低于后者。[4]这说明，作为全国课入量最大、盐商实力最强的两淮盐区，不仅清廷缓慢提升其正课，而且内务府财政和各个衙门都视两淮盐商

---

1 陶澍：《会同钦差筹议两淮盐务大概情形折子》，《陶文毅公全集》卷 12《奏疏·盐法》，《续修四库全书》第 1502 册，第 640~641 页。

2 陶澍：《再陈淮鹾积弊折子》，《陶文毅公全集》卷 11《奏疏·盐法》，《续修四库全书》第 1502 册，第 636 页。

3 韩燕仪：《清代乾隆前期湖广部定盐价制度中的政治博弈》，温春来主编《区域史研究》2020 年第 1 辑，社会科学文献出版社，2020，第 118~119 页。

4 陈锋：《清代盐政与盐税》第 2 版，第 319 页；倪玉平：《博弈与均衡：清代两淮盐政改革》，第 55~56 页。

为财富之源，不断从中获取收入。[1]

　　关于内务府财政，赖惠敏的研究指出，从乾隆朝开始，内务府开始从两淮盐政提取收入，数额不断增加；到道光十年，大概每年常规性收入已达 110 万两，加上内务府从盐务相关各衙门规费等费用中提取的收入（实际也是出自盐商），尚占各衙门该项收入的 20% 以上，内务府收入总额已达 160 万两，接近正课总数。不过，乾隆皇帝并未独享这部分收入，他经常从内务府拨款到户部，从而赢得"赋性宽仁"的美称。[2]这意味着，内务府从盐务中获取的收入，在使用上与户部财政之间没有截然区分，在这一意义上，基本可以将内务府收入视为盐课收入。如此计算，两淮盐课（含内务府收入）几乎上升到正课的两倍，达 380 万两以上，[3]再加上各衙门的索取，终于导致两淮盐商的食盐经营无利可图，几乎停运罢课。尽管导致盐商经营无利可图的原因，包括了各个衙门的需索，但是不可否认的是，户部和内务府课入越来越高，是盐商运营负担巨大以致罢退，从而使两淮盐法崩坏的重要原因。[4]户部和内务府盐课的不断增加，直至迫使盐商退市，盐法失败，这也是清廷盐课追求最大化倾向的体现。因此，可以认为，清王朝在两淮同样有追求盐课最大化的倾向，并且正是这一追求，导致正课、内务府课入以及规费、

1　倪玉平：《博弈与均衡：清代两淮盐政改革》，第 56 页。

2　赖惠敏：《乾隆皇帝的荷包》，"中研院"近代史研究所专刊（98），2014，第 218、228、475 页。

3　本书附录表 4 的数据为未修正数据，约为 336 万两，380 万两为参照赖惠敏所示比例调整后的数据。当然，这两个数据较为接近，采用前者或者后者，均不妨碍结论。

4　黄凯凯关于清代两淮盐商资本市场运作的讨论，分析了两淮盐政几近崩溃而不得不实行票法的另一层原因：资本市场对窝单炒作引起商人获取盐引成本的重大变化。他关于两淮捐输的讨论对此问题也有参考价值，请参见黄凯凯《清代两淮盐商捐输新探》，《清史研究》2022 年第 2 期。

匪费越来越高，终致两淮盐法崩坏。

另一方面，陶澍所谓"借官行私过甚"，同样是课入过高的逻辑结果。课入过高增加了盐商的行盐成本，从而抬高了官盐价格，走私有利可图，因此商人借官引行私盐、利用低价私盐占领官盐市场，从而导致官盐市场萎缩，盐法终于崩溃。因此，可以认为，票盐法在淮北的试行，也是清王朝追求课入最大化、造成盐法失效之后的无奈之举。票盐法改革，除放开盐商市场准入外，最重要的措施便是减少内务府盐课收入，并严厉打击各个衙门的浮费收入，以保证盐法的运转。[1]

乾隆五十四年（1789）两广盐法的改埠归纲，同样是清廷盐课追求最大化倾向导致的结果。从乾隆七年始，两广盐课课额不断提高，乾隆七年是449615两，到乾隆八年则上升到459485两，乾隆十六年为469250两，乾隆二十四年出现一次飞跃，提高到591764两，乾隆二十九年为630004两，乾隆三十九年又上升到638704两，乾隆四十八年提升到664545两，并稳定地维持到改埠归纲改革。[2]图3反映了其演变趋势。

由于盐课课额不断增加，两广盐商负担加重，难以为继，盐课积欠不断上升，到乾隆五十一年已达8万余两，[3]而更严重的问题是，两广盐商当时收有官帑30余万两，此时已全部亏损，以至于总积欠达126万余两。两广总督孙士毅在调任他职时，为逃避考成责任，遂以仿两淮纲法、改埠归纲为名，强令一批富人或充盐商，或纳盐本，改变了两广盐区的既有运销制度。[4]此事个中逻辑，与河东课归

1　关于两淮的盐法改革，倪玉平有过详细讨论，请参见倪玉平《博弈与均衡：清代两淮盐政改革》。
2　王小荷：《清代两广盐商及其特点》，《盐业史研究》1986年第1辑，第69页。
3　王小荷：《清代两广盐商及其特点》，《盐业史研究》1986年第1辑。
4　黄国信：《国家与市场：明清食盐贸易研究》，第276~281页。

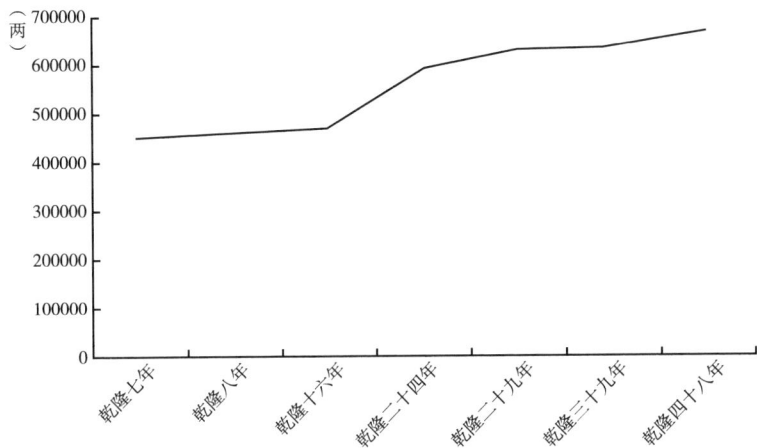

图 3 乾隆年间广东盐课额增长曲线

资料来源：光绪《两广盐法志》卷 5~10《引饷》，光绪刻本。

地丁、淮北票法改革一致，同样是清廷追求盐课最大化倾向导致的结果。

盐课课入的克制性

康熙皇帝的言论、清廷不断提高盐课的事实，以及三次盐法改革的实践，作为个案，已经可以说明清廷对盐课课入不无最大化追求的色彩。那么，在实践中，清廷是否可以实现这一追求呢？或者说，实际课入是否可以实现最大化、达到理想极限呢？其实，上文的盐课改革案例，已经提示我们，追求课入最大化往往导致规制失效、盐法失败。而从逻辑上，课入最大化追求倾向也难以实现，上文已经指出，清廷在选择盐课收益模式时，并没有选择图 2 所示收益最高的配给制（模式⑥），这是因为，选择配给制，需要付出比其他模式高得多的行政管理成本。这意味着，行政成本制约了清政府对盐课课入最大化的追求。而除了行政成本外，清廷的课入追求最大化倾向还受到其他众多因素的制约（下文将详细讨论）。因此，清廷对盐课课入的最大化追求倾向，只能演变成在诸多因素制约下的克制性的最大化，即盐课收入的最优化选择。

关于这一问题的讨论，可以从清代与明代的盐课课入量的比较开始。万历后期，户部尚书李汝华对明代盐课有过一次详细统计，他指出："国家财赋，所称盐法居半者，盖岁计所入止四百万，半属民赋，其半则取给于盐。两淮岁解六十八万两有奇，长芦十八万，山东八万，两浙十五万，福建二万，广东二万，云南三万八千两有奇。除河东十二万及川陕盐课，虽不解太仓，并其银数，实共该盐课银二百四十万两。"[1] 李汝华统计的全国岁入 400 万两，应该仅仅是太仓库收入，而统计的盐课，则兼及太仓之外的部分，可能包括全部盐课收入。但这仍然说明晚明的盐课收入至少已达到 240 万两。参考表 1 和表 3 数据可知，清代盐课在顺治年间，仍然维持这一水平，康熙中期到雍正年间，才上升到 380 多万两，随后因军需迅速上升，乾隆十八年达到 701 万两，[2] 乾隆中叶回落到 570 万两左右，嘉庆十六年也只有 625 万两。也就是说，从长期趋势来看，盐课从晚明的 240 万两，增长到嘉庆年间的 625 万两，增长了 1.6 倍。那么，这一增长是否说明清王朝为了追求盐课课入的最大化，大规模提高了生产和流通中的单位食盐课入率呢？

对这一问题的考察，必须结合市场对食盐的消费量来考虑，因

1　李汝华：《户部题行盐法十议疏》，陈子龙等选辑《明经世文编》卷 474，中华书局，1962，第 5203 页。

2　王业键认为是年盐课正额之外，尚有大概 175 万两杂课，故修正当年的盐课数字为 876 万余两。参见王业键《清代田赋刍论》，高风等译，人民出版社，2008，第 94 页。

为食盐消费量的增加，必然带来盐课总量的增长。可惜，笔者掌握的现存史料，尚无法详细提供从顺治到嘉庆各朝的食盐总销量序列数据，因此不能直接计算清代每位帝王统治时期的单位食盐流通课入率。不过，这可以以人口数来做近似推论。虽然不少文献对清代盐政做道德评判时，会举出淡食的例子，但总体来说，人人均需吃盐，即便有少部分人淡食，人口数仍然可以作为近似推论食盐销量的依据。根据何炳棣关于人口的经典研究，以及表1、表3的相关数据，盐课与食盐人口（近似的食盐销量）增长指数曲线可表达为图4。

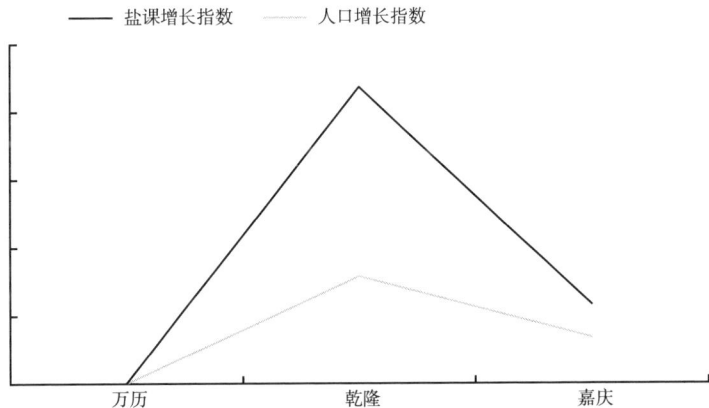

图 4　明清人口与盐课增长指数曲线

资料来源：表1及表3数据；何炳棣提供的人口数据：晚明人口大致为1.5亿人，乾隆四十一年官方人口数为2.6823亿人，嘉庆十六年官方人口数为3.5861亿人，参见氏著《明初以降人口及其相关问题，1368~1953》，葛剑雄译，三联书店，2000，第329页。

图4显示，盐课相对于人口的增长，从万历到乾隆之间速度相对较快。这一阶段，人口从15000万人增长到近27000万人，增

长了 79%，[1] 盐课从 240 万两增长到 574 万两，增长了 139%。[2] 显然，清初在表面实行盐课"原额制度"的时候，实际还是提升了盐课的征收额度，这大概是清初战乱较多以及清王朝不断整顿盐课等所致。因此，这一阶段不能被看作清代盐课收入的常态。更为重要的是，这一时段，盐课增长速度虽然高于人口增长速度，但总体来说，这一速度还是显示出，清王朝在对盐课课入努力寻求最大化倾向的同时，保有克制态度，否则盐课增长速度将会更高。而从乾隆到嘉庆，人口增长速度大于盐课增长速度，这一阶段人口从近 2.7 亿人，增长到近 3.6 亿人，增长了 34%，[3] 盐课则从 574 万两，增长到 625 万两，仅增长 9%，[4] 盐课增长速度低于人口增长速度。而且何炳棣认为，嘉庆年间的官方人口数据尽管可用，但至少比实际人口数低 20%，[5] 可见这一时期的人口实际增长率，比笔者统计的增长率要高。按人口推算的食盐销售量增长率，这一阶段明显超过盐课增长率。

当然，事实上的官盐销售量，会比人口增长速度慢。这由两个因素决定：第一，大众的食盐消费有相当一部分由私盐提供（排除计入了官盐销量的私盐之外，比例应该不大可能超过 30%）；第二，有很少一部分民众可能淡食。不过即便如此，也可以基本判断，这一阶段清王朝的盐课增长速度，较之食盐销售量增长速度，相对

1　曹树基《中国人口史》对何炳棣的数据有补正，万历到乾隆的数据为 172171000 人增长到 309238000 人，增长了 80%。
2　如果以乾隆十八年（1753）的数据来观察，则增长率高达 192%。这一阶段盐课的增长，与雍正帝严查盐课有莫大关系。当时，两淮盐商想送一笔款项给雍正帝，结果换来的是雍正对盐课的严查以及将浮费划入盐课。基于此，加上是年人口数据亦无可信的数字，本书未采用该数据。
3　曹树基补正后的数字是从 309238000 人增长到 378676000 人，增长了 22%。
4　如果以乾隆十八年的数据来观察，则增长率为 -10.8%，更支持本节的结论。
5　何炳棣：《明初以降人口及其相关问题，1368~1953》，第 59 页。

缓慢。虽然，这一统计并未计入盐商的捐输、报效以及内务府从盐政获取的收入，但在朝廷用兵的年份之外，捐输、报效数值增加也相对较小，比如乾隆二十四年和五十一年，尤其是五十一年，仅为 3920 两。根据陈锋的统计，从顺治二年（1645）到光绪三十三年（1907），总计盐商的报效为 81036337 两，[1] 如果平均分摊到每一年，则盐商每年的报效为 308123 两，这相对于清代前中期每年至少 240 万两、最高 625 万两的盐课收入来说，占比并不高，约为 4.9%~12.8%。而内务府的盐政收入，乾隆三十年以后，每年大约在 100 万 ~200 万两，约为正额盐课的 20%~40%。[2] 以捐输报效 30 万两为年均值，以内务府收入 100 万 ~200 万两为依据，如果取内务府收入的最小值，则这一阶段盐课总的增长率为 24%，还是低于食盐销售量增长速度，如果内务府收入取最大值，则这一阶段盐课总增长率为 48.9%，略高于按人口数推算的食盐销售量。[3]

　　这说明，清王朝无论在盐课增长率高于人口增长率的战争时代，还是盐课增长率低于（或略高于）人口增长率的承平时代，都没有在国家掌握食盐生产和销售权力之后，任性而不加限制地提高盐课收入。由此可见，清廷在盐课收入问题上，并没有完全凭借国家暴力无限制征收高额盐课，而是对权力运用保持着一定的克制，努力地寻求某一合适的课入率，从而既保证盐课课入的高效征收，

1　陈锋《清代盐政与盐税》第 2 版，第 301 页。前揭江晓成文认为陈锋的嘉庆数据有 50% 左右的遗漏，这对本段分析有小的影响，惜江文未提供整个清代的数据，此处暂无法对本数据做新的校正。所幸，总体上这一数据的调整，不会改变本段的结论。

2　赖惠敏：《乾隆皇帝的荷包》，第 474 页。

3　需要说明的是，皇室、政府、官员、商人等从盐的生产和运销过程中，获取的收入类型多，情形复杂，本书作为宏观研究，并不详细考证各种细节，有兴趣的读者可参考相关著作，以及笔者《清代广东私盐贸易》（中山大学硕士学位论文，1992）中的相关统计。

又保证盐政的正常运行。也就是说，清廷盐课收入，并没有达到最大可能性。这是因为，清廷的盐课征收，有诸多因素的制约（下一章将详细讨论这些制约），在这些因素制约下，清王朝只能选择盐课收入与征课成本之间的平衡，从而使其盐课课入追求最大化倾向，转化成对盐课收入的最优化选择。这是清代盐政规制的一个显著特点。

普通百姓的盐课负担水平

清王朝为了保证盐课征收，设置了相当复杂的规制制度安排，较为有效地实现了有克制的高额盐课征收，取得了普通商品税收5.94 倍税率的征收效果，并且还可在其有特殊需要的时候，要求盐商捐输报效。应该说，对于清王朝来说，其盐政运作实现了预期目标，有重要财政和社会价值，而且也没有因为对盐课课入的最大化追求倾向，在清前中期造成社会动乱。

那么，清廷这一远超普通商品的盐课课入率，是否会给普通老百姓造成沉重负担呢？本节将对此做出数据分析。需要说明的是，清代盐课征收环节和程序极为复杂，有场课、灶课、引课、正盐、余盐、课归地丁等诸多名色，[1] 因此，计算颇为复杂。在不影响研究结论的前提下，这里无意对这些数据进行充分辨析和重新估算，而是尽量立足于原始数据，来讨论盐课与盐价、物价的关系，考察其与老百姓承受能力的关系。出于人口统计数据的可利用性，这里从

1　相关研究可参考陈锋《清代盐政与盐税》第 2 版；何炳棣《扬州盐商：十八世纪中国商业资本的研究》，《中国社会经济史研究》1999 年第 2 期；汪士信《乾隆时期徽商在两淮盐业经营中应得、实得利润流向试析》，《中国经济史研究》1989 年第 3 期；汪崇筼《明清徽商经营淮盐考略》。

乾隆四十一年（1776）开始讨论。[1]

表 6 反映了乾隆四十一年之后，各盐区人口与盐课之间的关系。其中，人均盐课负担以山东为最低，仅 0.01 两；两淮最高，约 0.03 两。即乾隆后期每个人在消费食盐时，每年每斤盐需要为政府提供大约 1~3 分的盐课。这可以继续通过与一系列相关数据的比较来说明此数据的意义。

表 6　乾隆后期各盐区派定的盐课额与人口数之关系

盐区	人口（口）	盐课数（两）	人均盐课（两）
两淮	81888930	2769953	0.033826
两浙	34922880	缺	
长芦	缺	缺	
河东	缺	947364	
山东	23535336	245668	0.010438
两广	26318507	669400	0.025435
福建	缺	314829	
四川	16659123	缺	

资料来源：本书附录各盐区人口数和盐课数统计表。

第一类数据是食盐在终端市场的售价。

表 7 是官方档案中部分终端市场盐价数据。[2] 由于嘉道以后物

1　何炳棣等人的经典研究证明，乾隆四十一年至道光三十年（1776~1850）的官方人丁数较为接近人口数。乾隆四十一年的变化，源于当时乾隆皇帝对全国人口数的重视。实际上，康熙末规定滋生人丁，永不加赋以后，人口登记与赋税之间的关系弱化。但是，五年编审一次人丁的做法仍在，不过，地方官常常照抄旧表，以致人口数仍无实际意义。乾隆四十年，皇帝对于不能掌握事实上的人口数非常恼火，下令各地动用保甲系统清查人口。从此，清代的人口数在一段时期内，成为朝廷相关决策的重要依据。参见何炳棣《明初以降人口及其相关问题，1368~1953》，第 55~59 页。

2　河东的终端盐价数据同样支持本节的结论，参见黄凯凯、朱苗《官盐定价的福利效应——以清中期河东盐区的终端盐价为例》，《盐业史研究》2022 年第 4 期。

价上涨很快，加上计价方式往往从以白银计价变为以铜钱计价，因此这里主要参考乾隆年间的几个数据。从这些数据看，结合银钱比价，各地盐价高不过六七分，低不到 1 分。按照老百姓每年人均食盐 9 斤来计算，每人每年购买食盐的支出大概低不过 9 分，高不过 6 钱 3 分。照此，虽然福建数字有些奇特，但乾隆后期各盐区大约 1~3 分的人均盐课负担，相对于老百姓的食盐消费支出，并不能说是一个很大的数字。

表 7　清代食盐终端市场盐价举例

时间	地点	盐价（每斤）	资料来源
雍正二年	武昌府	淮盐 2 分	工科给事中蔡仕舢:《奏陈楚盐增价并楚豫二省征收钱粮不一事》（雍正二年四月二十一日），宫中档朱批奏折，04-01-35-0439-005
雍正十一年	夔州府	川盐四五厘	湖广总督迈柱:《奏复湖北归州巴东应照旧行销淮盐事》（雍正十一年九月十六日），军机处录副奏折，03-0021-004
雍正十三年	上蔡、项城	芦盐 16 文淮盐 20 文	河东总督王士俊奏折，雍正十三年四月二十六日，中国第一历史档案编《雍正朝汉文朱批奏折汇编》第 28 册，江苏古籍出版社，1986，第 132 页
乾隆元年	建始县	川盐六七分	光绪《四川盐法志》卷 8,《续修四库全书》第 842 册，第 159 页
	永州府	粤盐不过 1 分	湖南巡抚钟保:《奏请于永州适中之地设总埠子店照额运盐贩卖等事》（乾隆元年五月初六日），宫中档朱批奏折，04-01-35-0441-027
	道州	淮盐 3 分	署理两淮盐政尹会一:《奏报湖南永州府适中之地设立总埠等事》（乾隆元年六月二十一日），宫中档朱批奏折，04-01-35-0441-037

续表

时间	地点	盐价（每斤）	资料来源
乾隆元年	宁都州	粤盐制钱 9 文	江西巡抚俞兆岳:《奏报刊刷通行晓谕以靖私枭而肃盐政事》(乾隆元年六月初九日)，宫中档朱批奏折，04-01-35-0441-033
乾隆五十六年	建昌府	闽盐制钱 28 文	和珅等:《奏议长龄等奏称会勘江西建昌盐务酌拟杜私销引章程事》(乾隆五十六年六月初二日)，宫中档朱批奏折，04-01-35-0476-008
道光二年	武昌府	淮盐制钱 48 文	湖广总督陈若霖:《奏为遵旨查明楚岸销盐情形无须照旧封轮事》(道光二年七月十四日)，宫中档朱批奏折，04-01-35-0501-009
	衡州府	淮盐制钱 五六十文	
道光十四年	江西、湖广各州县	六七十文	湖广总督讷尔经额、湖北巡抚尹济源:《奏报查明汉商发卖淮盐盐价事》(道光十四年三月初十日)，宫中档朱批奏折，04-01-35-0511-019

第二类数据是清代的粮价。

从康熙、雍正年间的粮价来看，因地域关系，广东每石粮食需要 5 钱到 1 两 5 钱。那么，据表 6 可知，如果以最高粮价与最低盐课来比较，当时广东人均负担的盐课，在广东省城只能购买到不足 0.0167 石的粮食。如果以最低粮价与广东人均盐课来比较，则当时人均负担的盐课，在雷州半岛可以购买到 0.05 石粮食，也就是 5 斤左右。就算是两淮较高的盐课额，在粮价最低的雷州也只能买到大概 7 斤粮食。这种情况同样表明，盐课负担对于老百姓来说，并不是一项有很大压力的缴课负担。这也从一个侧面验证了清王朝财政收入中，占最大份额的仍然是田赋的结论。当然，需要说明的是，清代盐政除盐课外，盐商还在经营食盐贸易时，实际承担诸如捐输、报效、规礼，甚至内务府充公节省

银、发商生息等额外费用的支出。这些支出在寓课于价的制度体
系之下，最终的承担者，仍然是食盐消费者，但是，正如上文所
指出，将捐输报效平摊到每年来计算，则其仅占盐课收入份额的
4.9%~12.8%，内务府收入稍高一些，约占盐课的20%~40%，这
就意味着，用盐课额较高的两淮的数值，和捐输报效以及内务府
收入的最高百分比来计算，在当时米价偏高的广东省城，也只会
增加老百姓1斤多粮食消费的负担；如果以捐输报效以及内务府
收入最低百分比和广东盐课额数据来计算，增加的老百姓的负担
更是少到连半斤粮食都不到。

表8　康熙、雍正年间广东粮价举例

单位：两/石

时间	价格	奏报者
康熙四十六年八月	0.8	范时崇
康熙五十三年十月	高要县上白米0.8，中白米0.7，红米0.58	赵弘灿
康熙五十九年六月	广州、惠州、潮州、肇庆0.7~0.75、0.76；南雄、韶州、高州、雷州、廉州、琼州0.5~0.7	杨琳
雍正四年十一月	省城1.5	石礼哈

资料来源：据陈春声《市场机制与社会变迁：18世纪广东米价分析》（中国人民大学出版社，2010）附录二（第217~221页）相关数据整理。原文即如此对应。

　　由以上分析可知，民众的盐课负担并不重，但是，这样的课
额对于各个盐区来说并不公平，如福建盐区的人均盐课负担是山东
盐区的37倍。尽管对老百姓来说，这两个额度都不存在负担过重
的问题。不过，还是可以继续了解这一公平性问题是否在此后有所
缓解。

　　从表9来看，表6有记载的各盐区的人均盐课负担均有所下降，
虽然不一定变得更为合理，但对地方州县和老百姓来说，应该都不

是一个太大的负担。因此，除了特定的地区外，老百姓大概在日常生活中，不会因为盐课而产生什么问题。

表9 嘉庆年间各盐区派定的盐课额与人口数关系

盐区	人口（口）	盐课（两）	人均盐课（两）
两淮	118695414	2049011	0.017263
两浙	49386151	990867	0.020064
长芦	34272302	757656	0.022107
河东	25823142	721700	0.027948
山东	31849379	243354	0.007641
两广	36875262	705373	0.019129
福建	14382314	318417	0.022139
四川	32037883	296222	0.009246

资料来源：本书附录各盐区人口数和盐课数统计表，部分盐区缺嘉庆末年盐课数，采用了嘉庆五年数据。

最后再看道光年间的情况。

道光年间总体趋势再无明显改变。至此，可以肯定，从人均盐课负担角度来看，寓课于价的盐课额度对当时的普通老百姓来说，并不是一种会有太明显感觉的赋税，也就是说，老百姓的盐课负担并不算重。这说明，清代盐课征收较为成功，较轻的赋税额度使清廷根本不需要从最终税源方面去考虑盐课问题，因为盐课征自商人，清廷主要考虑的是盐商的利益、盐商的承受能力、官员与盐商的关系以及食盐的销售状况等问题，并且在这样的考虑之下构建盐政制度安排。盐政运行即便经常有盐引壅滞和盐课缺额现象，但总体运行没有出现颠覆性问题，大体保证了清代盐政的正常运行。

表 10　道光年间各盐区派定的盐课额与人口数关系

盐区	人口（口）	盐课（两）	人均盐课（两）
两淮	缺	3982927	
两浙	52465581	533347	0.010166
长芦	36788806	647373	0.017597
河东	缺	533347	
山东	缺	310067	
两广	40258641	612126	0.015205
福建	15775140	333010	0.021110
四川	缺	288247	

资料来源：本书附录各盐区人口数和盐课数统计表。

清代盐课的性质

　　清廷盐课课征一方面基本实现了追求最大化倾向之下的最优化选择，另一方面又没有造成最终征课源的沉重负担，似乎在国课与民食之间达到了双赢。那么，它是否代表了一种超越传统力量、取代了传统性质的盐课呢？它的性质又当如何判断呢？这大概有下列几点值得注意。

　　第一，清代盐课本质上不是现代意义上的税收，而是一种有准入规制的行业的特许费。众所周知，清代盐政主要实行的是专商制度，盐商需要获得政府的许可才能从事食盐经营。从逻辑上说，政府给盐商许可，只向他们征收税收，而不收取许可费，是比较难理解的。其实，清代盐课无论取自盐场还是取自流通环节，大部分是由盐商支付。盐商支付盐课，获取盐引，通过盐引获得经营许可，[1]

1　在两淮，还需要引窝作为经营许可，无窝之商，可以通过购买、租赁、合伙等方式获得"窝"的使用权，但在实际运营过程中，仍需要盐引作为经营许可。

因此，盐课实质上是盐商获得经营许可的特许费，而不是国家从盐商的经营或经营利润所得中实行二次分配所抽取的税收，清廷一般要求先课后盐，暗含的就是这一层意思。[1] 与清代盐商经营类似，欧洲的特许经营公司也需要付出资金，向国王申请特许状，划定经营范围，取得垄断经营资格，也需要在经营过程中缴纳税收。这些形式表面上与清代获得准入资格的盐商有些相似，但是，在本质上具有较大差异。欧洲的特许公司是在重商主义思潮推动下，不断向外扩张和殖民而发展出来的政治与经济合一组织。更为重要的是，在特许公司不断发展的 16~18 世纪，欧洲的整个政治与经济体系发生变化，特许公司也在这一过程中，从规制公司向股份公司转化，发展出集中管理、股权转让、有限公司等制度特征，成为现代股份制企业的前身。[2] 正因为如此，特许公司除了需要缴纳特许费外，还可能与政府"分红"，通过二次分配向政府纳税。而清代的盐课，虽然也是特许经营的许可费，甚至两淮盐商也在形式上有了初步的股份制色彩，但是清代的盐业经营与欧洲特许公司之间存在着制度体系上的巨大鸿沟，制度环境与清代前中期的经济环境不存在相似性。二者除了极少形式上的可比性之外，没有实质关联。清代的盐课，仍然只是传统的特许经营许可费，甚至在一定意义上，把它看成清廷参与经营的直接收入，也不是毫无道理。

此外，在计征方式上，盐课容易被认为与田赋一样是税收。但实际上，计征方式并不决定盐课的性质，计征方式在盐课问题上，

1　当然，在实际盐课征收过程中，因为盐商各种真实的、非真实的理由，盐政机构也常被迫同意先盐后课，但征课原则仍然是先课后盐。

2　参见 E.E. 里奇、C.H. 威尔逊主编《剑桥欧洲经济史》第 4 卷《16 世纪、17 世纪不断扩张的欧洲经济》，张锦冬等译，徐强校订，经济科学出版社，2003，第 200~246 页；王军《16~18 世纪英国特许公司研究》，东北师范大学博士学位论文，2011。

只代表了盐商获得准入许可所需要支付的特许费的计算方法。实际上，盐商的特许费是按"引"支付的。但是，盐商的根窝可以行销多少"引"，则由清廷根据人口数量及其消费量的多少，即市场需求来确定。所以，盐课表面上是"计丁征课"，其实质却是"计引征课"，即特许费是按照发放给盐商引目的数量来征收，而不是按照食盐消费"人丁（或人口）"来征收，认清这一点至为关键。[1] 显然，在这个意义上，盐课的计征方式与田赋的计征方式并不一致。

由此可见，尽管盐课征收与田赋征收的耗羡一样，也有将盐商规费等杂项"归公"的做法，包含了类似耗羡归公养廉银的"理性化改革"，[2] 但它并未成功向近代税收过渡。实际上，比较准确地说，清代盐课虽然具备了定额化、货币化、中央集权化的形式，在本质上，它仍然成功地保留了传统课入的根本特点：课入的目的，仅仅在于度支价值，并不具备近代税收改善资源配置和调节收入分配的职能。因此，清代盐课是清廷向规制下的特许商人征收的经营许可费，属于典型的传统课入。

第二，把清代盐课视为商人的职役纳银，也不算是恰如其分的判断。众所周知，明初的商籍承担商役，是为职役，历经长时间的演变，明中叶商业高度繁荣之后，从各种户籍身份中涌现了大量商人。此时，虽然盐商仍然苦于"套搭"等问题，困难重重，但袁世

1　清代盐课除了捐输报效作为特例外，一直保持着自身的规范，即在明万历原额的基础上以丁计引而征收。如果当时赋役系统的"丁"是纳税单位，则盐课收入形式上是按照纳税单位来计征的，如果赋役系统或人丁统计系统的"丁"转化成人口，则盐课收入形式上是按照人口数来计征的，但计丁只是形式，计引才是盐课计征的本质。参见黄凯凯《"疏引裕课"：清代前中期的盐课征收与官盐营销》。

2　参见曾小萍《州县官的银两：18 世纪中国的合理化财政改革》，董建中译，中国人民大学出版社，2005，第 191~195 页。她认为，耗羡归公是一场理性化改革，因其州县征收、提解省库、до省分配等原则，而具备了地方财政色彩，与中国传统的地方经费有重大差别。其中，盐商的盐规银也进入了这场改革之中。

振设计纲法时，却认为他发明的纲法可以保证盐商"昔求脱去而不得，今惟恐窝本之有失"，[1] 盐商将在明中晚期商业繁荣的大背景下，享受食盐贸易的良好收入。因此，他规定盐商需要准入制度，要求盐商注册登记，"册上无名者，又谁得钻入而与之争骛"，[2] 限制没有获得准入许可的商人进入盐商队伍。袁世振已经很清楚，如果不做出这样的限制，则会有许多商人"钻入而与之争骛"，即努力混进盐商队伍并与现有盐商争利。可见，按照袁世振的设计，纲法实行之后，盐商将成为一种有利可图的职业，食盐贸易是很多商人试图"钻入"的行业，朝廷允许某些商人经营盐业，已经是给其赢利空间。

当然，并不是说商人有较大赢利空间，就一定不是"职役"，判断盐商是不是职役的关键，是观察其能否正常进入与退出，尤其是能否正常退出。因为明代的职役，有些是不能自由进入的，有些则是朝廷希望更多人进入而无人愿意进入的。一般来说，贱籍有较多的进入自由，享有某些优惠待遇的职役则不大能随意进入。所以能否进入并不能确定一个行业的从业人员是不是职役，判断是不是职役的更重要标准是能否自由退出。袁世振设计的纲法，从进入的情况来看，鉴于按其设计，充当盐商可以从事有利可图的事业，所以朝廷限制其进入，这说明盐商仍然可能属于职役；而在正常退出方面，袁世振并未明确提出新的方案，因而仍然与纲法实行之前一样，如果经营亏本，盐商还是"求脱而不得"，不能自由退出。所以，纲法之下，盐商确实仍有职役的特征。

1　袁世振：《纲册凡例》，陈子龙等选辑《明经世文编》卷 477，第 5247 页。
2　袁世振：《纲册凡例》，陈子龙等选辑《明经世文编》卷 477，第 5246 页。

但是，清代市场化进一步发展，人口迅速增长，纲法之下的盐商有了更多的赢利可能，更重要的是，清廷户籍的界限较明代有明显松动。因此，盐商很快就事实上获得了正常进入与退出的机会。余康指出，"清代纲法的实践已和明末纲法设计者的初衷出现明显不同，即官方无法阻止盐商退出，只能允许根窝顶补"。[1]实际上，有了根窝顶补以及引窝的买卖，清代的盐商虽然名义上仍在专商引岸的准入制度控制之下，但事实上已经可以正常进入与退出。乾隆二十四年至二十五年，河东盐政萨哈岱指出"河东向来陋习，每当商人无力，即私自觅人，将所行引地租于行销。……此等供商，部册无名，运销有地。赢余获利乃彼此分肥，耗折侵亏即互相推诿"，[2]甚至"狡黠之商，并非无力，特以欠课不完，欲参黜革为幸"。[3]盐商常在经营困难时将引地转租给其他商人，或者主动寻求"革退"，退出方式多种多样。因此，从这个意义来看，盐商与政府的关系，已经演变为政府授予商人特许资格、征收特许费，来交换其商业服务的关系，盐商事实上获得了正常进入与退出的可能性。同时，政府并不阻止非准入商人"借壳上市"运营食盐，这种盐商可以更加自由地出入食盐市场。尤其值得注意的是，虽然清初对退出盐业的盐商还尽可能地维持惩罚措施，但雍正以后，这一情况慢慢变得越来越少，也就是说，盐商退出食盐经营后，仍然可以以正常户籍经营其他商业，甚至参加科举考试、买卖土地并获得红契等。所以，将清代盐商看成职役，并不

1　余康：《清代两淮盐务中的引窝资本市场》，《中国经济史研究》2022 年第 6 期。

2　萨哈岱：《奏请另募新商事》（乾隆二十四年六月二十六日），军机处录副奏折，03-0614-065。

3　萨哈岱：《奏请将商人范天锡应带引地仍令办运事》（乾隆二十五年十二月十二日），军机处录副奏折，03-0614-106。

十分稳妥。只是清前期准入规则仍在，所以盐商进入后仍非毫无约束。卜永坚曾指出"明朝政府是以政府的强制力量，确保商人负无限责任"，[1]殊为得当。这一判断也揭示了清代尤其是清初盐商会被抄家、上刑的根本原因，但这并不妨碍对清代中期以后盐商与盐课关系的判断。

第三，清廷国家治理的目标，决定了盐课的性质只能是传统岁入。清王朝生存在欧洲近代化的时代，当时，大量欧洲国家以发展国家经济与军事实力为目标，这直接促使它们不断创造新的政治、经济和军事技术，并且最终实现了近代化。它们的税收系统，也是为近代化而服务的。[2]而当时的中国，国家治理的根本目标在于"治国平天下"，即建构一个以自己为中心的天下体系，让万邦来朝、百姓臣服。为了实现这一目标，需要一定的财政支持，盐课顺理成章地成为支撑这一体系的位居第二的财政收入来源。因此，其支出与使用，也服务于"治国平天下"的目标，这从根本上决定了其性质的传统性。而尤其值得重视的是，清王朝的盐课征收基本上实现了它从盐的产、运、销诸环节汲取资源的目的，而又没有给老百姓造成繁重的课税压力，[3]从而有效地帮助清廷实现了其"治国平天下"的目标，在国课与民食之间实现了双赢，既保证了意识形态上"德政""爱民"的"政治正确"，又为国家的财政支出提供了重要的支撑，尤其为紧急时期的财政支出提供了重要保障。

---

1 卜永坚：《商业里甲制——探讨1617年两淮盐政之"纲法"》，《中国社会经济史研究》2002年第2期。

2 参见理查德·邦尼主编《欧洲财政国家的兴起（1200~1815年）》，沈国华译，上海财经大学出版社，2016。

3 参见黄国信《清代盐政的市场化倾向——兼论数据史料的文本解读》，《中国经济史研究》2017年第4期。

　　本章研究清廷对食盐产、运、销实行规制的目的和效果。结果显示，基于作为自然资源的食盐的特殊稀缺性，清廷设置盐政规制对其管控，目的是征收高额盐课，即比普通商品税更高的盐课。无论是康熙皇帝的表达，清廷田赋、关税与盐课的历时性变化，还是诸多盐政改革，都无一例外地呈现出清廷盐课课入追求的最大化倾向。事实上，政府通过设置机构监督管理特许商人的生产与运销活动，控制了食盐的生产与流通，获取了高额盐课收入，其课入率是普通商品税收的 5.94 倍左右。这表明，清廷的盐政规制实现了预定目标。

　　但是，尽管清廷有对盐课课入追求的最大化倾向，但其课入并非在实践中无节制地扩张。盐课以及盐商捐输、报效的历时性数据都证明清代盐课的扩张明显有所克制，显然，这是盐课征收受到了行政成本等诸多现实因素制约的结果。这一结果保证了清代盐课没有造成税负的最终承担者——普通民众的沉重负担，甚至在一定程度上可以说，普通民众接受的从盐商转嫁过来的负担，并不会对老百姓形成明显压力。

　　尽管如此，仍然不宜给清代盐课征收做过高的评判。盐课作为特许行业的特许费，在清代仍然保持着十足的传统性质，与欧洲近代化早期的特许公司之间只有形式上的一些类似，没有实质上的关联；和具有一定"理性化"色彩的耗羡归公改革一样，并不具备近代化色彩。它实现了清廷对食盐产、运、销实行规制的基本目标——通过特许专商获取较之于普通商品更高课入率的盐课，并以此来为清王朝"治国平天下"提供财政支持。

第二章　规制的准则：交易成本与课入量的动态平衡

本章讨论清代盐政规制的准则。这里所谓的准则，指的是清廷设计盐政规制制度后，将制度运用于实践，所必须遵循的规则和必须处理好的问题。如果不遵循这些规制，不能处理好这些问题，规制制度和办法便不能良好运行。

清王朝的盐课收入长期高踞课入排行榜第二位，且实现了较之于普通商品税率 5.94 倍的课入，落实了清廷盐政规制的高额课入目标，并且未造成盐课实际承担者的沉重负担。在此基础上，它与盐商的不时捐输报效，一起成为对清廷财政的重要支撑。显然，与田赋征收要宣示"德政""爱民"不同，在盐课征收问题上，清廷有着受一定因素制约的课入追求最大化倾向。但是，这一倾向在盐政实际运作过程中，受到了行政成本等各种因素的制约，清廷不得不在这些制约因素之下，在操作实践中寻求一个合适的平衡点，尽量满足盐课收益的最大化追求倾向，去达到收益最优化的结果。那么，制约清王朝追求盐课收入最大化倾向的因素主要有哪些，清廷又如何应对这些制约呢？本章讨论的，正是制约清王朝盐课追求最大化倾向的因素，以及在它们的制约下，清王朝的盐政规制措施在运行过程中，需要注意一些什么原则、遵循一些什么准则，才能正常运转，才可以达到规制的预期效果。

　　本章将证明，清廷盐政规制的实施，受到了交易成本的制约。在制度的具体运行过程中，清王朝不得不注意盐课岁入与征课交易成本之间的动态平衡，否则盐政制度将滞碍重重，难于取得应有的效果。盐课岁入与征课交易成本之间的动态平衡，具体反映在行政实践中，则可以表现为盐课收入与灶户和商人负担能力的平衡、官员征课能力和官员利益的平衡、盐课征收与社会面临失序的平衡、民众食盐需要与征收高额盐课的平衡等多组平衡关系。经验事实显示，清廷注意平衡这些关系，遵循盐政规制的准则，则盐法运行顺畅，盐课征收成功；一旦破坏了这些关系，盐法就将陷入混乱，盐课征收不能达到预期。在当时的信息技术条件之下，清廷缺乏精算的可能，为了保持盐课岁入与征课交易成本之间的动态平衡，只能以不断试错的办法来寻找平衡点，因而经常造成盐法运行困难，而不得不进行盐法改革。

盐课课入的制约因素

　　有清一代，清廷设置盐政规制，管理食盐的生产与运销，牵涉人群甚多。在生产环节，既涉及盐场管理人员，比如盐大使与生产者即灶户等人群，也涉及周围的可能非法采购食盐的居民；在运销环节，大量的盐政官员、地方官员、盐商、盐牙、巡役兵丁、船户等参与其中。这些人都是清王朝盐政的直接利益人。

首先，灶户生产食盐、商人运销食盐，盐课直接取自此二者身上。理论上，如果大幅度提高盐课，他们可能会入不敷出，有可能被迫脱离食盐这一产业，因此清政府必须设定一个合适的盐课率，既保证灶户和盐商不会脱离此行业，也保证政府尽可能最大额度地收取盐课。显然，这里存在一个平衡点，即平衡盐课收入与灶户、商人负担能力。但是，关注灶户和商人的负担能力，就必须在他们无法承受征课压力以及其他压力的时候，给予他们一定的优惠甚至救恤，这必然提高清廷征收盐课的交易成本。因此，平衡盐课收入与灶户、商人负担能力，只是形式，实质是平衡盐课岁入与征课的交易成本。

其次，盐政官员和地方官员的行政活动维持着整个盐政体系的运转，盐课收入与他们工作的认真严谨程度有着密切的关系，并且在传统中国专制集权的政治体系之下，各级官员是清廷最能压榨的盐课征收工具。但是，这并不意味着，盐政官员和地方官员不会在盐课征收时造成清廷课征交易成本的提高。官员的贪腐、以其他行政原则来对抗盐商的经营行为，都会造成清廷盐课交易成本的提高。因此，清廷也需要在利用官员征课与保护官员利益之间寻求一个平衡点，既要保证官员尽量努力工作，以提高盐课岁入，又要保证官员们的自身合理利益诉求。这些合理利益诉求，包括养廉银的付出、对局部贪腐的容忍等，同样会提高清廷盐课征收的交易成本。所以平衡官员征课能力和保护官员利益亦不过是形式，实质还是平衡清廷盐课岁入与征课的交易成本。

再次，清王朝设定食盐专卖和专营的制度安排，造成官盐价格与走私价格的较大差额，必然导致私盐市场的存在。虽然形成私盐市场的最大动力来自各盐区的盐商和盐官，[1]但是老百姓冒险走私的情形亦屡见不鲜，甚至从来没有断绝过。私盐的流通，必然影响官盐销量，从而影响盐课收入。加强对私盐的控制才能减少私盐的流通，进而提高官盐的销量，这就需要加强对食盐生产与流通环节的缉查，但是，这必然提高征收盐课的交易成本。也就是说，清廷必须在私盐流通量与缉查私盐的力度之间寻求一个平衡点，以保证盐课收入，并且保证压制力度不至于让走私食盐的老百姓铤而走险，组织武装反抗，以致酿成事端，危及统治，即清廷需要在盐课收入与社会失序之间寻找一个平衡。其实，这一平衡的实质仍然是平衡清廷盐课岁入与征课的交易成本。

最后，在平衡交易成本与盐课收入的本质之下，还有诸多关系，比如民众食盐需要与盐课收入需要的平衡等。当然，值得注意的是，我们今天分析这些平衡关系时，可以将它们拆分成多组关系来讨论，但对于清廷来说，这些关系的平衡是要同时处理的。但是，不管其处理平衡如何复杂，理解清代盐课一方面比明朝成倍提高，但另一方面速度提高非常克制的关键仍然在于，清王朝虽然期望不断提高盐课收入，但是它受到了交易成本的制约。

平衡多组关系以保证盐政运行

清王朝通过一系列盐政规制措施，来实现其盐课收入追求的最大化倾向。但是，诸如特许专商、分地行盐、定价限制、盐引配额之类的规制措施，并非可以超越交易成本等因素的制约而任意设

1　参见黄国信《清代私盐市场的形成——以嘉道年间湖南南部私盐贸易为例》，《河南大学学报》（社会科学版）2016 年第 4 期。

定。也就是说，规制措施和规制手段在实际运行中，并非可以完全由清廷任性操作。盐政规制政策及其运作，必须遵循一定的准则方能落地。

那么，盐政规制必须遵循的准则是什么呢？本节的研究将表明，在交易成本等因素的制约下，清廷不得不在盐课收入与征课交易成本之间寻求一个平衡，以落实约束条件制约下的盐课课入追求最大化倾向。这一平衡，直到太平天国时期各地开征盐厘才被打破，并形成新的平衡。这是清廷盐政规制必须遵循的原则，也是清廷盐课征收以及整个盐法运行过程中的基本行为逻辑。这一基本行为逻辑的结构，可以用图5的模型来表示。

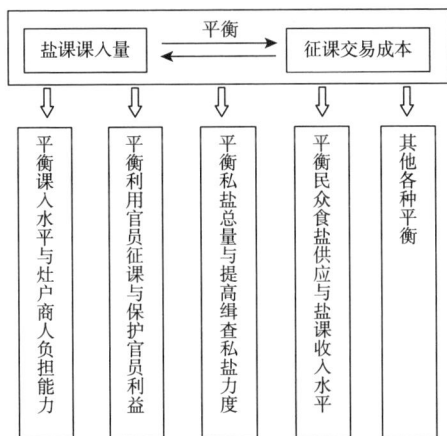

图5　清王朝盐课征收原理模型

从图5可以看出，清王朝在盐课征收中，为了在盐课课入量与征课交易成本之间实现平衡，需要在政策的制定、盐法的运行过程中平衡一系列关系，它们包括商人及灶户负担能力与盐课课入水平的关系、利用并压迫官员征课与保护官员利益的关系、私盐流通总量与提高缉私力度的关系、民众食盐供应与盐课课入水平的关系，等等。只有盐政制度和盐法运行能够同时平衡好这多组关系，盐课课入水平与盐课征收成本之间才能达到平衡，盐政才可能正常并持续运转，规制措施才能得到落实，盐课课入才能在最大化追求的倾向之下获得最优化的结果。清廷在盐政规制措施落实过程中，基本实现了这样的平衡关系，这得到了经验事实的充分支持。兹分述如下。

1. 平衡商人、灶户负担能力与盐课征收量之间的关系

在这方面，清帝有诸多谕旨。康熙七年（1668）三月，玄烨有谕令称，"盐课关系紧要，必得廉干之员差遣，乃能严缉私贩，惠恤商民，疏通引法，以裕国课。近见课额未增，商民又鲜裨益之处，以后不必专差监察御史，应将廉干之员选择兼差"。[1]康熙皇帝明确将惠恤商人和缉私、疏引，并列为"裕国课"的重要途径。康熙五十六年，他更是明确地总结了恤商与裕课的关系，称"盐务朕所深悉，加引虽可增课，然于商人无益。如两广盐课累年亏空至一百八十余万，职是故也。户部大臣往往锱铢必较，而有关百余万之国帑反置之不问，殊觉失宜。办理盐务，必得廉能素著、实心办事之人，庶正课不至有亏，商人亦不受累"。[2]康熙在这里非常明确地表达了恤商与裕课之间相辅相成的关系。

雍正亦曾明确表达恤商与裕课的关系，说："恤商、裕课原非两事，若果于国课无亏而商力不绌，自应酌量变通，何必固执。"[3]

1　《清圣祖实录》卷25，康熙七年三月辛酉。
2　《清圣祖实录》卷271，康熙五十六年三月甲子。
3　赵弘恩：《条陈盐务事》（雍正十二年十二月二十日），台北故宫博物院藏宫中档朱批奏折，402016005。

雍正四年（1726）正月，胤禛表扬两淮盐政噶尔泰，谕户部曰："据两淮巡盐御史噶尔泰奏称，今盐丰课裕，商业已隆，情愿公捐银二十四万两，备交运库。又噶尔泰名下有应得银八万两，亦愿报部拨解等语。从前两淮盐课亏欠甚多，自噶尔泰办理以来，历年商欠、正项、赢余，俱一一完纳，恤商裕课，盐政肃清，甚属可嘉。"[1] 雍正帝对噶尔泰的称许，虽表面上有"恤商裕课"一说，但实质上，还是对其将两淮历年欠课全部成功征收，同时让商人公捐银两，自己也捐八万"应得银两"的赞许，至于噶尔泰是否真的通过"恤商"而裕课，雍正当时似乎并未深究。但是，到了乾隆元年（1736），弘历发现，实际上盐商馈赠给两淮盐政的每年八万两"公务银"早已拖欠，"商人具呈馈送盐政银八万两，名曰公务；馈送运司银四万两，名曰薪水"，由"噶尔泰经手办理。虽每年按纲具奏，而其实商人未能照数完缴。丙午、丁未两纲未完银十二万三千余两，商人具呈分作六年带征，经部议准行在案。至己酉、庚戌未完银两，曾经盐臣题请宽免，部议未允"。[2] 理论上，这笔馈送银两应该优先支付，以获取盐政和运司在盐务事项中的相关支持。它没有被及时支付，引起了乾隆帝的注意，他说，"朕查两淮盐法，从前浮费繁多，商力日困"，因此，要"彻底清查，革除浮费"。于是，乾隆帝宣称"务使商民宽余，以受国家恩泽。此项公务薪水银两（即盐商每年馈赠盐政和运司的 12 万两白银——引者注），既在额课之外，着永行停止，以惠商民"，即宽减盐商在盐课外的额外付出，保护商力，真正做到"恤商裕课"，确保正课收入。他还要求"该督该盐政可即宣朕谕旨，俾众商等共知之"，[3] 广为宣传其免除盐商

1　《清世宗实录》卷 40，雍正四年正月乙巳。

2　《清高宗实录》卷 29，乾隆元年十月癸未。

3　《清高宗实录》卷 29，乾隆元年十月癸未。

额外负担的做法，以赢得商人的支持和盐课上的回报，更明显地表现出爱护商力以保证国课收入之意。如此一来，清廷免除了盐商盐课外的"公费馈送"，而盐政官员本来使用这笔收入所支出的项目，只能要么压缩开支，要么由朝廷正式（或者非正式）支出来承担。这在很大程度上，会提高政府的盐政事务支出。在财政意义上，盐课是清廷盐政事实上的唯一目标，所以，盐政事务支出的提高，实质上就是朝廷盐课交易成本的提高。也就是说，乾隆皇帝免除盐商的浮费，形式上是恤商，实质上却提高了盐课征收的交易成本，并希望通过这一成本的提高，来保证盐课正课的收入，这就是在寻求课入与交易成本的平衡。

盐商无法按期全额纳课的时候，清廷还经常允许他们分年纳课，称为"带征"，即分期付款缴纳盐课，希望借此保证盐商运营资金不至于短缺，从而实现清廷的盐课课征。此惯例从顺治年间即已开始，康熙、乾隆年间照旧择机而行。雍正十三年十月，乾隆帝因听说湖北早禾歉收，且汉水涨发，鱼市稀少，加上湖南经理苗疆，导致汉口七八百万包淮盐壅滞未销，于是决定"乙卯纲未完正额提出分年带征"，同时将丙辰纲课额"展限至乾隆二年二月奏销……以示朕优恤商民之至意"。[1] 乾隆二十六年"直豫二省盐包被淹"，长芦盐政金辉奏请盐课缓征，被户部驳回，乾隆皇帝谕称："今秋雨水过多，商力未免稍艰。着加恩将长芦本年未完盐课四十二万两，准其缓至明年奏销后分作五年带征，以示体恤。"[2] 乾隆四十五年，"加恩将乾隆四十五年应征（山东）引票盐课银十八万余两，自本年奏销后起限分作六年带征，以示优恤"。[3] 乾隆五十一年

1　《清高宗实录》卷 5，雍正十三年十月乙未。
2　《清高宗实录》卷 646，乾隆二十六年十月丙寅。
3　《清高宗实录》卷 1105，乾隆四十五年四月壬申。

准两淮盐政全德之请，"加恩"将淮南乙巳纲盐课分作五年分期付款纳课，同时统销淮北丙午纲盐课。[1] 类似的展限和带征记录甚多。这种措施意味着朝廷在放弃大部分即时收入的同时，还放弃了这一即时收入转换为远期收入的利率（亦可以理解为放弃了盐课收入的贴现收益），也就是相当于以提高交易成本的办法，来维系无贴现的远期课入。这依然是在保证盐课收入与付出稍多一些交易成本之间的一种平衡措施。

河东的课归地丁改革，更清晰地展现了清廷盐课征收的这一原则。上文已指出，课归地丁之前，西北用兵，年羹尧一下提升盐课一倍多，导致商人退市，盐法难以为继。乾隆帝尝试了诸如展限、提高商盐售价等恤商政策，甚至被迫实行"佥富户充盐商"的竭泽而渔政策，但都无法改变食盐运销的困窘之境。盐课课入量与恤商之间失衡，保护商力与提高课入的平衡被打破，制度体系已经无法顺畅运作，盐法失败，盐课课入量随之下跌。

在这一背景下，乾隆皇帝下决定改变河东盐法，着手开展他期望的食盐自由运销之实验。[2] 乾隆五十六年六月，他发布谕令，称"现因河东商力疲乏，亟须调剂。已令军机大臣会同山西巡抚冯光熊详悉酌议，可否将盐课改归地丁，于富户贫民均有裨益"，[3] 明确提出考虑将河东盐课改划入地丁项下征收。同时，他也明确指出，做此改变的原因在于"商力疲乏"，即河东盐商承担的课征负担，已经让盐商不断流失，"竟有富户出资求免"之事。[4] 乾隆皇帝还专门调

1　《清高宗实录》卷 1246，乾隆五十一年正月丁未。
2　关于乾隆的盐政自由运销理想，请参见黄国信《清代盐政的市场化倾向——兼论数据史料的文本解读》，《中国经济史研究》2017 年第 4 期，第 104 页。
3　《清高宗实录》卷 1381，乾隆五十六年六月庚申。
4　《清仁宗实录》卷 128，嘉庆九年四月癸未。

用曾任河东盐运使、提出过课归地丁建议的蒋兆奎为山西布政使，配合冯光熊办理课归地丁改革。

冯、蒋二人在乾隆的支持下，很快实施了改革，其主要措施包括：（1）盐课归入地丁税项，"计亩征收"；[1]（2）取消盐商，由盐池业主自行刮晒，"卖与民人肩挑步贩"，[2]"池盐既归民运，应听从民便，毋许地方官禁止及私收税钱"；[3]（3）裁撤盐政、运使、运同、经历、知事、库大使以及三场大使等所有盐政官员，由盐池周围三巡检负责稽查巡缉；（4）设置官秤，维护运盐道路和盐船通行，"饬地方官实力稽查，毋许拦阻"。[4]这四项措施的实行，较之此前的盐商专卖制度，政府盐课收入的交易成本有升有降，以降为主。其中裁撤大量官员减少行政支出（其中乾隆四十三年河东盐政的养廉银就达 8000 两[5]），将盐课直接摊入地丁征收，从而取消纳课商人以减少征税费用，还降低了部分成为征税成本的运销环节盐商赢利，有效地降低了征收盐课的交易成本；同时，地方行政系统增加了少许征收摊入地丁之盐课的交易成本。显然，这一改革，总体上大大降低了河东盐课的交易成本，提高了课入征收效率。

尤其值得注意的是，课归地丁改革后，河东盐区民众的地丁银负担加重，河南"每地丁一两摊银一钱三分，其山西、陕西……每地丁一两，……摊银九分九厘"，[6]负担增加 10% 左右，这似乎容易引起民众的对立情绪甚至反抗。不过，课归地丁对于民众的另外一个效果是，随着盐政官员和盐商的裁撤、政府盐课交易成本的降

---

1 《清高宗实录》卷 1381，乾隆五十六年六月庚申。

2 《清高宗实录》卷 1384，乾隆五十六年八月丙午。

3 《清高宗实录》卷 1396，乾隆五十七年二月甲辰。

4 《清高宗实录》卷 1396，乾隆五十七年二月甲辰。

5 《清高宗实录》卷 1061，乾隆四十三年闰六月乙亥。

6 《清高宗实录》卷 1394，乾隆五十七年正月己卯。

低，盐价随之下降。陕西"西安、同州两府属盐价，较往日每斤约减钱二文"，[1]河南"比较以前原定官价，每斤减去制钱七八文。道里较远处所，每斤减去制钱五六文。即距晋省最远处所，亦每斤减去制钱二、三、四文不等"，[2]参考上文所述此前河东盐价加价情形，可见盐价普遍下降 10% 以上。这样就实现了民众负担的部分平衡。

对此，乾隆帝深为满意，称"盐斤为闾阎每日必需之物。价值既减，则小民每日皆有节省。而应摊盐课，每年只纳交一次，以日日节省之数，完一年应摊之课，其赢余不可胜计"。[3]当然，"赢余不可胜计"纯属夸张，但民众实现了盐课与盐价的部分收支平衡，大致可信。可见，对全体民众征收盐课，进行课归地丁改革，确保了朝廷课入。改革采用的是降低民众消费之盐价，提高其地丁钱粮额的办法，但二者之间实现了部分平衡。课归地丁改革通过提高民众纳税负担从而降低其食盐消费支出的办法，实现了盐课的稳定收入，进而实现了政府与灶户的双赢。

由此看来，河东课归地丁，实质上是乾隆皇帝在保护商力与维持课入的平衡关系被打破后，为了降低征课的交易成本，稳定课入而实行的一次改革。从逻辑上讲，清代历史上的绝大部分盐法改革，都是在交易成本与课入之间的平衡被打破时，所实施的重建平衡的努力。当然，学界有观点认为，这种改革是盐商与政府和消费者之间的博弈，这也有相当道理。但是这样的理解，容易忽略清政府相对于盐商和消费者的占绝对优势的谈判能力。所以，河东课归

1　《清高宗实录》卷 1399，乾隆五十七年三月乙未。
2　穆和蔺：《奏报豫省盐课改归地丁以后行之有效事》（乾隆五十七年四月十八日），军机处录副奏折，03-0625-025，转引自陈永升《从纳粮开中到课归地丁——明初至清中叶河东的盐政与盐商》，第 140 页。
3　《清高宗实录》卷 1399，乾隆五十七年三月乙未。

地丁之后的事实是，盐商不是通过博弈获得比改革之前更大的利益，而是将除了取得盐池产权的商人之外的其他商人从清廷的盐政体系中排除出去，那些人完全失去了作为盐商获取利益的可能性。

当然，从河东盐法课归地丁改革来看，似乎食盐自由运销可实现食盐生产与流通课入的高水平。但是，河东课归地丁改革，仅仅实行了十余年。嘉庆十一年，邻近盐区强烈控诉河东在课归地丁降低盐价之后，大量私盐侵灌到邻近盐区，"河东现在盐贱，私行侵销出境，以致两淮官引壅积"，[1]长芦盐区也有同样的投诉，河东课归地丁制度遂被废止，重新改归商运。这说明，在清代整体实现食盐专卖制度的前提下，局部盐区实行自由运销，并不容易成功。但是，为何不在全国推行这一交易成本相对低廉、盐课收益相对稳定的制度安排呢？这是因为清代食盐运销采用专卖与专营，既有历史渊源和路径依赖，也有现实的官商关系和利益馈送影响，而清代食盐专卖与专营，事实上也没有遇到全面崩溃的危机，虽然常常遇到矛盾与困难，但总能在寻求一些制度变革之后，继续生存下去。[2]这就是症结之所在。关于这一点，后文将展开讨论，此处不赘。

2. 平衡利用、压迫官员征课与保护官员利益之间的关系

在这方面，清廷首先会给官员以强大压力，尽可能迫使他们尽职尽责维持盐政系统的运转，以保证盐课的获取。顺治帝有谕令："盐课钱粮，关系军国急需。内外大小官员势豪之家，多有贸易贩盐，倚势不纳课银。巡盐官员，有不畏势力，不徇情面，尽心催

1　《清高宗实录》卷 1466，乾隆五十九年十二月乙丑。

2　张泰苏颇为正确地指出，任何一个主要大区域的食盐价格大幅下降，都会对国内其他地区的食盐生产和定价产生溢出效应，风险规避型（risk-averse）的决策者对将改革扩大到淮南或任何其他主要区域盐业市场表现出犹豫。参见张泰苏《对清代财政的理性主义解释：论其适用与局限》，《中国经济史研究》2021 年第 1 期，第 47 页。

征，多得课银者，着以称职从优议叙。其畏势徇情，额课亏欠者，以溺职从重治罪。至官员倚势漏课情弊，该管官务严加察参，本主并行重处。巡盐等官如仍前徇隐，一并从重治罪。"[1] 这确认了对盐务官员的管理条例，此后则发展出详细的考成制度。

陈锋的研究早已指出，早在康熙年间，清廷即已制定出完备的征课考成、督销考成和缉私考成规则，相关官员一旦未能完成考成，即会受到降职、罚俸、革职等各种处罚。[2] 史料对相关官员考成的处罚记载，也屡见不鲜。即便在湘赣边界的小区域范围，短短十五年内，就有四位知州、知县相继由于盐课考成不合格被参罚去职，他们是康熙元年兴国县知县何询之、康熙五年兴国县知县王璋、康熙十年桂阳州知州朱朝荐、康熙十五年兴国县知县何之奇。[3] 甚至在某些时候，清廷直接处决失职或贪腐的盐政官员，以儆效尤。乾隆五十八年，两淮盐运使柴桢侵挪盐课案发。经查明"柴桢那移商人盐课二十二万两"，又"审出福崧侵用挈规、月费等银六万余两"，乾隆皇帝勃然大怒，直接下令将柴桢"即于浙省处决示众"，"以肃官方而儆贪墨"。[4] 嘉庆元年，"本年系停止勾决之年"，但"史恒岱短交仓库盐课及应赔款项至一万余两之多"，"情节甚重，俱着即行处决"。[5] 当然，处决盐务官员的记录并非很多，但这已足够显示清廷对盐务官员整肃的力度。朝廷对盐务活动实行考成，不断惩处犯规的官员，是降低盐课交易成本的最佳办法之一。在传统专制集权体制之下，驱使一心谋求上位的官员，成本相对低廉，而

1　光绪《大清会典事例》卷 1028《都察院·巡盐》，《续修四库全书》第 812 册，第 321 页。

2　参见陈锋《清代盐政与盐税》第 2 版，第 49~58 页。

3　参见黄国信《区与界：清代湘粤赣界邻地区食盐专卖研究》，第 101、131 页。

4　《清高宗实录》卷 1422，乾隆五十八年二月己巳。

5　《清仁宗实录》卷 9，嘉庆元年九月己未。

实行考成，处决贪腐，可以提高官员的行政效率，同时降低官员对盐课的侵吞，最终达到提高盐课征收效率的目的。

在这样的背景下，朝廷会对官员的盐务行政活动提出诸多要求，以提升课征效率，降低盐课交易成本。比如要求官员认真缉私。乾隆五十三年，"淮南纲盐积年递压"，乾隆帝认为，"如果楚省官员实力缉私，何至官盐积滞？此皆由地方官吏平日巡缉不力，以致川省私贩充斥，……是以纲盐积压至一百余万之多"，因此，他警告相关官员，"若再不认真实力帮同整顿，致仍有壅滞，必将该督从重治罪……并着该抚一体严饬所属梭织巡查，仍时加察访。如有奉行不力，仍前弊混者，即据实参奏"。[1]

又如要求原有盐务及行政系统，对食盐产、运、销诸环节实行严格监控。乾隆三十七年十一月，面对云南欠课至 57800 余两之多的事实，云南巡抚李湖在奏请"酌筹盐井各事宜"时，提出"各井额办盐斤，自数十万至数百万不等，应责成提举、大使等将灶户逐日煎获盐斤，即令入仓登号封记，俾家人、书役不得串通商灶透漏分肥。至各属领运后，即令该州县严饬脚户勒限赶运"，[2]乾隆皇帝批准了这一方案。云南提高了业务的精细程度，系统内的提举和大使等官员被要求入仓登记盐包，并限制其家人破坏盐务规则、偷漏私盐，还要求州县监控脚夫以提高运输效率。

又如乾隆四年，户部发现"州县地丁钱粮，向例征解司库，听候督抚盘查"，"而盐道向无盘查之例，止将按卯收数折报，或止奏销造册报明。闽浙两省业经巡抚卢焯题请归并抚臣盘查，嗣后两淮、长芦、河东、两广各道库盐课钱粮，请照闽浙之例，责令盐政

1　《清高宗实录》卷 1301，乾隆五十三年三月壬午。
2　《清高宗实录》卷 920，乾隆三十七年十一月壬辰。

大吏将正杂收支数目，分年分款开造月报，每年奏销交代，亲临盘查"。[1] 乾隆皇帝很快批准了这一方案。显然，通过指示相关官员，提高对盐务细节的监控，虽然会增加他们的辛劳程度，但对于政府来说，这几乎是完全不增加行政成本，却能降低盐课征收交易成本的措施。

当然，清廷对官员严格管控，并由他们来监控食盐产、运、销的运行，以降低盐课交易成本，并不仅仅是出于提高效率的目的，也有出于对官员防范的考虑，毕竟作为个体的官员，既有行政收益的需求，也有经济收益的考虑。乾隆帝对此有清醒的认识，他曾指出："盐政总理鹾务，所辖商人众多，奴隶胥役往来关通，尤易滋弊。"[2] "两淮纲商旧习相沿，一切交接应酬甚多，公然馈遗，而往来之人，颇有因此渔利者。盐政、运使竟习以为常而不之禁。"[3]

事实上，清代盐政官员贪腐的案件并不少见，而贪腐会直接提高盐课交易成本，最典型的案例当为众所熟知的"两淮盐引案"。乾隆年间，两淮盐政和盐运使高恒、普福、卢见曾、赵之璧等人，借"两淮节年预行提引"，将"商人交纳余息银两，共有一千九十余万两之多"并不奏销入库，虽然后来查明商人实缴余息银为400余万两，且此项银两并非盐政和运使全部私人花费，但相对于当时清朝一年地丁银收入3000万两左右，亦足以让乾隆震怒了。[4] 因此，乾隆将高恒、普福、卢见曾绞监候，后处决了高恒，普福和卢见曾入狱，卢死于狱中。显然，盐政官员与盐商勾结，贪污余息银，直

---

1 《清高宗实录》卷90，乾隆四年四月辛卯。

2 《清高宗实录》卷670，乾隆二十七年九月庚申。

3 《清高宗实录》卷659，乾隆二十七年四月乙酉。

4 彰宝、尤拔世：《奏为查办两淮预提纲食盐引款项彻底会讯明确仰祈圣览事》（乾隆三十三年八月十一日），台北故宫博物院藏宫中档朱批奏折，403025700。

接提高了盐课交易成本，同时妨碍了盐课的征收和入库。可见，清朝官员在盐务事项中，既可以听命朝廷，加强对盐政运行的监控，降低盐课交易成本，也可能勾结盐商，贪污腐败，造成盐课交易成本的提高。正因为如此，清王朝才会设置诸多规条来管理官员的盐务活动，也会随时通过其他人员来监控官员的行政表现。

实际上，清代盐务官员或与盐商勾结，或向盐商索贿，从而造成盐课交易成本上升的事例举不胜举，两淮盐政衙门的外支银（即正常开支之外由盐商提供的办公经费），[1] 福建盐务官员向盐商征收的钱水（通过银钱比价多收的款项）、单钱（发给各盐场鱼客用盐执照的费用）等，[2] 都属这类案例。除了贪腐，地方行政官员还经常以民众淡食为理由，要求盐商降低盐价。这一现象的最典型案例，发生在乾隆五年湖北巡抚崔纪与两淮盐商（进而与两淮盐政三保）之间的争执上。是年，崔纪认为汉口盐价太高，影响民食，勒令盐商降价，盐商反抗，停运淮盐，造成市场盐价飙升，崔纪竟要求靠近河东盐区之辖地越境购买河东盐，以对抗两淮盐商和盐政。此事最后在乾隆帝的亲自协调下才得以解决。[3] 它典型反映了官员以民食为由，对抗盐商经营行为的冲动。因此，清王朝不得不加强盐务官员的管理，以降低交易成本。

不过，虽然专制集权，清廷对盐务相关官员也并非只有苛责的一面，他们也会在提供晋升机会之外，采用其他办法保护这些官员的利益，以换取他们努力工作，提高盐课征收效率，但这同时也提

1　《清高宗实录》卷635，乾隆二十六年四月丁亥。

2　光绪《大清会典事例》卷226《户部·盐法·福建》，《续修四库全书》第801册，第655页。

3　参见韩燕仪《清代乾隆前期湖广部定盐价制度中的政治博弈》，《区域史研究》2020年第1辑，第113~116页。

高了盐课的交易成本。这体现在以下几个方面。

首先，清廷在制定盐务考成规则时，不仅有对官员们未完成任务的惩处，也有对完成以及超额完成任务的议叙。官员们只要经营业绩好，就可以得到奖励，包括提前晋升等。[1]

其次，朝廷也对盐务官员们的合法收入做了规定，"雍正十二年，酌定盐政养廉银一万五千两，总理盐政总督养廉银三千两，盐运使六千两"。[2]其他各级盐政官员俱有养廉，各有等差。虽然乾隆年间对该养廉银有所削减，但总归还保留了这个名目，且数额亦不至于很少。乾隆皇帝甚至还放宽了对部分钱款的追赎。乾隆元年其有谕令称，"两淮盐务内，有从前江广口岸匣费收受人员数目，及甲、乙两纲，上下两江各官收受规礼银两，历年既久，人多物故。前据督臣赵宏恩等题请免追，比经户部议令造册送部核夺。朕思此项陋规馈送，皆在昔年未定养廉之前，今事隔多年，授受之人又多升迁事故，不但银两难追，即造册亦无确据，不足凭信，徒滋地方之纷扰。着加恩悉行宽免，并免其造册送部，该部可即行文两淮盐政衙门知之"。[3]虽然乾隆所言难追是实情，但免追规礼银之举，结合了对官员的利用与查处之间的微妙关系，实质上也是平衡交易成本的举措。理论上，这是交易成本最低的方法，因为盐政运行需要能干之员，用能干之人可以降低交易成本，哪怕他们收一点规礼事实上提高了交易成本。

再次，在盐政官员行政失误时，既严肃处理，又适当回护。乾隆五十八年五月，内务府议处全德，说他"在两淮盐政任内，率将辛亥等纲积滞引盐，奏销全完，请照溺职例革任"，乾隆则称其

1　参见陈锋《清代盐政与盐税》第 2 版，第 49~58 页。

2　《清高宗实录》卷 635，乾隆二十六年四月丁亥。

3　《清高宗实录》卷 22，乾隆元年七月丙申。

"本应照依革任，只以一时未得其人，而浙省盐务正当清厘整顿之际，全德平日办理盐务，尚为熟习，着再从宽免其革任，实属格外施恩。全德具有天良，似此罪重罚轻，叠邀宽宥，扪心何以自安？着自行议罪"。[1] 批评很重，处罚极轻，其中难免有乾隆与其私人关系在起作用，但既处罚又回护的办法，必定可以维护盐政官员利益，理论上可以让其心存警惕，提高工作效率，降低盐课交易成本。虽然依据现有史料，无法在数理上分析出清廷利用官员征课与保护官员利益之间的平衡点，但显然，上述经验事实已经表明这一平衡点无疑是存在的，只是清廷在对待官员时，一样因缺乏数理统计分析，而无法恰如其分地掌握之，以致贪腐、怠工等现象仍经常发生。不过，这并不意味着清廷没有尝试实现这一平衡，恰恰相反，清廷一直在自觉地维持着这一平衡。

尤其需要注意的是，这一平衡关系带来清代盐政运作的一个特别之处：官商之间互相利用、紧密合作，甚至呈现一定程度上的官商一体化模式。

清初两淮巡盐御史胡文学，就是其中的官员代表。胡文学，《两淮盐法志》记载的"名宦"之一，著有《淮鹾本论》一书，梁清标为该书作序，称其"以使者之重，与商人如家人父子，呼吸相应"，并且说他因此能做到与商人"有奸必烛，有隐必通"，"无怪乎于积弊之后能遽得之于两淮也"。[2] 在梁清标看来，胡文学与盐商之间"父子呼吸相应"的关系，才是其为宦成功的关键。

而《两淮盐法志》中还记载了一位名叫汪文学的盐商，称其

1　《清高宗实录》卷 1428，乾隆五十八年五月辛丑。
2　雍正《两淮盐法志》卷 16《艺文》，载于浩辑《稀见明清经济史料丛刊》第一辑第 3 册，国家图书馆出版社，2008，第 618 页。

"洞悉盐策利弊，尝以缓运法指陈当事，积引顿疏"。[1]这说明，官方的不少盐务政策，实际上是由与官员有良好关系的盐商提出，再由官员所推行的。两淮盐商还曾接待过南巡的康熙与乾隆皇帝，这种接待，让盐商可以直达天听，还直接改变了康熙帝对串场河疏浚的局部决定。[2]

直到晚清，盐商与官员之间的这种关系依然如故。[3]两江总督曾国藩与徽商程希辕过从甚密，程希辕长子程桓生出任两淮盐运使，次子程朴生子承父业继续经营盐业，王振忠研究这一人物关系后指出："盛清时代的盐商一方面督促子弟经由科举考试步入宦途，从而自立为官商，另一方面则更是通过各种方式与官员交结，通过捐输、报效等效忠皇室，从而获得垄断特权。及至太平天国之后，具有商人家世背景者直接出任盐务官员似成常态，权力与资本勾肩搭背的现象更为肆无忌惮。"[4]

3. 平衡私盐流通量与官方缉查私盐力度之间的关系

官盐与私盐显然属于矛盾的对手方，但是在推行食盐专卖与专营的清政府的策略中，二者的关系并非如此简单。食盐专卖制度的实行，必然有私盐伴随，也不可能彻底消灭私枭，这一点，制度的设计者也是清楚的。他们要权衡的无非是国家食盐专卖与专营的

---

1 雍正《两淮盐法志》卷14《人物》，载于浩辑《稀见明清经济史料丛刊》第一辑第3册，第275页。

2 参见曹永宪《康熙帝与徽商的遭遇——以歙县岑山渡程氏为中心》，《中国社会历史评论》第11卷，天津古籍出版社，2010，第276~277页。关于盐商之间类似关系的记录，在康熙《两淮盐法志》卷23《人物志》和卷26《艺文志》中，有大量记载。

3 关于这一现象在两广盐区的具体表现，请参见黄国信《市场如何形成：从清代食盐走私的经验事实出发》，北京师范大学出版社，2018，第102~163页。

4 王振忠：《从民间文献看晚清的两淮盐政史——以歙县程桓生家族文献为中心》，《安徽大学学报》（哲学社会科学版）2016年第4期。

行政成本与财政收入的比例关系，以及私盐、私枭应该控制在何种程度、利用到何种程度、需要付出多大代价等问题。因此，国家对私盐管制程度的松与弛、私盐导致的问题的严重程度，并不可简单地理解为政府与社会之间你强我弱的对抗关系或者是单纯的市场问题，而应该理解为朝廷在特定情境下，愿意在多大程度上容忍以及管控到何种程度的问题。[1] 说到底，还是平衡巡缉私盐力度与私盐流通量的关系，从而在私盐问题上，达到盐课征收量与交易成本之间的平衡的问题。

因此，在食盐专卖与专营政策的实施过程中，一方面，朝廷设置巡役兵丁，并支持盐商设置商巡，来应对公开的食盐走私；另一方面，朝廷也不断允许民众"肩挑背负四十斤以下"自由贩卖食盐，虽然清廷深知这一制度的出台，必然带来私盐贩运者组织"老幼男妇"挑盐走私贩卖，所以，这一制度的实施，说明了清廷对私盐流通有着一定的宽容度，但是，这又不表示清廷可以放弃对私盐的缉捕。事实上，清廷不断缉捕私盐，以保护官盐的流通和盐课的征收。光绪《大清会典事例》甚至专门用了两卷的篇幅来载录食盐走私的界定和处罚，其中最有代表性的规定是，"凡犯无引私盐者，杖一百，徒三年；若带有军器者加一等，流二千里。拒捕者斩监候。盐货车船头匹并入官，引领牙人及窝藏寄顿盐货者，杖九十，徒二年半。挑担驮载者，杖八十，徒二年"。[2] 法律规定不可谓不严。

雍正帝将查缉私盐视为盐务之首要任务。他曾谕令内阁称："各省盐政，关系国计民生，所当加意整理。而两淮盐务之积弊，更在

1　参见黄国信《国家与市场：明清食盐贸易研究》，第 247 页。

2　光绪《大清会典事例》卷 762《刑部·户律课程·盐法一》，《续修四库全书》第 809 册，第 398 页。

他省之上，此中外所共知者。大约盐法之行，必以缉私为首务。两淮行盐地方，江西、河南有浙私、芦私之侵越，而湖广之川私、粤私，为害更甚。……晓谕湖广等省督抚等，务矢公心，视邻省之事为己事，严饬文武官弁同心协力，家喻户晓，使川粤浙芦之私盐不敢越界横行，则两淮积引易销，于国计民生均有裨益。"[1] 雍正将缉私视为首务，是因为私盐侵占了官盐市场，导致官盐销售量下降，进而导致盐课收入下降，而且私盐贩可能成为私枭，进一步导致课入下降，威胁治安。对此，清廷的应对措施是提高监控管理成本，即增设捕役、增加监控能力等，通过增加交易成本的办法来追求盐课收入的稳定。

但是，乾隆皇帝又允许民众自由贩运食盐，他曾谕令说："私盐之禁，所以除蠹课害民之弊。大伙私枭，每为盗贼逋薮，务宜严加缉究，然恐其展转株连，故律载私盐事发，止理人盐并获，其余获人不获盐、获盐不获人者，概勿追坐。至于失业穷黎，肩挑背负者，易米度日，不上四十斤者，本不在查禁之内。盖国家于裕商足课之中，而即以寓除奸爱民之道，德意如是其周也。乃近见地方官办理私盐案件，每不问人盐曾否并获，亦不问贩盐人数多寡，一经捕役汛兵指拿，辄根追严究，以致挟怨诬扳，畏刑逼认，干累多人。至于官捕业已繁多，而商人又添私雇之盐捕，水路又添巡盐之船只，州县毗连之界，四路密布。此种无赖之徒，藐法生事，何所不为。凡遇奸商夹带，大枭私贩，公然受贿纵放；而穷民担负无几，辄行拘执，或乡民市买食盐一二十斤者，并以售私拿获，有司即具文通详，照拟杖徒。又因此互相扳染，牵连贻害，此弊直省皆然，而江浙尤甚，朕深为悯恻。着直省督抚严饬各府州县文武官

---

1 《清世宗实录》卷147，雍正十二年九月己亥。

弁，督率差捕，实拿奸商大枭，勿令疏纵，其有愚民贩私四十斤以上被获者，照例速结，不得拖累平人。至贫穷老少男妇挑负四十斤以下者，概不许禁捕。所有商人私雇盐捕及巡盐船只、帮捕汛兵，俱严查停止，毋得滋扰地方，俾良善穷民得以安堵。"[1] 显然，乾隆皇帝的这一政策，事实上将降低课入。一方面老少男妇贩盐不纳盐课，另一方面该政策会被私盐贩利用来进行走私，从而造成课入下降。所以乾隆是在寻求一种平衡，他自己也清楚地说明了在这里存在着平衡私盐流通与缉查力度、平衡打击私盐与民众生存之道的多重关系，"国家于裕商足课之中，而即以寓除奸爱民之道"，是之谓也。这一平衡，实质上是在提高交易成本、打击私盐来保证盐课收入和降低部分交易成本、允许私盐局部流通、损失部分盐课收入之间寻求平衡点，进而亦可推论出在打击走私力量、保证社会有序运转与允许私盐走私、贩私集团壮大成武装力量导致社会失序之间，清廷同样在寻求平衡。

此外，清王朝还在努力寻求民众的食盐保障与盐课收入、灶户正常生活生产与灶课收入之间的诸多平衡，诸如在尽量不影响盐课收入的前提下，限制盐商高抬盐价；[2] 灶户遇雨水灾害时减低或免除其灶课等，[3] 以及推行恤灶措施，经常性赈济灶户，在制度上限制过分盘剥灶民，同时限制灶私，实行火伏法等办法，提高对灶户生产环节的控制，限制食盐走私，以保证灶课收入。这均是寻求平衡的

1　《清高宗实录》卷 11，乾隆元年正月乙卯。
2　参见韩燕仪《清前期两淮盐价的形成机制——以湖广、江西口岸为中心》，中山大学硕士学位论文，2017。
3　这样的记载在史料中多有出现。如乾隆七年五月"免两淮泰州属庙湾场，淮安属板徐、中莞、临兴等场乾隆六年分水灾额征银三千六百六两有奇，并带征灶欠银四千三百四十五两有奇"（《清高宗实录》卷 166，乾隆七年五月辛未）等，恕不枚举。

表现。需要特别指出的是，满足民食与保障盐课收入的平衡，实际上反映了清廷盐政不仅以盐课为目标，也寓保障民食与社会秩序之意于盐政之中的本质，乾隆"国家于裕商足课之中，而即以寓除奸爱民之道"，亦大致表达了这一层深意。

总之，清王朝盐课征收涉及清代盐法的绝大部分制度规定和实践办法，它们均在这几组平衡关系或者这几组关系的混合平衡的约束下展开。所以，由这几组关系制约的征课交易成本与课入量之间的平衡原则，是清盐法实践过程中的基本行为逻辑，也是清廷盐政规制得以落实所必须遵循的原则。具体而言，清廷组织食盐产运销，获取盐课收入，需要很高的交易成本。清代盐政落实到运作过程，包括但不限于以下环节：组织盐场生产与收买、设置盐区以及调整盐区边界、调整各盐区盐引额、组织盐引供应和盐商运输、监督灶户与盐商、组织力量抵制走私、设定与调节盐价、设定砝码等度量衡标准、组织奏销以及账目统计与清查、组织融销、制造与调解盐区之间矛盾、提供养廉银、救灾、让盐务官员与地方行政官员博弈、与商人在盐船失水等问题上明争暗斗、干预地方市场食盐买卖、盐场以及盐仓遇水的补救与盐课缓征、防止盐官及家人苛索商人、限制官员接受商人馈送规礼。其中大量属于清廷的盐政规制措施，其政务繁杂，营运成本亦即获取盐课的交易成本很高。为了防止交易成本不断提高，造成其在盐课课入中占比太高，妨碍盐课征收的实际价值，清廷必须注意盐务运作中各行为主体之间的利益平衡，如果商力疲敝，则可以实行恤商政策（诸如分期征课等办法）；如果灶户遇灾，则应该免征灶课甚至给予赈济，而应对商力、灶力疲惫的最终办法，则是改革盐法（如实施课归地丁和票盐法等）；如果监控到官员贪腐、官商勾结，则应该加大对官员的惩治力度，并加强对其监控；如果私盐流通量过大，则必须加强缉私力量并强化官员管理。总的来说，为了控制交易成本的提高，甚至要努力降低交易成本，并保证盐政顺畅运作和盐课的征收效率，清廷就必须保持盐务运作中各行为主体之间的利益平衡，其核心始终是寻找交易成本与课入量之间一个合理的平衡点，交易成本既不能过高，也不必太低，方可实现事实上（而非理论上）的最优化盐课收入和最佳征课效率。显然，上述盐政制度和盐法运行过程中的诸多环节，已经囊括了清代盐务的绝大部分内容。它们无一例外受到盐课课入量与交易成本平衡关系的制约，所以可以说，盐课课入量与交易成本的平衡原则，是清廷盐课征收甚至整个盐法绝大部分制度与实践的基本行为逻辑，也是清廷盐政规制手段与措施得以落实所必须遵循的准则。

通过试错实现多组关系平衡

在信息不完备的社会里，清王朝如何遵循这一准则，实现交易成本与课入量的动态平衡呢？从河东盐法改革、票盐法改革等案例来看，清廷的决策者采用的办法是凭借对相关信息的直接感觉，加上不断试错来实现的。这两次改革的案例均显示，清廷或者不断增加盐课，或者不断增加内务府外支银和发商生息收入，日益加重盐商的负担，直到盐商无法继续经营的消息不再被隐瞒，朝廷才痛下决定改革盐法，实现盐课课入与交易成本的重新平衡。

清王朝盐课征收的这一平衡原则，可以用图 6 所示的盐课课入增量与交易成本关系来表示。

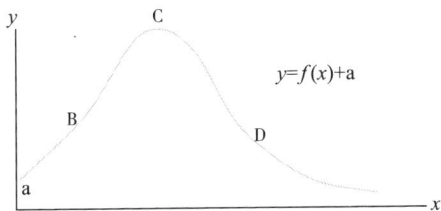

图 6　清王朝盐课课入增量与交易成本之关系

　　图 6 中，y 代表盐课增量，x 代表交易成本，y 是 x 的函数，C 点是清廷增加交易成本以获取盐课增量的最佳平衡点（也是盐课最优收入点），在这里，提高交易成本所带来的盐课增量最大化。如果交易成本提高到 D 点，虽然盐课总量仍可以增长，但其增长是以交易成本的大幅度提高为代价的，属于规模不经济，并且有可能带来社会失序的风险；如果盐课增量停留在 B 点，则交易成本的提高，仍未带来盐课增量的最大可能性，未达到最佳效益点。所以理论上，清王朝有必要追求 C 点这一最佳平衡点。为了实现这一平衡点，清王朝努力平衡了多组复杂关系。当然，在专制集权体制之下，清廷面对官员个体，有无限强大的谈判能力，所以降低交易成本并寻找到这个平衡点的最佳方法，是在给予盐务相关官员利益保障的同时，给他们制造强大压力，以保证其行政效率，并防止其贪腐。但是，在缺乏现代经济学精算方法的情况下，无论如何操作，这一平衡点均无法精确地实现，清廷所能获得的最好效果，是盐政运行在这一平衡点（即 C 点）的附近，这就是盐课收入的最优化结果。这一结果的实现，在当时的信息条件和精算水平局限之下，主要取决于清廷的不断试错。

　　本书提供的经验事实业已证明，清廷在盐课征收以及整个盐法的运行过程中，确实在通过不断试错来努力寻找这一平衡点。虽然这些平衡是否落实到了 C 点，由于相关统计数据的欠缺，不仅清廷当时无法通过计算得出分析结果，并据以对盐法做出细微的调整，今天的学者同样无法给出准确计量判断。但无论如何，清廷在盐课征收问题上所依据的基本原理，以及对盐政制度具体调整的行为逻辑，均由图 5 所示的多组平衡关系或多组关系的混合平衡所制约的盐课课入量与征课交易成本之间的平衡原则所决定。大到河东盐法课归地丁、两淮的票盐法、两广改埠归纳等盐法改革，以及特许专商、分区行盐、盐课考成、督销考成、巡缉私盐等规制制度的设定及其运作；小到对盐政官员养廉银、规礼银的规定，允许民众肩挑背负四十斤以下食盐的制度，以及允许盐商分期纳课的制度灵活性，甚至盐商以总商制度及纲法经营，还是以散商的形式经营，官方对盐价的行政干预，等等，均属此平衡原则在盐法运行中的表现。也正是这些表征，呈现了清廷通过不断试错来实现平衡，并能在大部分时候将盐课课入落实到 C 点附近的事实。

那么，清廷有没有可能突破平衡原则，以更加强制的规制措施来实现更高额的盐课收入呢？这要通过具体的历史情景来分析。

第一，如果清廷盐课征收，选择的不是政府监控下的盐商独立经营模式，而是食盐配给制，并且在食盐配给制之下，如上文所显示，老百姓的盐课仍然不重，则足以证明其盐课收入确实还有大幅度提升的空间。这意味着，交易成本与课入量的平衡点并未真正出现，盐课课入量仍可提高。但是，出于行政成本与收益关系的考虑，清廷并未采用配给制这种在中国历史上比较少实施的、交易成本很高的计划性食盐供应体制，而是采用了以盐商为主体的特许专商、分地行盐制度，即政府监控下的盐商独立经营模式，盐课主要由商人提供。所以能否继续大规模提升盐课收入，清廷考虑的主要不是普通老百姓的负担能力，而是商人的承受能力以及合作程度。

清朝的实际情况是，清廷在河东、两淮、两广以及其他盐区以试错法提升盐课的努力，不断打破既有的成本与课入的平衡。结果，盐商为了满足不断提升的课额，只能提升盐价；盐价本已有溢价，继续提升，私盐必然大量出现；私盐太多，盐商官盐销售自然困难重重，官盐销售不达标，则盐商最终纳课艰难。政府希望增加盐课，结果可能反而因为超出盐商承受能力而损失收益，盐商走投无路，不得不主动退出食盐运销行业。这意味着清廷不断试错的结果，足以显示在既定盐政模式之下，课入量与交易成本的平衡原则无法被打破，盐课额并不具备继续大规模提升的可能。

第二，太平天国以后，厘金制度兴起，各地在盐课正课基础上，通过盐厘，事实上获得较正课倍增的盐课，这是否意味着清前中期的盐课还可以大量提高呢？韩燕仪的研究指出，晚清征收盐厘时期，地方军事集团以较低行政成本对食盐集散中心与批发中心实施了严格管制，与清前期政府监控、盐商独立经营的规制模式不同，晚清地方军事集团出于征收盐厘、盐课的目的，对食盐贸易实行管制，强力介入食盐贸易的核心环节，制定各种条款，帮助盐商销售食盐，形成图 2 模式⑤之下的政府监控、与盐商共同经营的商业模式，通过定价规制，制定了比清前中期高一倍以上的盐价并落实到交易环节。显然，这一阶段的盐课征收模式，提高了老百姓的盐课负担，保证了盐商和地方军事集团的利益。曾国藩和唐廷枢均记载，盐商在如此高额厘、课之下，仍有 40% 左右的利润。[1] 但是，值得注意的是，1850 年以后的盐课与盐厘征收，其交易成本主要由地方军事集团承担，清廷的盐课交易成本并未因此提高。更重要的是，当时军情紧急，八旗、绿营均缺乏战斗力，地方军事集团成为

---

1 韩燕仪：《清代淮南盐的交易制度研究》，第 168~178 页。

对抗太平天国的核心力量，清廷在财政力量不足的情况下，只能开放厘金供地方军事集团征收。然而，1850 年以后的盐政模式能够成倍提升盐税和盐课收入，并不意味着 1850 年以前清廷选择的征收模式也可以达到如此高额的盐课收入，清前期政府监控下的盐商独立经营模式，已经无法打破当时的平衡关系，大致达到了该规制模式下的盐课征收的最优化选择。[1]

1　不过，需要补充说明的是，清朝史料中经常有普通老百姓因为盐价过高而被迫淡食的记载，意指民众生活在温饱边缘，进一步提高盐价，老百姓日常食盐供应可能因其购买能力而受到严重影响。本书显示，在清前期，这种表达，意识形态价值可能高于实际操作价值。

第三章　规制的手段：市场基础导向价值作用下的配额限制

　　本章讨论清代盐政规制的具体手段与办法。从实质上讲，清代盐政就是清廷通过管控食盐的产、运、销过程，来满足其追求盐课收入最大化倾向的制度体系，其中最核心的规制制度是特许专商、分区行盐制度。在这一制度之下，盐商有准入许可，食盐销售有地域限定，盐价有管控限制，盐引有相对固定配额，食盐整个产、运、销流程，均有详细规制，举凡盐场生产的组织与监控、划定与调整盐区边界、确定与调整盐引配额、制定与调节盐价高低、规定盐商运输路线并实施查验、确定盐课课额与缓征盐课、设定砝码等度量衡标准、制定与调整官员的盐务考成规则、组织奏销以及账目统计与清查、安排巡役兵丁抵制走私、实施融销代销、制造与调解盐区之间纠纷、给盐政官员提供养廉银、制造盐务官员与地方行政官员的博弈、干预铺户食盐买卖、防范盐官及家人苛索商人、限制官员接受商人馈送规礼，等等，均属清代盐政规制。可见，清代盐政规制体系庞大而复杂，典章制度、事例繁多，且因时因地多有变化，参与其中的官、商人数甚巨，关系类型多种多样。清王朝设计了如此复杂的制度，并通过制度实践中抱持交易成本与课入量平衡原则，基本实现了其设计目标。本章的主要目的，就是讨论这些规制手段，以及清王朝设计这些规制手段所依据的基础条件。

清廷盐政中的复杂规制，以及运作实践中更复杂的行为，集中表现为四个方面的手段和办法，即准入限制（含抵御私盐）、定价限制、数量限制、过程限制。但本书只详细讨论其中一种手段，即数量限制，也就是盐引配额问题。至于其他三种手段，前人已有诸多研究且基本取得共识，无须本书再详细展开讨论。具体来说，关于盐商的准入规定，佐伯富、王振忠、王方中、杨久谊、刘翠溶等人从宏观上做了总结，黄凯凯则在州县层面讨论了盐商的准入和非盐商"借壳上市"进入食盐市场的具体情况；抵御私盐是准入机制之下的必然措施，这一方面，前人研究甚多，最有代表性的作品当属张小也和吴海波的研究，笔者也曾在《国家与市场：明清食盐贸易研究》一书中，对此有过详细讨论与分析；关于定价管制，韩燕仪对清代盐价管制展开了开创性的深入讨论；[1]关于食盐产、运、销过程中的火伏、上仓、领引、掣盐、查验、口岸、盐店等时间、空间、实物、凭证等方面的管控，以及对盐

1　韩燕仪：《赋权型市场与清代淮盐价格管制的演进》，中山大学理论经济学博士后出站报告，2023。

务官员、地方官员和盐商的考成办法，徐泓、陈锋、王方中、萧国亮以及笔者（《区与界：清代湘粤赣界邻地区食盐专卖研究》）均有详细讨论。

本章详细论述前人尚未深入讨论的盐政数量限制手段，即盐引配额问题——这是清代盐政四大规制手段之一。对它的研究，重点是其所依据的基础是什么，该基础如何保证其可以并且事实上得以顺利落地实施。从这一意义上说，盐引配额问题便成为关涉清代盐政运行基本依据的重大问题。通过它，可以辨析清王朝管控食盐生产与贸易的盐政规制，到底是与市场逻辑相背离，还是与市场逻辑存在着内在关联性。关于这一点，盐史学界的初步共识是，传统盐政是国家运用政治权力干预经济、为国家财政服务的制度，"反映了国家政策与客观社会经济法则的背离"，即使到明清时期，国家政策对客观社会经济法则有"十分有限的让步与靠拢"，也没有改变这一基调。[1] 这一分析自然不无道理。不过，近年来，相关研究已经在慢慢修正这一主流结论的部分内容。[2] 本章将用一系列数据对此观点做出部分修正，证明历经清初的调整，[3] 到乾隆后，清王朝的特许专商和分地行盐制度存在一个重要前提：朝廷认可市场在食盐流通

1　郭正忠主编《中国盐业史（古代编）》，人民出版社，1997，第 7 页。

2　参见黄国信《清代食盐专卖制度的市场化倾向》，《史学月刊》2017 第 4 期；黄国信《清代盐政的市场化倾向——兼论数据史料的文本解读》，《中国经济史研究》2017 年第 4 期；曹树基、袁一心《清代前期的"禁派丁盐"与华北地区的人口数据》，《社会科学》2020 年第 8 期；黄凯凯《"疏引裕课"：清代前中期的盐课征收与官盐营销》；韩燕仪《清代淮南盐的交易制度研究》；等等。

3　顺治到康熙年间的盐课，从继承万历原额，比较偏重与田赋挂钩，到因军需不断增加，呈现出与市场供需关系不吻合的状况，黄凯凯对此有过详细研究。他进而指出，到康熙末期和雍正年间，盛世滋丁永不加赋和摊丁入地以后，盐课的继续调整，尤其是在盐引配额的分配上，便慢慢与市场的逻辑吻合起来。参见黄凯凯《"疏引裕课"：清代前中期的盐课征收与官盐营销》。

中的基础性导向作用。也就是说，清廷的盐引配额制度建立在市场导向的基础之上。

朱轼的市场论与乾隆的困惑

其实，不仅当代盐史学界基于对古典经济学自发市场理论的信仰，对清代的分区行盐制度多有批评，清朝的官绅同样对其违背市场原则颇有诘难。早在顾炎武时代，他就在《日知录》中著《行盐》一篇，高度评价"就场定额，一税之后，不问其所之"的盐法，认为这种盐法"国与民两利"。[1] 天津道郑祖琛更是直言"弊莫甚于盐法。而盐法之弊，由于引目之不能流通、价值之不能平减。……夫同一天地自然之利，同一朝廷耕凿之民，何以画井分疆，引地不能稍让乎？！"[2] 此类言论，在清代士大夫的文字中，颇为常见。而其中，论述得最为清晰的当属大学士朱轼。[3] 乾隆元年，朱轼奏陈盐法变通事宜，非常严厉地批判甚至否定了清代盐法。他批判的核心是分区行盐制度，认为该制度既严重背离市场原则，又容易引发社会问题。他指出，在这一制度之下，民众在食盐的消费上，常常"舍近求远""舍贱求贵"，比如江苏省镇江府属于两浙盐区，离两浙盐场远，运费高导致盐价高，但离两淮盐场近，淮盐运费少而价格低，可是盐法规定，镇江只能销售两浙盐，民众不得不"舍

1　顾炎武：《行盐》，贺长龄辑《皇朝经世文编》卷 49《户政二十四·盐课上》，《近代中国史料丛刊》初编第 731 册，第 1735 页。

2　郑祖琛：《更盐法》，贺长龄辑《皇朝经世文编》卷 49《户政二十四·盐课上》，《近代中国史料丛刊》初编第 731 册，第 1735、1739 页。

3　朱轼对清代盐法分区行盐制度的批评，学界多有论及，陈锋在《清代盐政与盐税》一书中已有大量分析，参见陈锋《清代盐政与盐税》第 2 版，第 110、117 页，亦见于该书 1988 年中州古籍出版社版第 61、71 页。

贱买贵"。这显然有悖于市场原则，并常常引起盐区边界地区人民走私食盐，造成社会问题。而这种情形在全国许多地区，如河南上蔡、湖北巴东以及江西建昌、湖南衡州和永州、安徽亳州等地都大量存在。因此，朱轼建议"就盐地之远近，逐一查明，尽为改易"。他认为，只要如此变通，就可以实现"双赢"，即"于国家既毫无所损，而民之受福不少"。[1]

显然，朱轼的批评至少在盐区交界地区的盐价问题上切中要害。清代食盐分区行盐，盐区地域有大小之别。当时食盐生产技术基本一致，食盐品质差别不大，即使有煎、晒二法，食盐生产在部分盐区有差别，食盐品质有一定差距，[2]但是在分区行盐制度规范之下，两种食盐生产方法所产食盐因为功能差异不大，仍具有绝对可替代性，因此，便会出现如图7所示的情况。

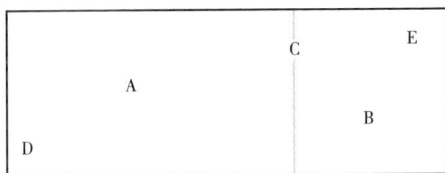

说明：A、B为盐区，C为盐区边界，D、E为盐产地。

图7　盐区边界地区盐价示意

图7中，A、B为两个盐区，C为两个盐区的边界，那么，A盐区靠近边界C的销售点与本区食盐生产地D的距离（即D到C

1　朱轼：《奏陈盐政变通事》（乾隆元年七月），军机处录副奏折，03-0580-006。
2　除了河东和四川外，清代食盐基本产自沿海海岸，它们一般处于本盐区的边远地区。同时，在食盐的生产与运输技术大体相同的情况下，运输距离成为盐价的重要决定因素。

的距离），相对于 E 到 C 的距离"路远"，盐价高，B 盐区靠近边界 C 的销售点与生产地 E(即 E 到 C 的距离)，相对于 D 到 C 距离"路近"，故盐价低。C 的两旁是两个盐区的交界地区，其结果是 C 地的属于 A 盐区的民众必然依从市场逻辑，"舍贵求贱"，购买 B 盐区的廉价官盐。而在清廷的法律体系中，这种跨越盐区销售的食盐，也是"私盐"的一种。为保证官盐顺利运销、盐课按期完纳，同样必须禁止。清廷的盐法，从这个角度看，明显与市场逻辑悖反。显然，朱轼很准确地抓住了这一要害。

清代的大儒能够明晰地指出盐法与市场逻辑悖反，见识似乎非同寻常。虽然存在争论，但许多人仍然认为，传统中国的经济体系与市场导向风马牛不相及。既然如此，顾炎武、郑祖琛和朱轼这些人，为何能提出这么具有市场观念的问题呢？实际上，这种疑问的形成，是长期以来大家对清代经济体系有误解而导致的。其实，从明朝中叶开始，中国的盐政不断呈现出对市场依赖的趋势，原本由政府直接控制盐的生产和运输，此时转为政府控制商人，由商人管理生产与运输，即形成了上文所述的政府监控之下的盐商经营模式。进入清代后，盐法已经转变为以商业模式为主，主要利用包税人即总商管理食盐的生产和运销，并由他们缴交盐课。[1] 之所以发生这种变化，是因为明中叶以后，伴随着日本和美洲白银的流入，停滞了一段时间的中国传统商业复苏，市场逐步繁荣，[2] 卜正民甚至指出，明政府在相当大的程度上，让商业按自己的方式发展，最终形成了文化精英与经济精英的紧密交

1　参见黄国信《盐法变革、商业繁荣与国家和市场的新型关系研究——基于明代财政体系演变的考察》，载刘正刚、黄国信主编《海屋集：黄启臣教授八十华诞暨治史六十年纪念文集》，广东人民出版社，2017。

2　参见黄国信《清代食盐贸易制度市场化倾向及其因缘》，《盐业史研究》2019 年第 3 期。

合，形成了以士绅为主导的市场经济。[1]上文已经指出，满族能够在东北崛起，在很大程度上，亦得益于其政权的商业性。满族崛起时，他们地处16~17世纪全球贸易圈的东北节点，商业直接成为其军费的重要来源。[2]这直接构成了清朝统治者高度重视商业和市场的根源，万志英敏锐地指出，清朝统治者的商业政策是自由放任的，它促进了市场扩张，[3]乾隆皇帝甚至在财政思想上转向经济自由主义。[4]这在一定程度上把握了清统治者的市场政策。事实上，清代国家确实越来越适应以市场的办法来应对财政和民生问题。罗威廉对乾隆朝大臣陈宏谋的研究，非常深刻地揭示了清代重臣们以市场手法处理灾荒、财政等问题的高度智慧。[5]这说明，市场观念已经广泛渗透进清代政治和经济体系的运行过程中。不过，在盐法问题上，清廷尽管利用盐商负责实施生产与运输，却仍然佥商认引、分地行盐，与市场化的贸易体系之间存在明显疏离，盐政总体上推行政府控制的专营体系，有命令性与计划性，跨区食盐走私仍然受到打击。在市场蓬勃发展以及官员们高度智慧的市场化行政手段面前，这样的体系受到批判就在所难免了。所以，朱轼对清代盐法有此批评，并非其见识卓异，而是正常之事。这也恰好说明了，清王朝统治集团中，信奉自由市场者并非鲜见。

1　卜正民：《纵乐的困惑：明代的商业与文化》，方骏、王秀丽、罗天佑译，方骏校，三联书店，2004，第119、295~296页。当然，必须说明，笔者并不完全赞同明代已经形成市场经济的观点，市场经济毕竟是现代经济学中一个内涵和外延都相当精确的概念，其核心是全社会的资源均由市场配置。

2　参见刘巳齐《15~17世纪东北亚区域贸易与后金（清）崛起》。

3　万志英：《剑桥中国经济史（古代到19世纪）》，第269页。

4　万志英：《剑桥中国经济史（古代到19世纪）》，第274页。

5　参见罗威廉《救世：陈宏谋与十八世纪中国的精英意识》，陈乃宜等译，中国人民大学出版社，2013，第232~272、371~405页。

朱轼批评分区行盐制度，着眼的是盐区交界地区因有悖于市场原则而形成的矛盾与冲突。这些矛盾与冲突发生在经济运行一定程度上遵循市场原则的清中叶，理论上说，其建议应该很快被采纳。然而，事实恰好相反，他取消分区行盐制度的方案很快就在乾隆元年的盐务大讨论中，被封疆大吏、盐务官员和户部分别否决并最终全面否定。[1] 其实，和朱轼一样，清代有不少官员，都希望效法唐朝后期刘晏盐法"一税之后，不问所之"的规定，由官府收买所有盐产，课税之后转售盐商，让盐商自由运销。然而，这一方案始终未被朝廷所采纳，甚至连盐区的部分重划也无法实现。显然，此事颇为怪异。为什么符合历史趋势，而且看上去颇为击中要害的回归市场的理性方案，居然很快就被上上下下的官员们一致否决了呢？这是个饶有兴味的问题，也是本章需要解决的核心问题之一。

事实上，不仅一般的清朝官员，也不仅一个大学士无法处理这个看似简单的食盐贸易市场问题，就连皇帝也无法依据市场规律来处理这一问题。乾隆五十六年四月，皇帝执政已数十年，行政经验十分丰富，同样深深困惑于市场原则为何不能解决食盐贸易中"舍近求远"的问题。他直接质疑：从前实行的盐法"定例"为什么不按照地理距离的远近来组织食盐的销售，而是划分盐区销盐，结果使盐价在基本处于同一地理空间范围的盐区界邻地区产生重大差异，从而导致盐区之间围绕边界问题发生大量纠纷与冲突？同时，

1　参见张廷玉等《题为遵旨会议大学士朱轼条奏盐务各款请旨事》（乾隆二年六月十一日），户科题本，02-01-04-12952-001；德沛《题为遵旨议奏大学士朱轼盐务条陈并甘省盐斤就近发销商民二便等毋庸另议事》（乾隆二年七月二十四日），户科题本，02-01-04-12952-017，及相关的一批档案。关于这两次盐法大讨论的详细情况，请参见黄国信《区与界：清代湘粤赣界邻地区食盐专卖研究》，第185~203页。

为什么在这一现实状况中，盐商不设法改变"从前"开始实行、会对商人造成"赔累"、非"就近分地行销"、违背市场原则的"定例"？[1]乾隆皇帝的这一疑问，非常鲜明地表现出其自由市场主义立场。

大学士公开批评、皇帝亲自质疑，却一直无法改变清代的分区行盐制度。可是，分区行盐制度必然引起盐区交界地区私盐泛滥、盐政弊坏。官府试图依靠严缉私盐的手段改变这一局面，其结果只能是缉私严而"私盐终不可禁"，盐课屡屡亏折，以征收盐课为根本目标的盐政的有效性遭到部分损害。[2]清代盐政似乎陷入一个无法走出自身困境的怪圈。如此看来，朱轼批评分区行盐制度，确实抓住了清代盐法的要害。但是，有清一代，盐法并未实现全面市场化的自由运销，分区行盐制度也一直没有取消。正如上文所述，市场机制与清代盐法之间的矛盾，使盐政无法"自我救赎"，清代帝王与重臣们其实早已注意到这一问题，只是一直无法改变。那么，有清一代，盐法并未实现全面市场化的自由运销，分区行盐制度一直没有改变的原因与奥秘何在？与之相对应，清代盐法与市场原则呈现背离，为何食盐运销又可以主要通过商人来完成？这都是令人困惑的问题，它涉及市场原则与清代盐法之间的关系，是清代盐政运作的基础性问题，细致地对其展开研究，可以厘清清代盐政中市场原则与行政运作机制之间的复杂关系，

1　中国第一历史档案馆编《乾隆朝上谕档》第 16 册，档案出版社，1991，第 264 页。

2　雍正二年（1724）兵部尚书卢询上疏有云："从来盐政之坏，皆归咎于官盐之壅滞；官盐之壅滞，皆归咎于私盐之盛行。故讲求盐政者，莫不以禁私为首务。乃法令愈密，缉捕愈严，而私盐终不可禁，以致商民交困，课额屡亏。"参见卢询《商盐加引减价疏》，载贺长龄辑《皇朝经世文编》卷 49《户政二十四·盐课上》，《近代中国史料丛刊》初编第 731 册，第 1753 页。

进而揭示清代盐政运作的基础，以利于对清代盐政基本原理展开深入思考。

从原额到人口：盐引配额原则的演变

本书的数据证明，在宏观层面，从盐政运作最根本的机制上说，与朱轼的观感完全相反，清代各盐区的盐引配额，除了清初继承原额和因军需增加额度外，盛世滋丁、永不加赋以后，盐引配额存在着一个越来越明显的与市场容量趋近的走向。就是说，清廷规定的食盐销售额，与市场上的食盐需求越来越吻合。在这一意义上，它已经开始一步步地与当时的经济体系趋近。唯其如此，其运作才有顺畅的可能，否则一定滞碍重重。

一般认为，清代盐政"反映了国家政策与客观社会经济法则的背离"。实际上，历史时期，由于财政的需要，盐引额度与市场不吻合的现象确实多有发生。这种传统，至迟在宋代钞盐制度实行时，已有明证。戴裔煊在研究范祥钞法时，指出当时已有超出民间实际消费需要的虚盐钞存在。他引用《续资治通鉴长编》卷254"熙宁七年六月壬辰"条关于"陕西缘边，熙宁六年入纳钱五百二十三万余缗，给盐钞九十万二千七百一十六席，而民间实用四十二万八千六百一席，余皆虚钞"的记载，[1] 说明政府为了课入，超出民众实际食盐消费需要，超额发行盐钞的事实。

那么，清朝的盐引分配与市场容量是不是存在同样的关系呢？清王朝盐引配额，在其入主中原初期，与整个财政体系一样，实行的是

1　参见戴裔煊《宋代钞盐制度研究》，中华书局，1981，第289~290 页。

"原额"制度。[1]顺治十七年五月，御史李赞元题称："行盐地方各有额派口岸，某省总额若干，某府州县分派若干，……但今昔登耗之数参差各别，……议将十七年所行之盐，于未掣之先，檄行各省驿盐道照原派额数，责之各府，而各府知府将一府原额，就各州县之户口肥瘠衰多益寡另行均派，务于原额无亏，具册申报咨部查核。"[2]这说明，清王朝继承明朝盐法的时候，在盐引配额（即法定食盐销售额）调整、分配时，实行的是原额主义。[3]由于明清之交一系列战争的影响，以及明末清初经济社会变动，清初并无可靠的人口数字，盐引的"原额"是否与各地的食盐消费量即市场容量吻合，尚无法判断。[4]

但清王朝待政局稳定后，不断调整盐引配额，"原额主义"的趋向发生转变，开始强调"计口授盐"。[5]这种转变的具体例证，最典型

1　清代盐法至少有两个源头，一是明代的纲法，二是清入关前政权的商业性。这两个源头共同构成清代盐法的逻辑。当然，商业性不是直接融入战争结束地区，而是盐法逐步调整、不断渗入的结果，而有意思的是，商业性恰好与纲法的实施实际吻合。所以，一定程度上可以认为，这两个源头，均源自16世纪以来的商业化。

2　雍正《两淮盐法志》卷6《疆界》，于浩辑《稀见明清经济史料丛刊》第一辑第2册，第9页。

3　原额主义是岩井茂树提出的概念，参见氏著《中国近代财政史研究》。何炳棣也关注到原额现象，参见氏著《中国古今土地数字的考释和评价》，中国社会科学出版社，1988。

4　曹树基的最新研究，以区域个案提示中间存在吻合关系。参见曹树基、袁一心《清代前期的"禁派丁盐"与华北地区的人口数据》，《社会科学》2020年第8期。黄凯凯从全国的数据来总结，则认为当时的盐引额总体与田赋挂钩。

5　这一转变有一个过程，其中起作用的因素，包括州县赋役额、人口数量以及盐区盐产量。清初调整额引，主要依据州县赋役额，即所谓"计丁派引"（此时之"丁"所指其实为赋役额，参见何炳棣的《明初以降人口及其相关问题，1368~1953》）。康熙十八年巡盐御史郝浴题准，"州县丁多引少，酌增引目，……以七丁一引而加"（光绪《两淮盐法志》卷40《转引门·引目上》，第10页下~11页上）。雍正、乾隆朝以后，人口大量增长，原有额引常常不敷地方食用，因此，清王朝考虑人口增量，采用灵活的增加余引的办法增加食盐销量，并在乾隆以后慢慢将余引变成额引。更详细的研究，请参见黄凯凯《"疏引裕课"：清前中期的盐课征收与官盐营销》。此外，盐引额的调整，还与盐区盐产量相关，详见下文。

地出现在改土归流以后的"新疆"地区。这些地区原归土司统辖，并无食盐专卖制度，亦无"原额"。清政府在这些"新疆"地区推行食盐专卖制度时，实行了按照人口数量也就是市场容量来分配盐引额的制度。[1] 雍正九年，湘西永顺等地改土归流，湖南辰永靖道王柔规划盐务，先"查永顺四县与六里新编各户口册籍，永顺县属之男妇人丁共四万四千零二十名口，保靖县属之男妇人丁共二万八千五百一十八名口，龙山县属之男妇人丁共三万八千三百二十八名口，桑植县属之男妇人丁共六千一百六十名口，新开六里同知所属之男妇人丁共二万二千三百二十六名口，是共计户口一十三万九千三百五十六名口"，然后请求"皇上敕部查照直省行销盐引之例，其每口逐日食盐应需若干，即按新辟各县与六里户口数目统计，每年应需食盐若干斤数"，后谕旨允准，"招徕殷实商民，……给引纳课行销"。[2] 乾隆《永顺县志》记载了王柔建议的结果，证实了永顺等县按照市场容量分配盐引额。[3]

雍正十三年，湖北容美土司改土归流，清廷设鹤峰、长乐二州县。根据《四川盐法志》的记载，当年湖广总督史贻直上奏称"鹤峰、长乐二州县，按照户口派销陆引二百八十张，……恩施、宣恩、来凤、咸丰、利川五县，按照户口派销水陆引共九百五十张，……各州县将来招徕劝垦，户口渐多，当随时酌量加增引张，以资民用"，[4] 得户部核准，盐引配额遵循了市场容量的要求。更引人注目的是，当时朝廷考虑"楚北极边，人夫挽运，脚费浩繁，合算成

1　参见黄国信《清代食盐专卖制度的市场化倾向》，《史学月刊》2017 年第 4 期。
2　参见台北故宫博物院编印《宫中档雍正朝奏折》第 26 辑，第 43~44 页，1979；乾隆《永顺县志》卷 3《赋役》，第 13~25 页。数字为原文。
3　乾隆《永顺县志》卷 3《赋役》，乾隆刻本，第 13~25 页。
4　光绪《四川盐法志》卷 8《转运三》，《续修四库全书》第 842 册，第 160 页。

本每斤计得七八分以至一钱不等，而云阳（与鹤峰接壤——引者注）等处场盐（川盐——引者注）每斤不过二分，是淮盐价值较诸土民向食之盐，几增三四倍有余"，决定"将鹤峰等七州县就近买食川盐"。[1] 由此将行政地理归属湖北、本该划入湖北所属之淮盐区的一些州县，划入了四川盐区，维持了当地居民买食川盐的惯例。这一方案显示出清廷在新开疆域盐政制度安排上，无论是盐引配额，还是盐区的划分，都认可了市场导向。虽然从原则上讲，这仍然是政府控驭市场的制度，在盐引配额以及盐区归属等核心的问题上，它仍然是行政命令性的，但是，即使是行政命令性的，也已经艰难地超越了完全脱离市场、由政府主观给出额度并实行调拨式分配的计划经济。它认可了市场在食盐贸易中的基础性导向价值，尊重市场，具备了一定的市场导向。一言以蔽之，清政府以命令性、计划性的盐引分配手段，实现了符合市场逻辑的结果。

宏观数据分析：盐引配额与市场容量的趋近

其实，不仅新开疆域的具体案例，反映清代盐政有尊重市场导向的趋势。宏观上分析清王朝的全国盐引配额，这种符合市场容量的趋势也越来越明显。这可以从人口与盐引配额之间关系的变化来观察。[2]

---

1 海望等:《题为遵议湖北鹤峰等州县民间食盐请派销川引事》(乾隆三年二月十一日)，户科题本，02-01-04-13034-012。
2 关于清代盐引配额与市场容量关系的更详细讨论，请参见黄国信《清代盐政的市场化倾向——兼论数据史料的文本解读》，《中国经济史研究》2017 年第4 期。

　　何炳棣的经典研究已经证明，乾隆四十一年至道光三十年（1776~1850）的官方人丁数较为接近人口数。[1]所以，可以用这一时段的人口数与官方核定的各盐区盐引额来分析清代的盐引分配与市场容量的关系（见表11）。当然，需要说明的是，本研究所使用的数据全部是官方原始数据，这些数据并非一定与实际的情况完全吻合。因此，本书分析的结果，侧重于宏观政策层面，显示的是清代盐政的理念及其机制性。

表11　乾隆后期人口数、盐引数关系

盐区	人口（口）	盐引（引）	重量（斤）	人均额盐（斤）
两淮	81888930	1885492	686319088	8.38
两浙	34922880	1005396	395172050	11.32
长芦	缺	缺	缺	
河东	缺	729696	175127040	
山东	23535336	721740	162391500	6.90
两广	26318957	814510	192515707	7.31

1　参见何炳棣《明初以降人口及其相关问题，1368~1953》，第55~59页。清代有关文献上关于"丁额"的记载，更多的是赋税的额定数量，而不是人口数。而州县官员征收赋税的白册，以及其他可能的人口统计资料，现在已经极难找到。那么，清代的实际人口数就成为一个谜。学术界为了统计的方便，往往根据何炳棣等人的经典研究，判定某一年份的人口数比较可靠，然后再参照战争、灾荒、疫病等因素，用人口增长率的一般性指标，对某个时期的人口数进行估算。不同的学者，对同一年份的清代人口数，估算出来的结果常常有数以千万计的出入。因此，本书不想对清代的既有数字进行批判和重新估算，而是回到这些数字被制造出来的历史场景中去理解这些数字的含义。何炳棣的研究已经证明，乾隆四十一年人丁数意义发生变化，源于此时乾隆皇帝对全国人口数的重视。实际上，康熙末规定滋生人丁永不加赋以来，人口登记与赋税之间的关系弱化。但是，五年编审一次人丁的做法仍在，不过，地方官常常照抄旧表，以致人口数仍无实际意义。乾隆四十年，乾隆皇帝对于不能掌握事实上的人口数非常恼火，下令要各地动用保甲系统清查人口。从此，清代的人口数在一段时期内，成为朝廷相关决策的重要依据。

续表

盐区	人口（口）	盐引（引）	重量（斤）	人均额盐（斤）
福建	缺	1069486	138404450	
四川	16659123	155581	185728600	11.15

注：本表中各盐区盐引数统计时间为乾隆四十年至六十年的数据，所有数据并未统一到一个年份。这是因为历史文献没有留下系统数据，研究者都只能做类似选择。不过，从宏观考察清代盐引分配来看，虽然将数据统一到同一一年份是最佳方案，但只要考察到相近年份的具体数据，也不妨碍研究的目的。

资料来源：本书附录各盐区人口表和盐引数统计表。

　　本书关心的是官方设定盐引配额与人口比例的关系，即官定食盐销量的人均额度，并据此判断清代宏观的盐引分配是否符合市场容量。综合嘉庆《两广盐法志》、《元史》和《明史》中的三个数据，清代每年人均食盐消费量，应该在今市秤 11.45 斤，也就是当时标准的 9 斤多。[1] 根据这一基本判断，表 11 显示的人均食盐配额比较符合市场容量。当时的盐引分配，符合官方所获得的人口数据所表达的市场容量，在某种意义上，可以说是尊重了市场原则。其中，除了两浙和四川数字偏高，[2] 需要进一步研究外，其他各盐区的数字均不违背市场容量，并且略有保守。显然，决策者有意无意考虑到市场上一定会有私盐流通。[3] 私盐流通与官盐相配合，最后共同满足市场上的食盐需求。同时，各盐区的人均配额又存在明显差异，这

1　按照阮元《两广盐法志》卷 19 中的说法，人的食盐量一般是"每日口食不过三钱"，不过这是在议论食盐加价、力图辩明加价对民食影响甚微时所做的估计，故此估计偏低。明代行户口盐时，规定大口岁食 12 斤、小口 6 斤，平均为 9 斤。《元史》则称每人日食盐 4 钱 1 分 8 厘，全年人均食盐 9 斤 6 两。当然，元、明、清时期的 1 斤与今天的市斤并不等重，合今市秤 1.1936 斤，9 斤 6 两为 11.45 斤。
2　两浙和四川数字虽然偏高，但仍然在本书结论支持范围内。
3　关于盐政制定者注意到私盐与派定额引的关系，雍正末年两淮盐政高斌在讨论江西饶州增派额引时，讲得非常清楚。他说："年来设巡禁缉，私贩潜踪，所行纲引不敷销售，请增引一万五千道。"（光绪《两淮盐法志》卷 40《转引门·引目上》，第 14 页下）

表明盐引分配并非全国均一，各盐区各有其特性，一个合理的解释是，从清初开始"原额"便不断调整，各区力度不一。这说明，盐引并非完全根据市场原则在全国范围内统一分配，各盐区间存在明显差异，这显然是非市场化倾向的表现。总之，乾隆四十一年以后，清代盐引配额是一种官方主导行政命令性的、存在着非市场化倾向、但主要以市场容量为依据的食盐分销体系。[1]

不过，伴随清王朝不断调整盐引配额的进程，这种盐区间的不均衡慢慢在改善。嘉庆、道光朝的统计数据显示出各盐区间更趋近均衡的人均额定食盐结构，参见表12和表13。

表12　嘉庆年间人口数、盐引数关系

盐区	人口（口）	盐引（引）	重量（斤）	人均额盐（斤）
两淮	118695414	1685492	613519088	5.17
两浙	49386151	955396	369751050	7.49
长芦	34272302	1016046	355616100	10.38
河东	25823142	754267	181067280	7.01
山东	31849379	754920	169857000	5.33
两广	36875262	814510	192515707	5.22
福建	14382314	1055484	137004350	9.53
四川	32037883	168407	206181600	6.44

注：刘翠溶对嘉庆五年各盐区的盐引量和盐斤数做过统计，参见 Ts'ui-jung Liu, "Features of Imperfect Competition of the Ming-Ch'ing Salt Market," in Yung-san Lee and Ts'ui-jung Liu, eds., *China's Market Economy in Transition*, pp. 299–300。本表数据与其有一定差异，主要原因有二，一是本表采用的基本是嘉庆二十五年数据，二是刘表统计的仅为正额盐引，未及余引和额外余引。

资料来源：本书附录各盐区人口表和盐引数统计表。

---

[1] 黄凯凯的研究已经证明了清代盐引额的分配，从清初到雍正年间，有从原额主义到一定市场化的转变，本书的数据分析，证明这一趋势在乾隆年间仍在继续。参见黄凯凯《"疏引裕课"：清前中期的盐课征收与官盐营销》。

表 13 道光年间人口数、盐引数关系

盐区	人口（口）	盐引（引）	重量（斤）	人均额盐（斤）
两淮	缺	南引 1395510 道，北票 296982 道	缺	
两浙	52465581	1035396	410415050	7.82
长芦	36788806	926046	324116100	8.81
河东	缺	750953	262833550	
山东	缺	813680	183078000	
两广	40258641	814509	192515472	4.78
福建	15775140	1055484	137004350	8.68
四川	缺	167394	202731200	

注：刘翠溶对道光二十一年各盐区盐引量和盐斤数有过统计，与本表数据有些差异，参见 Ts'ui-jung Liu, "Features of Imperfect Competition of the Ming-Ch'ing Salt Market," in Yung-san Lee and Ts'ui-jung Liu, eds., *China's Market Economy in Transition*, pp. 299–300。主要原因在于本表盐引数是道光二十九年数据，同时本表统计了余引和额外余引数据。

资料来源：本书附录各盐区人口表和盐引数统计表。

与乾隆后期和嘉庆年间的统计数据一样，道光年间各盐区的盐引配额也是符合市场容量的。这个时期，长芦的人均盐额有更加符合市场规则的下降，两广盐区的人均盐额继续下降，暗示其和盐量在上升，但各盐区间的盐额分配更加趋于均衡。这种情况反映出清代的盐引配额不断呈现出更加符合市场容量的走向。清代盐政制度安排中的盐引配额，从乾隆后期开始，已经慢慢脱离了清初所实行的"原额主义"，大体是根据销售区的市场容量来安排的，并且各盐区之间趋于均衡。这样的安排，体现出清中叶以来政府盐政相当重要的一个特点——食盐销售配额虽然以盐课为目标，具有行政命令性质，却大体认可了市场导向，市场容量是清代盐引配额事实上的重要出发点，盐课目标的落实，建立在市场容量的基础上。[1] 正是此机制保证了清代食盐贸易可以主要由盐商来完成。

当然，由于清代实行分区行盐制度，在考虑盐引额度的分配时，还必须注意各盐区之盐场的生产情况。值得注意的是，食盐虽然并非传统中国随处可产，但沿海和盐池地区，可产之处甚多。因此，为了维持盐政的正常运作，清王朝对盐场及其盐产总量有过明确限定。两江总督兼两淮盐政何桂清曾明确指出："盐务以场灶为根本，计灶定锹，按锹煎盐，……年有定额。"[2] 产量过低，则场员督煎，产量过高，则限制生产。雍正四年湖北巴东纸倍溪地方涌出盐泉，两淮盐政噶尔泰认为如果设盐井开煎，"川私易于冒混入楚"，建议"封盐井"，得旨允准，盐井被封。[3] 乾隆七年八月，广东人口增长，场盐畅销，"小民见盐塥获利稍宽，多将稻田改为盐田"，但两广总督庆复发现"愚民私贩射利，偷透不能净除"，于是奏请清廷将这批盐田改筑回稻田。[4] 大体上，各地实行的都是以销定产的原则。

不过，这一原则亦非从来不可动摇。在人口大量增加、食盐销售畅旺之时，朝廷也可以在局部地区以产定销增加盐引。乾隆十五年户部尚书蒋溥等人的一个题本，就反映了这样的事实。在题本中，蒋溥等称："据驿传盐茶道齐格详称，犍为、彭水、荣昌、绵州等四州县灶民杨一贵等一十九名开淘盐井一十四

1　参见黄国信《清代盐政的市场化倾向——兼论数据史料的文本解读》，《中国经济史研究》2017 年第 4 期。

2　光绪《两淮盐法志》卷 28《场灶门·锅锹上》，第 11 页下。

3　光绪《两淮盐法志》卷 41《转运门·引目上》，第 13 页。

4　乾隆《两广盐法志》卷 7《奏议五》，于浩辑《稀见明清经济史料丛刊》第一辑第 35 册，第 556~559 页。

眼，共设煎锅二十四口，……岁共产盐五十七万三千六百二十
斤，应配增水引八十六张，……陆引一百七十二张，……俱请
于乾隆十四年为始，纳课征税，领引配盐，定地行销。"[1]这说
明清代盐政在指定、调整盐引配额时，销售区的市场容量是
最核心的因素，食盐的生产能力是由政府计划的，它以适应
市场容量为目标，但在食盐畅销时，偶尔局部地区"以产定
销"，以扩大食盐供给和盐课收入，也不损害政府计划的根本体
制。[2]李晓龙、徐靖捷将此总结为"清廷以销售额确定产量，保
证产量以符合销售额"，并称之为"节源开流"体制，甚为
精当。[3]

　　清代盐政的盐引配额，主要依据销售区的市场容量来安排。
在生产环节，则以各盐区的市场容量为依据，兼顾市场容量的变
化，以计划供给为主。这是一种以满足需求为前提、以获取盐课
收入为目标的计划生产，而非以王朝主观利润需要为出发点、脱
离市场、随时可能发生物资短缺的分配型计划经济。总之，乾隆
中叶以后，在销售环节，虽然具有计划性和命令性，但清王朝的
盐政制度尊重了市场容量，主要依据市场容量来安排各盐区盐引
额，具有一定程度的市场导向性；在生产环节，则以以销定产为
主，计划色彩浓厚。结合生产与销售环节，作为一个整体，清代
盐政规制的配额制度是一种体现市场导向基础价值的，兼具指令
性、计划性与市场性的混合体系，仅仅强调其指令性与计划性，

1　蒋溥等：《题为遵议四川犍为等四州县开淘盐井准其增加水陆引并应征税课银自乾
　　隆十四年起征收事》（乾隆十五年二月初八日），户科题本，02-01-04-14437-011。
2　但这一体制在宏观上，并不与市场导向背反。
3　李晓龙、徐靖捷：《清代盐政的"节源开流"与盐场管理制度演变》，《清史研究》
　　2019 年第 4 期，第 33~34 页。

有失偏颇。[1]

　　本章的研究，从原理上分析了清代盐政规制中的数量限制措施，特别是该措施的基本依据，大体解释了朱轼以及一批清代士大夫强烈反对，乾隆皇帝亦曾为之困惑的清代盐政规制中的特许专商、分区行盐制度，即准入限制和过程管制无法取消的根本原因。这一解释的基本逻辑是，清代盐引分配从清初的原额主义，演变为乾隆以后的按市场容量分派盐引，食盐供应量与食盐消费量之间，总体符合内在的市场供需求关系。因此，即使朝野士大夫皆诘难分区行盐制度，以盐课收入最大化追求倾向为目标的清代盐法，仍可以得到市场的支撑。在这一背景下，如果课入太多，引起盐商的抵抗，或者官盐价太高，引起私盐的激增，清廷均可以通过局部盐法改革或调整来应对，以保证清代盐政的可持续性。因此，分区行盐制度和特许专商制度，并不需要取消。当然，对清代盐政的如此理

1　需要说明的是，最早在一国范围内大规模推行计划经济的是苏联。苏联计划经济时期，列奥尼德·康托罗维奇发明了线性规划和资源最优分配理论，在一定程度上，努力模拟市场配置资源的效果，他甚至因此获得了诺贝尔经济学奖。从这个意义上说，计划经济也曾努力趋近市场经济的资源配置方式，与清代盐政颇为类似。但即便如康托罗维奇时期的苏联，其资源流通主要也是调拨式的，而其资源的消费则主要是计划配给性的，各种粮油票证断断续续与苏联相始终。显然，清代盐政运行过程中，获取准入资格的盐商和另一些自由的盐商独立承担了食盐的运销任务，基本以商业手段实现了盐的流通，清廷很少发行供消费者使用的食盐票证。而且，更为重要的是，计划经济还有另一个特征，即价格的非市场性，也就是说，计划经济的价格是制订计划的行动者获取利润的手段，而非市场供需关系的反映，20世纪20年代苏联实行的工农业产品的"剪刀差"就是一个典型例子。显然，清代盐政运行中的价格，是这两种因素的综合，请参见韩燕仪《清前期两淮盐价的形成机制——以湖广、江西口岸为中心》。此外，清廷在新开疆域实行的盐区划分，部分已经明显按照盐价信号来决定，明显具有市场导向性。所以，在食盐资源配置和盐价问题上，认为清前期盐政虽然具有指令性和计划性，但仍然在一定程度上有别于计划经济，保有一定的市场导向性，是稳妥的。另可参见黄国信《国家与市场：明清食盐贸易研究》，第327~334页。

解，可能已经超越清代盐务官员、朝野士大夫甚至组织并参与两次
盐法大讨论的乾隆皇帝的认识水平，但是，这并不妨碍清廷盐务执
行者自发地如此处理特许专商和分区行盐制度。

　　而另一方面，批评分区行盐制度的一个基本的逻辑是：分区行
盐，人为割裂市场，行政权力妨碍了市场机制的有效性。可以肯定
地说，这一逻辑是严谨顺畅的。但是，如果把市场问题考虑得更深
入一点，则会注意到市场自发形成边界的问题。试设想，在图 7 所
示的地域空间里，如果市场是均质的，同时行政权力听任市场自由
运作，不对市场施加任何干预，作为盐区边界的 C 线不存在，且 D
和 E 两个食盐产地的产量和品质一致，则 D 和 E 的食盐将会如何瓜
分整个地域空间，即它们的销售市场呢？显然，D 和 E 的产品在产
地价格一致，但随着离开 D 点和 E 点的距离越来越远，运输成本增
加，价格越来越高，那么，它们所能达到的最远的销售边界，只能
在 D 和 E 两种产品的价格平衡点上，这一价格平衡点最终将连成一
条线。在上述限制条件下，这条线将从图 7 所示的盐区边界 C 线，
移动到图 8 所示的 H 线，H 线的左侧和右侧面积完全一致，两个产
地的产品市场规模一模一样。在这样的背景下，如果出现一个理性
的行政力量，人为地划出一条 H 线，并将它作为两个盐区之间的市
场边界，则这一看上去是行政干预市场的边界线，实际与市场自发
的价格平衡线完全吻合，并不会造成两个盐区边界划分脱离市场逻
辑的情况。因此，如果清王朝划出的盐区边界线，与实际市场价格
平衡线吻合，则所有从市场角度出发、对分区行盐制度的批评，都
将毫无意义。所以，问题就可以转换为：清代各盐区所产食盐品质
是否大体相同？如果大体相同，清代的盐区划分是否符合市场的价
格平衡线呢？

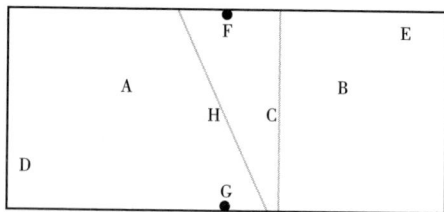

图 8　市场自发形成的价格平衡线示意

　　说明：A、B 为盐区，C 为官定盐区边界，D、E 为盐产地，F、G 为上下边中心点，H 为价格平衡线。

　　清代制盐有煎盐和晒盐两种生产方法，盐产品质并不完全相同。所以，理论上，如果相邻两个盐区，恰好分别使用煎盐法和晒盐法，则两种盐产均在对方盐区有潜在市场。因此，难以形成一条盐区之间的食盐价格平衡线。不过，如果考虑到清代分区行盐制度下的两个因素，问题的逻辑将会继续变化。这两个因素是：（1）明中叶以前各盐区的食盐生产均采用煎盐法，生产成本和盐质差别均不大；（2）两种生产方法所产食盐存在完全替代性。从第一个因素出发，明中叶以前各盐区间可以形成价格平衡线；从第二个因素出发，如果两种盐产有完全可替代性的话，仍有形成价格平衡线的可能。

　　众所周知，清王朝的分区行盐制度，并非清廷的发明，而是从明王朝继承下来的，明王朝又是对唐、五代时期制度的因循。杨久谊的研究已经证明这一制度形成的历史、政治因素，同时她也批评了清代这一制度对市场的反动。[1]不过，值得重视的是，清王朝从明代继承下来的分区行盐制度，第一，在明中叶以前，各盐区边界是有可能趋近价格平衡线的；第二，即便在清代有两种盐产的情

1　杨久谊：《清代盐专卖制之特点——一个制度面的剖析》，《"中央研究院"近代史研究所集刊》第 47 期，2005 年，第 9~12 页。

况下，二者仍然存在完全可替代性，盐区边界仍然在理论上存在与价格平衡线趋近的可能性。虽然现在笔者阅读到的经验材料尚无法证明事实上出现了这种可能性，但同时我们也不得不注意以下两个重要事实。第一，从表11至表13的数据来看，清代各盐区的盐引分配额，均摊到每个消费者身上的数量，有越来越接近的趋势。这就意味着，各盐区人均食盐需求量会更接近地得到满足，从而保证各盐区间的平均盐价在供需关系的维度上比较接近，这在一定意义上有可能造成市场一定程度的均质性。第二，虽然连乾隆皇帝也曾困惑于分区行盐制度，但清廷并未真正认真考虑取消分区行盐制度。

从这两个重要事实出发，可以得到两个值得关注的结论：第一，正如上文所证明，清廷的分区行盐制度在总体上得到了市场的支撑；第二，因为有第一点的支撑，同时还有历史合理性，以及供需关系上的一定程度的盐区之间的市场均质性，清廷从明王朝继承下来的分区行盐制度有着内在合理性，并没有极其严重地偏离盐区间盐产的价格平衡线。因此，清廷在执行分区行盐制度时，尽管备受舆论批评，但并未真正设法取消该制度，而是在发现该制度造成盐区边界地区盐价较大差异时，或对行政划分的盐区边界略做调整，或对盐区边界地区的盐价略做调整。这样，既通过分区行盐制度保证盐课收入追求最大化倾向的可行性（即最优化选择），又在适当时机对盐区边界纠纷做出回应和调整。

总而言之，清代的分区行盐制度，在盐引配额问题上得到了市场的实际支撑，并在一定程度上配合了市场趋势，从而形成了与盐区间价格平衡线趋近的可能。当然，在当时的技术条件、路径依赖、各方的行政收益考量和清政府的力量控制之下，盐区边界与价格平衡线完全吻合是不可能的（详见本书第五章），一定会出现盐区边界地区盐价的一些或大或小的差异，[1]从而引起一定的盐区间的纠纷，以及士大夫们的批评。但这也不代表分区行盐制度的盐区划分事实与市场逻辑完全背道而驰。

　　本章的研究显示，清廷盐政虽然在制度框架的设计上具有计划性和指令性，其特许专商制度在一定程度上限制了市场准入，其分区行盐制度对市场整合有较大的妨碍，其盐引配额制度和限定盐场食盐生产额度制度则具有明显的计划性质，但是，其计划性在总体上配合了市场供需关系，并且随着时间推移，有越来越符合市场供需关系的趋势。盐区交界的局部地区食盐供应有悖于市场导向，并不妨碍其制度总体上与市场逻辑的趋近。正因为如此，朱轼与乾隆皇帝试图改划盐区或者取消盐区的设想最终均未成功。由此可以想见，即使这一制度引起盐区交界地区诸多纠纷与冲突，大概也不至于对清廷盐政制度产生重大影响。因此，清廷盐政规制的准入限制、数量限制和分区行盐的过程限制，均可以有效运行。这正是清廷盐政制度的基本原理之一。

1　由于上文所述逻辑的作用，一般不可能形成具有根本性、会彻底颠覆食盐分区行销制度的价格差距。

第四章　规制的代价：行为主体行政收益考量与盐区冲突

本章讨论清廷盐政规制代价的一个侧面——盐区间的行政纠纷与冲突。规制经济分析已经证明，规制并非任何时候均有其有效性，规制也可以成为某些行为主体谋利的措施，对社会福利造成损害。即便是有助于提升效率或者增进社会福利的规制措施，也必有其代价。清代盐政规制的目的主要不在于促进社会福利和生产效率，而在于增加国家的盐课收入，这意味着其规制的后果可能更为显著，产生的问题可能更多。但非常幸运的是，在盐引配额规制上，它与市场导向实现了共赢，因此其后果虽然复杂，但并不特别显著，规制的预期盐课得以实现，老百姓日常生活基本不受影响。但是，这并不意味着它没有代价。与规制分析的普遍情况一样，清廷的盐政规制同样有其代价。本章要讨论的，就是清代盐政规制中配额制度的代价之———盐区之间的长期纷争。

清代盐引配额主要建立在市场容量的基础上，甚至在新开疆域的部分地方，盐区归属也是依据市场导向来决定的，这就在宏观上保证了清廷盐法运行具有市场基础的同时，也保证了盐区边界与盐区间食盐价格平衡线的趋近有较大可能性。但是，在当时的技术条件和清廷的行政操弄下，二者又不可能完全吻合。这就是清代分区行盐制度遭到朱轼强烈批评以及乾隆对此大惑不解的根本原因。盐区边界与盐价平衡线不能完全吻合的现象，决定了盐区之间难免因为盐价差异而产生走私行为。经验事实显示，有清一代，这种食盐走私行为经常发生，并引发盐区之间持续不断的纷争。这正是一般经济规制措施都有其代价的规律在清代盐政中的反映。那么，由盐区边界与食盐价格平衡线的差异而引起的食盐走私，为何会引发盐区之间的行政纷争，并且持续不断？是什么因素决定了食盐走私必然引起盐区间的纷争呢？其原理何在呢？这是本章要解决的问题。

清代盐区之间的纷争，基本发生在盐区界邻地带，是两个盐区围绕盐政利益而发生的冲突，其间充满矛盾斗争，极易引起官场和舆论的关注以及皇帝和朝中大臣的重视，由此产生的公文章奏繁多，留下大量文献记载，成为后人批评清廷盐政与市场背离的重要证据。但是，正如上文所论及，分区行盐制度，其实在多个维度上保持了与市场逻辑的大体吻合。宏观上，它并没有较为严重地妨碍清代盐政的总体运作，更没有因此造成盐课征收的严重不足以及民众食盐消费的经常性困难。恰恰相反，往往某个盐区内部盐课征收出现困难时，该盐区便会有意挑起严重的边界冲突。所以，分区行盐制度所引起的盐区界邻地区的冲突，虽是引人注目的盐政问题，却并非清代盐政的核心问题。当然，从研究目的出发，本书并不打算讨论盐业实施管制和实行自由市场制度二者孰优孰劣的问题。

分区行盐制度之下，盐区面积大小各异，各个盐区的盐产地与本盐区边界地区的道路距离也差异巨大。因此，在盐区边界地区，两个盐区的食盐价格常常有差距，这必然引起盐价较低的食盐，穿越本盐区边界，向对方盐区渗透。如果各盐区官盐均畅销、盐课无虞，则盐区间相安无事；一旦有某些盐区盐引壅滞，征课困难，则地方官员或者盐政官员必然呈上奏折诘难对方。盐区间互相攻讦，最严重的时候，封疆大吏甚至可以派兵役捣毁对方盐区盐店。因此，朝中大员极容易注意到此类事件，并且观感不佳。正是在这样的背景下，朱轼发出了取消分区行盐制度的声音，并引发了地方大员以及朝中大臣广泛参与的清代盐务大讨论。但是，这场大讨论最终不了了之，盐区边界地区的冲突和纠纷也就继续不断上演。

清代盐区间不断的冲突与纠纷，史料记载最为详细的，主要发生在两淮盐区与两广盐区、两淮盐区与河东盐区交界地区，其他诸如两淮盐区与两浙盐区、两淮盐区与福建盐区、长芦盐区与河东盐区以及其他盐区交界地区，也经常发生类似故事。两淮盐区与两广盐区之间，顺治年间即已经发生纠纷，康乾时期故事不断，嘉道年间愈演愈烈。康熙年间主要表现为局部地区为改划盐区而努力奋斗，并大部分获得成功；乾隆年间则演变为尝试取消分区行盐制度或者宏观改划盐区，但几乎都不成功；到了嘉道年间，各方已经基本不再谋求盐区改划，冲突已集中于维护还是突破盐区边界。[1]当然，随着表征的如此变化，这种纠纷的内在逻辑，在雍正前后，以

1　关于这种纠纷与冲突的更详细内容，参见黄国信《区与界：清代湘粤赣界邻地区食盐专卖研究》，第58~171、205~268页。

及乾嘉之交，也发生了较为明显的变化，其中最典型的转变是从官员的盐务考成与制度的路径依赖，演变为保卫两淮盐区利益。无论如何，这些盐务纠纷，能够深刻地反映清代盐政运作的一种特定的行为机制。因此，本章将从盐区之间纠纷的动力机制出发，讨论清代盐政运作的另一深层次逻辑：行为主体的行政收益考量在盐政中发挥作用的时机及意义。这也是配额规制措施如何引起清代食盐贸易实践中的走私及纠纷等问题的深层次逻辑。

行政收益考量，指的是官员们在合乎逻辑的最大化行政收益理念和受道德规范、行政制度约束的行政行为之间的一种综合理性考量。官员们行政，都不得不在这二者之间进行理性分析，进而转化为行动依据。所以，行政收益考量，是官员行政行为的重要分析维度。在清代盐务问题甚至所有政务问题上，这一考量持续发生作用，但常被湮没在制度框架的文本中而难以分析。幸好，盐区间的纠纷，给了研究者们对官员们的行政收益考量与盐法制度实际运行之间的关系，以及配额规制措施引起清代经济和行政矛盾深层次原因分析的一个绝佳机会。

官员的盐务考成与制度的路径依赖

清初，行为主体的行政收益考量主要在官员的盐务考成与制度的路径依赖上得到反映，正是它们成为盐区边界纠纷的最主要动力。冲突中行为主体最主要的诉求，在此阶段，基本表现为考成受挫的一方谋求将自己所在区域改划到考成宽松的盐区，或者力图降低本地盐引配额，以获得更好的行政收益。

纠纷最先开始于湖南南部两淮盐区与两广盐区的界邻地区。湖南南部的衡州、宝庆、永州三府，本属于两淮盐区，但顺治年间广西用兵，出于筹集兵饷之需要，广西巡抚屈尽美请求将此三府改销广东盐，将盐的运道迁回到广西，由梧州经桂林过灵渠，抵全州，入湖南，得允准。但是，盐道的这一转变，较之于溯北江而上进入湖南，距离倍增，盐价大涨，这直接引起了湖南衡州等三府百姓的强烈反对。清代所修三府的地方志里，留下了连篇累牍的记载，在一定程度上代表了市场的声音。

顺治十八年（1661），两淮巡盐御史胡文学顺应当地民众的要求，奏请将衡、永、宝三府改归两淮盐区，结果被广西阻挠而失败。[1] 随后，康熙四年（1665），衡山府生员吴开运给官府上呈文，强烈要求当地改行淮盐。他指出，当地"淮盐每包重八斤四两，时价不过一钱有零"，而粤盐绕道广西进入衡州府，"每斤纹银七八分不止"，数倍于淮盐，路远价高，无人愿买。但是，两广盐区实行专商引岸制，盐商与引岸构成直接对应关系，每埠（可以是一州县或几个县）皆有专商和具体的引额，每埠的考成亦落实到具体州县，一旦不能完成食盐督销考成和盐课征收考成，地方官员将接受处罚。因此，官府只有"责之里排"，"挨门督发"，结果令地方民众"有倾家荡产者，有弃业逃窜者，有死于投缳、毙于杖下者"，所以，被"挨门督发"的吴开运要求地方官"仰体宸衷"，"开恩特题，止认粤课，仍食淮盐"。[2]

那么，他为什么要求改食淮盐呢？"食淮盐"对他们有何好处呢？这是因为，两淮盐区在清王朝所有盐区内范围最广，人口最多，市场最广，销售相对容易。所以，朝廷对其实行一例通销政

1　道光《永州府志》卷7下《食货志·盐法》，道光刻本，第23页。此外，此事在《两淮盐法志》中亦有简略记载。

2　吴开运等：《衡山县儒学生员吴开运等呈为粤盐不改官民两病吁宪遵谕特题以广皇仁以回天意》，康熙《衡州府志》卷5《盐政附》，康熙刻本，第114~116页。

策，即盐引额派至省份即可，并不分派到具体州县。[1] 在这样的制度规定之下，两淮盐区考成只考核到省一级，不直接考核州县官员和水贩（即地方分销商）。如果当地能够从两广盐区改划入两淮盐区，被"挨门督发"的那些绅衿们，就可以高枕无忧了。吴开运上呈之后，偏沅巡抚周召南和湖广总督张长庚均对其观点表示赞同，但几经公文周折，两位封疆大吏最终并未向朝廷请求改划盐区。一个合理的解释是，当时衡、永、宝三府盐课为广西饷税，并不关乎地方的财政收支，虽然盐课需要地方官督催，但地方官只需催责乡间财力较强之家，"挨门坐派"，便可无虞。

于是，真正负担盐课的衡、永、宝三府绅衿以及当地承担食盐运销任务的盐商首当其冲。他们为了摆脱困境，不断努力，希望将本地变成淮盐引区。据记载，"衡、永、宝三府民周学思、吴圣旭"为改行淮盐之事，具呈本省，结果"督抚谕臣等事由大部"。周学思等人遂于康熙六年正月，"五千里匍匐往返"，动身进京，亲赴户部"具呈"，无果，后"具状鼓厅"，击鼓叩阍。历尽周折，到四月终于得旨，"着三府改食淮盐"，叩阍成功，衡、永、宝三府从此改属两淮盐区。

那么，周学思为何叩阍呢？其叩阍呈文最核心的表达就是"粤东禁海迁灶，盐课缺额，有司苦于考成，勒里排坐派，包课血比"。[2] 显然，这与吴开运呈文的诉求一致，归根结底就是起因于"有司苦于考成，里排勒于坐派"。由此可见，里甲勒于坐派的根本原因还

1　参见杨久谊《清代盐专卖制之特点——一个制度面的剖析》，《"中央研究院"近代史研究所集刊》第 47 期，2005 年，第 18 页。

2　《康熙六年湖南衡永宝三府里民周学思、吴圣旭等叩阍为食盐鸢隔援现行吉安事例幸均食淮盐等事》，同治《两淮盐法志》卷 12《奏议三》，同治九年重刊嘉庆刻本，第 25~26 页。

在于"有司苦于考成"。考成，成为湖南南部地区盐务的最大困扰。[1]
因此，周学思等人叩阍一疏大获成功后，地方志对其高度赞誉，称
从此"课不损于国，商不疲于运，民无坐派之苦，官减考成之责"。[2]
显然，对地方官和绅衿来说，解决考成和坐派问题才是要害。

　　有意思的是，考成没有直接造成地方官员的压力，因为地方官
出于行政收益考量，将压力转嫁给了地方绅衿，[3] 绅衿们也没有愤而
抗课，他们寻求的是回归市场，缓解地方官压力，从而减轻自己的
压力。因此，这次局部地区的盐区改划，促成市场导向在衡、永、
宝三府地区重新落实，这说明，在行政收益考量引导的盐政纠纷
中，市场导向仍然具有基础性价值。但是，这次众多官绅卷入的盐
务纠纷及其处理过程，官员的行政收益考量显然发挥了重要作用。

　　衡、永、宝三府改入两淮盐区后，湖南郴州府、桂阳直隶州
等地仍行销粤盐。此时，粤盐已取道北江，从粤北进入湘南，路远
问题已经解决。不过，郴州和桂阳州的这些属县主要是山区县，人
口密度不高，广东盐务当局并没有分配具体的引额到这些县份，其

1　周学思和吴开运当时的身份是地方富绅，他们是直接承受官员因考成压力而坐派
　　盐课的最重要人群，因此，官员考成与他们休戚相关。详情请参见黄国信《周学
　　思叩阍与清初衡州府盐区"改粤入淮"——清代湘粤赣界邻地区食盐专卖研究之
　　三》，《盐业史研究》2004 年第 4 期。亦可参见黄国信《区与界：清代湘粤赣界邻
　　地区食盐专卖研究》，第 76~77 页。
2　康熙《衡州府志》卷 5《盐政附》，第 108 页。
3　这里所谓的行政收益考量，指的是合乎逻辑的、理性的最大化行政收益理念和受
　　道德规范、行政制度约束的行政行为的综合考量。显然，地方官将盐政带来的考
　　成压力转化为地方绅衿的税负，与官员们或实质上或名义上信奉的儒家行政理念
　　中"轻徭薄赋"的道德观念，不一定真正吻合。但这一行政行为，第一，符合尊
　　重皇权、尊重上位的行政理念；第二，权衡各种利害关系后，收益最大。毕竟找
　　有钱人出点钱支付税收，只要不超出限度，便无严重行政问题，而且还可能达成
　　官绅合谋，以便改划盐区。绅衿们呈文表示只要改划盐区，仍愿意"认粤课"，
　　暗示了这一"合谋"事实。

盐引额只分派到广东北部的连州、乐昌等地，由连州、乐昌盐商将盐销售到湖南南部地区。由于两广盐区的考成具体到州县，所以粤北的连州等地有引额，便有考成之责，而湘南郴、桂二州没有派定引额，地方官实际并无考成之责，因此，粤北的地方官和盐商自然不满于这种结果，必然会从行政收益考量出发，努力把其责任推到郴、桂身上。

　　早在康熙四年（1665），广东已有动作，"粤院派引行盐"，[1] 希望将郴、桂各州县纳入专商引岸体系，派定其盐引。但此事立即引起郴、桂各州县的强烈反对。郴州"绅衿里民曹王福"、桂阳县和桂东县"士民朱用、何瑞彦等合词公呈"，"桂阳州、临武、蓝山、嘉禾绅士"亦纷纷上呈官府，[2] 反对招商认引。[3] 郴、桂二州酃县、永兴、兴宁、宜章、桂阳、桂东等六县知县皆上书各自知州，并由郴州知州叶臣遇、桂阳州知州田元恺上书署湖南布政使李世铎和偏沅巡抚周召南。周召南遂于康熙六年九、十月间上疏户部，要求维持当地食盐销售广东盐商领引办课、湖南小民挑贩买食之现状。叶臣遇指出，维持此方案，"令小民尽就乐昌等埠搬运，便粤商得利认销，楚官竭力巡禁，各有责成，盐亦普行，引目自销，不必更张，而商之引税全完，官之考成无累，商不病而民不忧，国赋足而钦案结"，[4] 达到"三全其美"的效果。但是，周召南之奏被户部以不合两广盐法制度为由一一驳回，反而要求其查处一批"不认销引目、推诿考成、任意抗玩"之地方官。

1　同治《酃县志》卷7《户口·食盐》，同治刻本，第9页。
2　同治《临武县志》卷26《盐法·疏稿》，同治刻本，第3页。
3　相关档案中均称绅士们首先呈文，姑且信之。实际上，亦有可能因为官绅合谋，地方官需要绅士的支持才让他们上呈。
4　同治《桂东县志》卷4《盐政附》，同治刻本，第5~7页。

不过，事情的最后结果颇具戏剧性。康熙六年十一月十二日皇帝谕旨，同意人少地旷的郴州、桂阳州等十一州县维持此前制度，民众自由赴广东乐昌、星子、城口等食盐集散地挑贩食盐，"行盐不销引"，该地成为两广盐区专商引岸制度中的特区。但是，制度留了一条重要规定：如果"粤商运盐不足"，那么"考成连韶等处之官"；但如果"楚属州县不按额买食粤东之盐"，则"将楚属未完州县官指名题参"。[1]这一规定，使故事的发展极为精彩。获准维持原食盐运销制度而兴高采烈的湖南地方官们，万万没有料到，从此只要连州食盐销售状况不理想，广东盐商和地方官员都可以用"郴、桂不遵旨买食"的理由将责任推脱得一干二净，转而参罚湖南南部的地方官员。正是在这一背景之下，桂阳州知州朱朝荐于康熙十年（1671）被参罚去职。[2]

朱朝荐的继任者为袁继善。袁上任后，从行政收益考量出发，深恐再因盐务去职，于是，亲率数名粮里赴连州查验盐仓，以求证连州盐商所谓"积引未销，堆贮八、九、十年如许盐包"是否真实存在。结果查明，"各埠止得盐七百八十九包，为数不过五十余引，不知粤商所称十一万六千九百一十四包之盐堆积何所"，[3]这次查盐虽然过程曲折，但袁继善成功保全了自己，并且让《桂阳州志》为其留下美名，称其"却粤盐引，辨粤商奸，为桂民杜后世之害"。[4]显然，以袁继善查验连州盐商库存为高潮，围绕郴、桂二州盐务而发生的这一波纠纷，核心就在于地方官的考成。地方官努力争取自己在考成上的优势，是行政收益考量在官员个体身上的体现。

1　同治《桂东县志》卷 4《盐政附》，第 11 页。
2　康熙《桂阳州志》卷 7《秩官》，康熙刻本，第 4 页。
3　康熙《桂阳州志》卷 7《秩官》，第 9 页。
4　康熙《桂阳州志》卷 7《秩官》，第 10 页。

　　类似故事也发生在两淮与两广盐区交界的江西南部地区。康熙二十三年（1684）出版的赣州地方志记载，在江西南部，"广官派销引考成，淮商纳课银无考成"，[1] 因此，行销广东盐，"据册定丁，按丁派引，于是计丁销盐，即计丁征课"[2] 的江西吉安府，率先要求改粤入淮，并于康熙五年获得成功。对于当地官绅来说，此为地方大事，因此有人将吉安改粤入淮的各种公文编定为一册《行盐申文稿》，并序之曰："是役也，舍南赣而专吉安，展转调尽，始克有济，今□淮盐复，行商纳课而民食盐，有司无越境之考成，百姓无隔省之赔累。"[3] 地方文献明确地说明吉安改粤入淮的真正目的，就是要达到"有司无越境之考成""百姓无隔省之赔累"的状态。

　　吉安成功之后，赣州府很快也改粤入淮。据《两淮盐法志》记载，康熙十七年（1678），"题准南、赣二府改去粤盐仍食淮盐"。[4] 按照地方文献的记载，此次上题本者为江西巡抚佟国桢。[5] 据广东巡抚李士桢称，佟国桢题请南安和赣州改食淮盐的原因是，"南、赣二府，前江西巡抚以粤省相近，应食粤盐。后因粤东路阻，暂改淮盐"。[6] 李士桢所谓"粤东路阻，暂改淮盐"，指的是康熙十五年尚之信在广东叛乱，广东通江西路断，粤盐入赣受阻。当地官员遂以此为由题请将南安和赣州二府改食淮盐。但是，此事仅为起因，《赣

1　康熙《赣州府志》卷13《榷政志·行盐》，康熙刻本，第5页。

2　光绪《吉安府志》卷16《赋役四·盐法》，光绪刻本，第35页。

3　李元鼎:《行盐申文稿序》，光绪《吉安府志》卷16《赋役四·盐法》，第35页。文中"舍南赣而专吉安"，意为吉安没有跟江西南部同为粤盐引地的南安府和赣州府合作，而是单独行动。

4　同治《两淮盐法志》卷43《引界上》，第2页。

5　参见道光《宁都州志》卷16《驿盐志》，道光刻本；同治《赣州府志》卷29《经政志·盐课》则称"康熙十六年，巡抚佟国桢请复行淮盐"（赣州地区地方志编纂委员会1988年重印同治刻本），但其题本原文笔者无从得见。

6　同治《两淮盐法志》卷6《转运一·行盐疆界》，第1页。

县志》的作者清楚地说出了深层原因：赣州运销粤盐时，官员考成受累太重，"盐引额派一万八千道，内除派南雄、保昌县四百九十四道，其余尽数坐派于南、赣、吉三郡，按查丁口，分坐引额，而县官销引考成，较诸催科倍严矣，小民销盐之比较，较诸钱粮倍急矣"。[1] 因此，自顺治十七年（1660）至康熙十六年的 17 年间，"县官因之易位者凡四矣"，[2] 而同为赣州府的兴国县，则有三位县官直接"以盐法误去"。[3] 所以，行销粤盐，对不少州县官员影响颇大。而改粤入淮之后，据《赣县志》记载，这些县份均达到了"官无考成之责，民无查比之苦"的目标。[4]

但是，与吉安府不同，南安和赣州与广东交界，除了三藩之乱时粤盐难以抵达之外，承平时期，粤盐相对淮盐有较大的运输距离优势，从而形成盐价上的优势。所以，三藩之乱平定后，配合赣州府部分士人的要求，[5] 广东巡抚李士桢于康熙二十四年（1685）上疏要求收复江西南部引地，次年成功将其恢复到粤盐区。[6]

南、赣二府恢复为粤盐引地，自然符合市场逻辑。但是，考成问题却又如影随形，成为南、赣地方官的噩梦。康熙三十二年，赣

1　康熙《赣县志》卷6《食货志・行盐》，康熙刻本，第15页。

2　康熙《赣县志》卷6《食货志・行盐》，第15页。

3　乾隆《兴国县志》卷8《志人・官师》，乾隆刻本，第32~33页。

4　康熙《赣县志》卷6《食货志・行盐》，第15页。

5　清初著名的隐居士绅、"易堂九子"之一的曾灿曾于当地改行淮盐后，修书两广总督吴兴祚，谈到宁都县的情况，云："敝县近因淮盐之累，闭市半月。……昨闻阁下有复广盐之议，敝邑日望苏困，如出汤火。盖敝邑与粤东止隔一岭，朝发夕至；而淮盐则有风波之恶、滩石之险，商人不得不高其价。夫舍近而求远，舍易而就难，虽至愚者必不为也。……今改食广盐，则小民得以资生，而私贩亦可稍杜。"作为隐居于乡村的绅士，曾灿立论的出发点显然更倾向于市场观念。康熙时期的赣州府《安远县志》亦有相似观点。

6　参见李士桢《请复粤东增豁饷税疏》，《抚粤政略》卷7《奏疏》，《近代中国史料丛刊》三编第382册，第821~822页；同治《两淮盐法志》卷6《转运一・行盐疆界》，第1页。

州府食盐由原来的运销省河之盐改为领销潮桥之盐，[1] 运道亦从南雄改至镇平筠门岭。[2] 赣州运销潮盐之制，与两淮盐法不同，甚至与广州省河制度亦有所不同。其最主要的区别在于潮盐设立承办盐课的"总商"，由总商将食盐散卖给"散客"，在散卖过程中，不再使用盐引，而是以潮州盐运分司印发之"小票"作为食盐专卖的合法凭据。[3] 其结果是，潮州总商掌控了南赣地方官的盐务考成数据，他们可以将未完成的销售和征课数据，算到南赣各府县，从而保护自己和潮州官员。

　　赣州府属会昌县的县志记载称，"民间食盐惟凭潮州运使分司小票，给发散客，即贩户也。向总商买运，于各县官挂号发卖"，其结果是"课饷完欠考成皆出于总商之手，县官无从过问"，于是，"饷项任其侵蚀，以致督销足额、溢额之县，多被报欠，御史不加查察，一例题参。赣属十二邑降俸降级之案无虚岁。康熙四十年以后尤甚"。[4] 这对赣州府各州县地方官来说，情况极为不妙。《兴国县志》亦记载称，康熙四十一年（1702）至四十六年间，"总商操权，部颁盐引，县官不敢问；县官完欠，醝院不能稽，足额溢额之县，横被参处"。[5] 情形和会昌一致，地方官考成受挫。为何总商可以操权，以至于部颁盐引县官不敢问呢？

　　关于这一问题的内在逻辑，广东巡抚范时崇在康熙四十六年讲

1　省河和潮桥是粤盐的两大集散中心，省河在广州东关，潮桥在潮州广济桥。潮桥之盐主要销售于潮州、嘉应州、福建汀州以及江西宁都直隶州和赣州府的部分县域，两广盐区其余地区，即除潮州、嘉应州以外的广东全省，广西一省，湖南郴州、桂阳州，江西南安府各县、赣州府部分县域，贵州省古州等地皆行销省河之盐。

2　乾隆《大清会典则例》卷 45《户部·盐法上》，四库全书本，第 58 页。

3　同治《赣州府志》卷 29《经政志·盐课》，第 984~985 页。

4　乾隆《会昌县志》卷 15《赋役·盐课》，乾隆刻本，第 35 页。

5　乾隆《兴国县志》卷 15《志政·盐法》，第 17 页。

得相当清楚，他说："两广之课额三十余万两，而连乐埠与广济桥两处约居其半，此两处之商非求面情以嘱托，即借重债以谋允，必欲一人独行一处，名曰总商。甚至州县之完欠操于总商之手，往往县官督销盐斤业已足额，而总商犹开欠课几分，巡盐御史即据以奏报，而广盐政之坏，固在巡盐之营私，亦在总商之任重。"[1] 这就是说，两广盐区全区盐课一半份额主要依靠粤北的连州、乐昌和潮州广济桥两地盐商来完成，所以控制这两地的盐商均希望独占引地，成为总商，并因其特殊地位而得到两广盐区官方的支持。不过，此二地食盐畅销，是因为连州、乐昌之盐，可以销往湖南并越界到淮盐引地，广济桥之盐则销往江西，并同样可以越界销往淮盐引地。承平时期，淮粤交界的界邻地区，粤盐有较为明显的价格优势。所以，在其他地方粤盐销售不畅旺的情况下，此二地已经成为代其他粤盐引地融销[2]盐引的重要口岸。由于这一事实，广东方面对此二处商人往往给予特殊待遇，所以他们可以成为独占引地的总商，并且由于融销的需要，不将户部印行的盐引发行到州县，而是另发小票，作为运盐凭据。此小票虽需由散客赴官府挂号，由县官"验票登号"，[3] 但小票内既不注明销盐年份，亦未标明是否融销，甚至连销盐地点亦由散客自行填注，结果各州县销盐总数，地方官无从掌

1　道光《两广盐法志》卷 11《价羡·帑本》，道光刻本，第 3 页。

2　关于粤盐的融销，两广总督阮元曾有清楚的说明，他说："本埠滞销酌拨邻埠者，曰融销。溯查《盐法志》，康熙、雍正年间即已如此。乾隆五十四年，前督臣福康安奏办省河改埠为纲案内声明，易销之埠多批若干引，难销之埠少批若干引。经部议复准行。又潮桥所辖广东平远、兴宁二埠引繁地窄，康熙四十八年以后，历系融销江西于都等七州县，乾隆十三年复经前督臣策楞题准，部复奉旨依议。"见阮元《奏报江西南安等三属行销粤盐难以核定融销等项目事》（道光元年五月初四日），宫中档朱批奏折，04-01-35-0500-011。

3　张尚瑗：《申办销盐小票会详文》，康熙《溦水志林》卷 13《志政·国朝申文》，成文出版社，1989，第 471 页。

握，只有总商心中有数。他们便可以根据自己的考成需要，"往往县官督销盐斤业已足额，总商犹开欠课几分，巡盐御史即据以奏报"，将督销责任推给赣州地方官，从而在考成问题上保护了自己以及潮州盐务官员。这一情形，直到康熙四十六年广东巡抚范时崇改革广东盐法、禁革总商时才稍有好转。显然，赣南的故事也是官员行政收益考量这一逻辑淋漓尽致发挥作用的结果。

官员们的行政收益考量决定了两淮盐区和两广盐区之间此类故事的发生，而这类故事在两淮盐区与其他盐区之间亦将发生，河南上蔡就是其中的一个代表。清代河南不产盐，全省被分割到长芦、河东、两淮、山东四个盐区，境内盐区交界之处甚多。结果河南"既以一省而食四省之盐，市价之贵贱断不能齐，越境之私贩必不能绝。大抵河东、长芦两处盐价卖钱十五六文，不相上下，而山东盐价每斤在十文以上，惟两淮之盐则较之三省为独贵，每斤卖钱二十文"。其中上蔡地近山西，距河东盐产地解州仅数百公里，位于淮盐与河东盐、长芦盐的交界处。但是，上蔡却被划入河南范围内盐价最高的两淮盐区，"汝宁府上蔡等县向食淮盐，其接壤之郾城、项城等县则食芦盐，人则比户而居，盐则贵贱悬殊，民情贪贱避贵"，结果，"蔡邑民尽食芦盐，以致蔡邑引壅课绌，商人散去，知县参降，不一而足"。于是，雍正末年上蔡县知县贵金马为此告病休假，并且在告病期间让县学生员出面闹事，试图改变上蔡食盐运销淮盐所带来的困境。在其指使下，以县学生员王作孚为首，"于上年（雍正十三年）三月十六日，纠众百余人，蜂拥县堂求减盐价，该县未允，王作孚等遂拥至商人程效公盐店内，各按每斤十六文强买盐九百余斤而散"。[1] 事件发生后，

1　张廷玉等：《题为遵议酌减河南上蔡等县民间食用淮盐盐价事》（乾隆元年二月二十二日），户科题本，02-01-04-12849-020。

上蔡地方趁势提出"不如改食芦盐为便"的要求，最终被户部驳回。[1] 考成故事依旧。

雍正朝厉行整顿吏治的时候，盐务考成受处罚的官员为数更多。雍正十年，仅两淮盐政就题参河南淮盐区督销不力官员"知县吴之纲等十五员"。[2] 是年，未完成督销任务的广东盐运使冯元方降一级戴罪督销，"所有广东南海县升任知县刘庶等五十六员相应题参"，[3] 参革人员不可谓不多。所以，官员们一定会从行政收益考量出发来避免这些"事故"，盐区纠纷在所难免。

康雍年间两淮盐区边界地区的上述纠纷与冲突，显然均起因于界邻地区两个盐区的盐价差别。盐价差别引起私盐流通，造成各地食盐销售任务完成情况之差异，最终导致部分地方官员因为盐务考成不合格而降职或免职，其行政收益受损。为挽救损失，地方官员不得不提出自己的诉求。总体来说，他们的基本诉求不外乎两个，一是把自己的辖区划入没有考成风险的盐区，二是尽可能地调低本地引额。这两个诉求，无一不是从自身行政收益考量出发的。无论是划入无考成风险的盐区，还是调低本地引额，都是为了避免考成压力，降低自己的收益损失，保证自身职位安全，始终还是考成制度在起作用。虽然清廷设置盐法考成制度，目的在于利用、压迫官员努力督销、征收盐课，以实现清廷的盐课收入最大化追求，但是，有点小小意外的是，它竟然直接导致盐区间围绕着边界地区的行销纷争不断出现。

1　关于这一段历史的详细研究，可参阅陈永升《清代河东的盐政改革》(北京大学博士后出站报告，2004)。

2　尹会一:《题为遵旨会议壬子纲灵璧等八州县未完盐引奏销并原参议处各官请旨开复事》(乾隆二年七月二十二日)，户科题本，02-01-04-12950-001。

3　张廷玉等:《题为原广东盐运使冯元方已将未完盐课陆续督征全完请开复原参处分事》(乾隆元年二月三十日)，户科题本，02-01-04-12850-005。

　　当然，从研究者的角度看，食盐分区行销制度才是造成盐区间边界纠纷问题的根本原因。那么，参与纠纷的官员为何不要求取消此制度呢？这就需要用制度的路径依赖来解释了。所谓盐区制度的路径依赖，是指食盐分区行盐制度在唐宋时期基本定型，一直沿袭到清代。[1] 虽然朱轼曾直接提出要废除此制度，但在上述盐区边界的纠纷中，从来就没有一位官员提出要取消分区行盐制度，可见，虽然当地盐价明显与市场导向背离，但是制度的路径依赖，仍然让纠纷中的官员从未想过要挑战分区行盐制度。当然，要让并不谙熟全国盐务的地方官员提出这一主张是不大可能的。但这恰恰说明了分区行盐制度的路径依赖特征。总体来说，制度的路径依赖和官员的行政收益考量，促成了康雍年间的大部分盐区边界纠纷。它表明，虽然可以通过改划局部地区的盐区归属，或者调低引额，来暂时解决纠纷，但纷争必然因为两个盐区的食盐差价而再次发生。当然，最根本的还在于宏观上清代盐法中的盐引分配与市场容量基本吻合，盐政运作具有可操作性，局部纠纷与冲突并不妨碍整个盐法的运行，正如上文所指出，在当时的技术条件下，除非清廷取消分区行盐制度，否则无法将盐区边界线刚好划在盐价平衡线上。这一前提，才是分区行盐制度之下清代盐政局部纠纷与冲突一直存在的根本原因。

制度的路径依赖与维护两淮盐区盐课

　　清中期两淮盐区与周边盐区发生在边界地区的冲突，从主要由

1　参见杨久谊《清代盐专卖制之特点——一个制度面的剖析》,《"中央研究院"近代史研究所集刊》第 47 期，2005 年，第 9~13 页。

边界局部地区希望将自己划到考成宽松的盐区或者核减盐引额度，转化为由于盐区界邻地区食盐差价大而造成大量走私，引起朝中大臣和乾隆皇帝试图重划盐区。与此同时，冲突与纠纷的逻辑开始发生变化，冲突的主要动力从官员迫于考成压力而抗争，以维护自己的行政收益，演变为维护两淮盐区的盐课和盐商报效。这一逻辑的形成，大体从雍正末乾隆初开始。

　　进入乾隆年间，地方文献中关于盐务考成给官员们造成重大压力的记载开始明显减少，到嘉庆初年的王柏龄案，考成效能下降更为明显。嘉庆五年闰四月户部参处一批盐务官员，其中有穿山、长山场（在今浙江）大使王柏龄，其欠课三分以上，按例降五级。嘉庆朱批："依议。其因经征盐课未完三分以上、议以降五级调用之王柏龄，着该督抚出具考语，送部引见，再降谕旨。"[1] 当年五月，两浙盐政延丰上题本，内容曲折，行文冗长，最后的关键是建议"将穿长场大使王柏龄仍留原任"。[2] 嘉庆谕准，王柏龄的职位保住了。嘉庆与王柏龄的故事，或许只是一个特例，但是这实际上反映了进入清中叶，吏治情况在变差，考成效能在下降，皇帝都毫不避讳朱笔留下为考成不能通过的官员说情的言论，难怪乾隆以后官员们的盐务考成记录就越来越少了。

　　官员考成压力变小后，如何维持两淮盐区的边界，抵御邻区食盐越界进入两淮盐区，转而成为各种文献记载的重点。众所周知，两淮盐区是全国盐课收入最高的地区，向来为清廷所最重视。但康熙后期，盐课经常积欠，康熙四十四年（1705）积欠不下 120 万两，

1　布颜达：《题为遵旨查议浙省穿山长山场大使王柏龄未完嘉庆二年盐课复参事》（嘉庆五年闰四月二十日），户科题本，02-01-04-18263-010。

2　延丰：《题为浙省穿山长山场大使王柏龄等员续完盐课银两请开复事》（嘉庆五年七月初四日），户科题本，02-01-04-18263-027。

到康熙四十五年，积欠不少于 115 万两，积欠数几乎占两淮盐课年额 190 余万两的 60%。[1] 直至康熙四十九年才清结。但旧欠刚清，新欠又现。曹寅认为盐课积欠源于"私盐充斥，以致官盐有碍，成本有亏"，[2] 王振忠则认为康熙后期两淮盐政积弊的主要原因在于玄烨南巡。[3] 雍正继位后，开始将问题的主要原因定位在"上下各官需索商人"和"商人用度奢靡"，[4] 因此大力整顿两淮盐政，清理贪污，处罚官员，但盐课仍积欠 156 万两。[5] 到雍正十二年（1734），他终于将问题归结为邻近盐区私盐浸灌。他说"两淮行盐地方，江西、河南有浙私、芦私之侵越，而湖广之川私、粤私为害更甚"，"今年江广口岸盐壅价减，急难销售，皆由邻私充斥之所致"。因此，颁布谕旨，"晓谕湖广等省督抚等"，"务使川、粤、浙、芦之私不敢越界横行（至两淮盐区）"。[6]

次年雍正十三年，管理两淮盐政高斌上奏朝廷，认为"邻省借官行私之弊宜除"，指出"销引官店，自应开设城厢市镇人烟稠密地方，以便本境人民买食"，但是"今浙、闽、川、粤及长芦之商乃于淮盐接界、地僻人稀之处，广开盐店，或五六座、十余座至数十余座不等，多积盐斤，暗引枭徒，勾通兴贩"。他认为这明摆着"是私枭借官盐（《两淮盐法志》作'官店'——引者注）为囤户，盐店以枭棍作生涯"，因此希望雍正皇帝"敕部定议，行令河南、浙、闽、川、粤各该督抚，通饬地方官，接壤处所开设盐店逐一严查，其有应留一二店以备本地民食者，酌量存留，详报该管上司核

1　光绪《两淮盐法志》卷 95《商课上》，《续修四库全书》第 844 册，第 27 页。
2　光绪《两淮盐法志》卷 139《恤商上》，《续修四库全书》第 845 册，第 7 页。
3　王振忠：《康熙南巡与两淮盐务》，《盐业史研究》1995 年第 4 期。
4　光绪《两淮盐法志》卷 1《制诏一》，《续修四库全书》第 842 册，第 5 页。
5　光绪《两淮盐法志》卷 139《恤商上》，《续修四库全书》第 845 册，第 10 页。
6　光绪《两淮盐法志》卷 1《制诏一》，《续修四库全书》第 842 册，第 15~16 页。

实。其余盐店悉令撤回，于城市开张"。[1]

高斌上奏后，雍正帝去世。乾隆元年（1736）二月，户部提出初步意见，称："至所称接界盐店移置城市之处，查浙、闽、川、粤及长芦等处销引官店，开设已久，在城在乡，各有地方口岸，原属因地制宜。一旦令其移设于城市之内，则向之分设各地方者，会聚一处，未免纷扰，且恐乡民无知，只图私盐价贱，不肯远赴城市，而奸宄之徒借此更易于行私，转致引壅课绌，亦未可定。应令各该管盐督抚，详加酌定具题，到日再议。"[2]户部否定高斌奏折的倾向性非常明显。结果，经过层层查核、上报，两广总督鄂弥达、广东巡抚杨永斌、广西巡抚金锹、浙闽总督郝玉麟、浙江巡抚程元章、长芦盐政三保等纷纷具题，各自将本盐区与淮盐界邻之各州县所报材料转呈至户部，除说明部分州县并未与淮界相接之实情外，又称其余州县则或未在淮界附近开设盐店，或虽开设官店，但属"因地制宜"，不便改设。[3]因此，户部最后否定了高斌的建议，并得到乾隆的谕准，维持了当时淮盐盐区边界盐店设置的状况。

其间，与两淮利益相关的一批地方官，以两江总督赵弘恩为首，会同江苏巡抚高其倬、安徽巡抚赵国麟、江西巡抚于承祖以及高斌再次上疏，主动降低雍正十三年的期望，提出让接近淮界十里的邻盐盐店，移撤本境人烟稠密地方，并要求"淮盐口岸接壤商店，卖盐俱应给予官票为凭"。[4]但户部仍维持其二月份的意见，张

1　张廷玉、海望：《题为遵议两广总督鄂弥达等员敬陈盐政要务题请酌定盐店设置等事》（乾隆元年二月十五日），户科题本，02-01-04-12849-014。

2　张廷玉、海望：《题为遵议两广总督鄂弥达等员敬陈盐政要务题请酌定盐店设置等事》（乾隆元年二月十五日），户科题本，02-01-04-12849-014。

3　张廷玉、海望：《题为遵议两广总督鄂弥达等员敬陈盐政要务题请酌定盐店设置等事》（乾隆元年二月十五日），户科题本，02-01-04-12849-014。

4　张廷玉、海望：《题为遵议两江总督赵弘恩等酌定淮盐接界地方移设盐店整肃盐政事》（乾隆元年三月初九日），户科题本，02-01-04-12850-009。

廷玉奏称："各处接壤盐店，俱应照旧开设，毋庸搬移。今若以接壤十里以内多余盐店，令其撤移于人烟稠密地方，未免复滋纷扰。"[1] 乾隆朱批"依议"，将高斌之奏否决。乾隆皇帝甚至为了保证盐区边界地区以及其他私盐流通地区的食盐供应，另有一旨，规定"行盐地方，大伙私贩自宜严加缉究，其贫穷老少男妇负四十斤以下者，不许禁捕"。[2] 所以，乾隆和大部分与盐务相关的官员一样，都在努力维持盐区边界。实际上，这恰恰是与两淮盐区交界的各盐区和两淮盐区当时的共同目标。

　　是年八月，虽然大学士朱轼终于跳出盐政边界冲突细节，直接质疑分区行盐制度，但结果同样无疾而终。为何边界冲突地区盐店设置难于改动，分区行盐制度也无法从根本上被废止呢？乾隆二年户部尚书张廷玉、甘肃巡抚德沛等一批地方和中央大员的讨论，[3]给出了基本答案。

　　当时官员们的普遍观点是，"各省行盐纲地，……其中有舍近销远未能概从民便者，实限于地势使然，如镇江府属距淮甚近而例销浙盐而不销淮盐，盖镇属为浙盐之门户，不得不舍淮而就浙。从前立法原有深虑，故历久循行，莫之改易"。[4] 也就是说，整个朝廷上上下下，几乎都存在明显的路径依赖，并不认为"历久循行"的分区行盐制度有什么问题，即使运行过程中出现未能"概从民便"的现象，也不是分区行盐制度的问题，而是分区行盐之后，一些地理

1　张廷玉、海望：《题为遵议两江总督赵弘恩等酌定淮盐接界地方移设盐店整肃盐政事》（乾隆元年三月初九日），户科题本，02-01-04-12850-009。

2　光绪《两淮盐法志》卷1《制诏一》，《续修四库全书》第842册，第17页。

3　张廷玉等《题为遵旨议奏事》（乾隆二年六月十三日）、甘肃巡抚德沛《题为遵旨议奏事》（乾隆二年七月二十四日）等一批档案。

4　尹会一：《题为遵旨密议将汝宁府属上蔡西平遂平三县盐价酌减易于售销请旨事》（乾隆二年十二月二十一日），户科题本，02-01-04-12953-023。

上的盐区门户必须继续维持而造成的小问题。这样的小问题，并不影响整体的食盐贸易体系，根本无须改变制度。而更为重要的是，各盐区包括两淮盐区的长官们，也不认为分区行盐制度有何不妥。他们代表性的理由是："淮数百万引课，楚省约居其半。道州、巴东等属……若议改食川、粤盐斤，未免淮盐地界失其藩篱，巨舸连樯，建瓴直下，纲地日渐侵削，将见邻私充斥，官引不能畅销，……此又如唇之护其齿，而未可轻言割弃者也。"[1] 各地基本均持此论。

比如关于河南上蔡，两淮盐政尹会一具题，称："上蔡等县不仅为淮北销盐纲地，更为南北两淮紧要藩篱，一旦去淮改芦，如居室而毁其墙垣，捍卫全无，邻私更易侵越，而淮纲地并受其患。纲废则盐壅，盐壅则商滞。两淮岁输正杂钱粮三百余万，保无贻误之虞？！"得批复"上蔡等十四州县改食芦盐之处，应毋庸置议"，[2] 维持原边界。

又如上述湖南道州和湖北巴东，湖广总督史贻直亦因同一理由"请嗣后湖北之巴东等四州县、湖南之道州等五州县引盐，仍照往例通销"，并提出根据乾隆旨意而设计的后备方案，即"如遇淮盐不能接济，仍遵零星食盐免其缉捕恩旨，听从民便交易零盐，以资日食"。最终户部密议上奏乾隆曰"应如所奏，悉照旧例办理"，[3] 得到乾隆帝肯定。

可见，各方均认为，如果改划盐区边界，则引课最多的淮盐引地将失去地理屏障，大量的私盐将趁机而入，严重损害盐课收益，

1　史贻直：《奏报川粤交界地区食盐无碍准行仍循旧例事》（乾隆二年三月初八日），军机处录副奏折，03-0609-009。

2　尹会一：《题为遵旨密议将汝宁府属上蔡西平遂平三县盐价酌减易于售销请旨事》（乾隆二年十二月二十一日），户科题本，02-01-04-12953-023。

3　同治《两淮盐法志》卷首6《行盐疆界》，第15页。

所以不可轻言放弃那些淮盐价高的边界州县。由于各盐区的意见几乎都是维持分区行盐制度，所以，朱轼的建议，最终被束之高阁。

但是，否决了朱轼的提议，私盐问题并不能消除，随着乾隆"贫难老少盐"政策的推行，私盐在两淮盐区边界地区愈演愈烈。[1]乾隆五年（1740），江西巡抚岳濬抨击粤盐大量侵越到吉安府，称广东盐商"并不按额融销，该商竟将无引无程之盐假帑行私于赣属七邑，而七邑之中兴国一县即已抵其额引之数，七邑行销奚啻数倍"，[2]再次证明粤盐跨越盐区边界，走私到两淮盐区，在江西南部畅销。湖北情况则更典型，正如上文所指出，由于湖广食盐一体通销，偏远地区常常无盐可到，于是，乾隆五年，湖北巡抚崔纪因汉口盐价过高，在淮盐盐船迟到的情况下，"恐州县民多食淡"，饬安陆、德安、襄阳等与河南接壤三府"食邻盐"，[3]足见淮盐在周边地区销售不畅之情形。也就是说，其他盐区之食盐对两淮盐区偏远地区冲击很大。两淮盐政准泰对此有精辟分析，他指出行政区与行盐区不吻合，正所谓"鹾政非一省所辖地界，又非一府一邑所能专制，入此即彼，绝无畏惧"。[4]两省界邻地区，遂成为私盐流通的主要地方之一。

乾隆晚期，淮界周边的江西、湖南南部等地私盐流通日甚一日，封疆大吏与户部、皇帝之间关于盐政问题的公文来往陡然增

1　准泰：《奏为请定西省壅盐口岸之责成并筹运办法事》（乾隆九年二月初五日），宫中档朱批奏折，04-01-35-0449-002。

2　岳濬：《奏为粤私侵越吉郡请敕按引分销以杜私贩事》（乾隆五年九月二十六日），宫中档朱批奏折，04-01-35-0445-028。

3　班第：《奏报查明湖北巡抚崔纪饬谕各府议令暂食私盐事》（乾隆五年六月二十四日），宫中档朱批奏折，04-01-35-0445-010。

4　准泰：《奏为请定西省壅盐口岸之责成并筹运办法事》（乾隆九年二月初五日），宫中档朱批奏折，04-01-35-0449-002。

加。乾隆五十四年浦霖奏称："湖南界连以粤，水陆皆通，如衡州府属与彬〔郴〕、桂二州接壤，私贩多将粤东红盐载出耒阳河口及常宁县招源河口，至潜溪等处，煎成白色，另改小包，充作淮盐贩卖。"[1] 而江西的情况则更为严峻。广东、福建、浙江之私盐从东南、东北方向不断向江西境内的淮盐区渗透。乾隆五十四年，两江总督书麟奏称"江西省行销淮盐之建昌府属，与闽省之光泽县接壤，乃闽私之来源，饶州府与安省徽州府及本省之广信府接壤，乃浙私之来源"。[2] 因此，不得不开始筹划在两淮盐区各边界地区设置关隘巡丁堵缉私盐，这得到乾隆的支持。然而，不出所料的是，因为两淮盐区的界邻各盐区事实上支持走私食盐进入淮界，堵缉效果并不好。

更出乎意料的是，乾隆五十六年（1791）三月二十六日，弘历突然下谕旨，希望按市场导向重划盐区，云："各省行销官盐，分疆划界，各销各地，原以杜偷漏引课、越境贩私之弊，但必须酌核远近情形，便民间食盐，不致舍近求远，去贱就贵，方为妥善。……江西建昌连界闽省，该处私盐多从福建贩入，可见建昌一府虽例食淮盐，而距淮南二千余里，离闽省邵武、汀州等处不过二三百里，运盐程站较之淮南近至十倍，其盐价自必贵贱悬殊。欲百姓之舍近贱而食远贵，原非正道，即禁闽盐之不入江境，显属有名无实，不知从前定例时，何以不将邻闽府分就近行销耶？他如湖南之永顺、湖北之宜昌等府与川境毗连，该处私盐俱从四川运入。以此类推，各省多有。在盐政等各有额定引课，所谓出纳之吝，不肯通融办理，殊不知建昌与闽省相近，永顺宜昌等府与川省相近，何妨改食

1　福康安:《奏报遵旨查禁广东私贩红盐事》（乾隆五十四年九月初六日），宫中档朱批奏折，04-01-35-0474-036。

2　光绪《两淮盐法志》卷60《缉私二》,《续修四库全书》第843册，第12页。

川闽引盐，所有应征盐课即移在该二省输纳，如此一转移间，不特便于民食，即私贩亦无从影射获利，其弊自可不禁而止。即直隶、豫东、江、浙、闽、粤、山、陕、甘肃、云、贵等省，向定销盐地方有相离较远之处，或可改归就近省分均匀搭配，庶于民食国课两无妨碍。"[1]

四月二十六日，乾隆帝再降谕旨，派署江苏巡抚长麟与两淮盐政全德一起，"查明定例，因何不按远近，定立疆界，又行之已久，何近年方有此弊？"并希望"各省销盐地方，即可查明道路远近，仿照更定"。[2]次日，乾隆再下一旨，开始探究此前为何要推行分区行盐制度。他说："从前定例时，何以不就近分地行销，……以情理揆之，其故殊不可解。"[3]要求朝廷上下和封疆大吏广泛讨论。于是，清朝历史上，第二次大规模重划盐区的讨论正式开始。

五月初五日，两淮盐政全德首先呈上查明定例之奏，明确反对乾隆改划盐区的意见，云："查从前定地销盐，据盐法志所载，淮纲地自宋、元、明以来即与今行销地面大概相同。我朝定制，纲盐行销湖广、江西者共一百零五万余引，钱粮居两淮十分之七。从前有请将湖北之兴山等县改食川盐者，有请将湖南之永州府改食粤盐者，有请将江西建昌府改食闽盐者，有请将河南上蔡等县改食芦盐者，俱经户部及湖广、江西督抚议以两淮纲地在四通八达之区，处处与邻省接壤，前人定界时非不知运道有远近、卖价有贵贱，但所定之界，水路则有关津，陆路则有山隘，差可借以稽察遮拦，纵有私贩透漏，而界限已定，尚知顾忌，不致混淆。若舍此久定之界，听其就便行销，直至平原地面毫无阻隔，则邻

1　中国第一历史档案馆编《乾隆朝上谕档》第 16 册，第 221 页。
2　中国第一历史档案馆编《乾隆朝上谕档》第 16 册，第 255~256 页。
3　中国第一历史档案馆编《乾隆朝上谕档》第 16 册，第 264 页。

盐进一步又进一步，淮盐退一步又退一步，淮地日少，每年百万
正杂钱粮凭何办纳。"[1] 全德所奏，依旧聚焦于历史传统和盐区边界
的地理关隘之意义。

　　有意思的是，全德奏折还在路上，五月初九日，乾隆见过即
将赴任的江苏巡抚长麟后，再降谕旨，一改前几次的思路，声称如
果改划盐区边界，则"无知小民，惟利是图，只知得尺则尺，得寸
则寸。如建昌划归闽省，私贩即可越过建昌，沿及抚州。虽设卡巡
缉，亦恐不能拦截"，并要求"长麟、全德皆当仰体朕意，据实查
办，不必回护前旨"，明确表示出对此前两旨的否定。[2] 随后，全德
奏折抵京，乾隆帝称全德所奏各款"与朕昨降谕旨相同，果不出
朕之所计"，"所言甚是"，并说"从前酌定行销引盐运道，全借关
津山隘，得以稽察遮拦，若舍此久定之界，听其就便行销，则平原
地面，毫无阻隔，邻盐逐渐侵入，必致无所底止"。因此，他估计
"江西一省情形如此，则他省可知。看来该督抚等酌议到时，亦与
全德所奏大略相同，此事竟可不必更张，以悉仍其旧为是"，[3] 明确否
定了自己四月二十六日、二十七日的意见，决定维护两淮盐区的既
定地域范围。

　　而且，正如其所料，其他各省督抚之回奏陆续抵京后，观点
与全德之奏大略相同。乾隆五十六年五月十五日湖广总督毕沅、湖
北巡抚福宁、山西巡抚冯光熊复奏，提出湖北宜昌、湖南永顺等
地不应改食川盐、粤盐，主要理由有二。一是"若不将淮纲全局
通盘筹划，一经更改，则向有拒私之险隘均归川引之纲地，实如

1　全德：《奏报查明来定地销盐成案江西建昌府例食淮盐等事》（乾隆五十六年五
　　月初五日），宫中档朱批奏折，04-01-35-0476-002。
2　中国第一历史档案馆编《乾隆朝上谕档》第16册，第277页。
3　中国第一历史档案馆编《乾隆朝上谕档》第16册，第280页。

居室之毁其墙垣，全无捍卫。人情趋利若鹜，窃恐得寸进尺，势必侵越邻境，蔓延四散，防范愈难。……盖淮商并不争此纲地，而势有不能不争者，全恃此数处险隘以为敌私之地耳！"二是"况两湖行销淮盐十分之七，实为淮纲畅销口岸，每年税额一百六十五万六千余两，上关国计，下系商膏。考之向来之成法，核之现在之情形，如改食川盐，实有扞格难行之处"。[1]乾隆朱批"所奏是"而允准。

乾隆五十六年五月至八月，各地督抚的复奏陆续到达朝廷，除闽浙总督觉罗伍拉纳和福建巡抚浦霖上奏认为应将建昌改为福建盐区外，其余各省官员包括陕甘总督勒保、河南巡抚穆和蔺、贵州巡抚额勒春、两广总督福康安、四川总督鄂辉等均反对改变现有引地，[2]乾隆皇帝认可了这些封疆大吏之所奏，两淮引地得以保全。

至此，继乾隆二年（1737）后，乾隆皇帝认为"不待智者而后知"的盐区重新划定之事终告完结。总结一下这次大讨论，可以发现，大臣们提出来，最终让乾隆不得不放弃重划盐区计划的理由，大概可以归结为以下两点。第一，制度历史久远，不可轻易变更，

1　毕沅、福宁、冯光熊：《奏为遵旨确商湖广定地销盐成案通融买食川粤余盐事》（乾隆五十六年五月十五日），宫中档朱批奏折，04-01-35-0476-004。

2　勒保：《奏报查明甘省盐务悉照旧定章程毋庸另筹调剂事》（乾隆五十六年六月初五日），宫中档朱批奏折，04-01-35-0476-009；穆和蔺：《奏为豫省行销长芦等处引盐请毋庸更改事》（乾隆五十六年六月十二日），宫中档朱批奏折，04-01-35-0476-010；额勒春：《奏报黔省食盐情形事》（乾隆五十六年八月初四日），宫中档朱批奏折，04-01-35-0476-025；鄂辉：《奏报查明川省盐务情形事》（乾隆五十六年六月十六日），宫中档朱批奏折，04-01-35-0476-012；伍拉纳、浦霖：《奏报查核建昌府属行销淮盐应改闽商办运事》（乾隆五十六年五月十六日），宫中档朱批奏折，04-01-35-0476-005；福康安：《奏报粤盐行销各省埠地实在情形事》（乾隆五十六年七月初五日），军机处录副奏折，03-0624-050。

即全德所称"从前定地销盐，据盐法志所载，淮纲地自宋、元、明以来即与今行销地面大概相同"。第二，原来的盐区分界地区有地理关隘可守，一旦放弃此界，则"邻盐进一步又进一步，淮盐退一步又退一步，淮地日少，每年百万正杂钱粮凭何办纳"。可见，乾隆朝两次改划盐区失败，公开的理由均基于两个：一是制度的路径依赖；二是淮盐区盐课额高，需要保全。

这些理由看上去仍然有些表面化，那么最真实的理由是什么呢？现存史料已难于悬揣。但乾隆皇帝的一段话，似乎提供了重要线索。他认为，这有以下几种可能。

一是"或系历任盐政以额引均有定课，拨出一府，即少一府盐课，所谓出纳之吝，未肯通融筹办"。显然，乾隆皇帝认为清代盐课额的分配，使各盐区均不愿意将自己的辖地划给其他盐区。但是，乾隆又认为，这种行为其实是"不知减淮商一府之课，增闽省一府之课，于国课原无损也"，所以他觉得这不是问题。不过，实际上，这正是问题之一。毕竟从乾隆的角度来看，这于国课无损，但从有盐政责任的地方官员和盐政官员的角度来看，由于地理边界的丢失，自己的盐课征收将受到明显损害。

二是"抑或该处私盐充斥，查缉不易，即使以建昌划归闽省，而私贩越过建昌，仍可随地阑入，延及他府。则改拨之法，亦属无益，是以不必更张"。这就是各盐区要求固守原有疆界最经常使用的理由。本书所引用的诸多文献，强调最多的就是这一点。所谓"淮盐门户""两淮藩篱"，斯之谓也。官员们往往强调前人所制定的盐区疆界定例，不是没有考虑过盐区间的价格差异，而是将盐界设在了地理位置合适的地方，这些地方正好是防止邻区私盐侵灌的最佳处所。因此，盐区边界不能改划。

三是"再或因该商等定地行销，各有窝本，久已置同产业，不肯拨归邻省，商人致捐资本，是以宁可捐资添卡添兵，以防私盐偷漏"。[1]乾隆皇帝认为盐政官员和盐商都不愿意改划盐区，这样既可保证各自盐课征收，防止私盐更大规模进入，也可保证盐窝的安全。

显然，这三条理由，都是站在两淮盐区的角度来分析的。但有意思的是，不管是两淮盐区还是其他盐区的封疆大吏们，几乎众口一词持相同观点。这说明，到乾隆时期，两淮盐区及其盐课征收，已经成为清廷盐务的重点问题。清人有云："盐课居天下财赋四之一，两淮最巨。"[2]据陈锋的统计，康熙三年两淮盐课176万两，占全国盐课的64.5%；乾隆八年两淮盐课256万两，占全国盐课的46.2%，[3]占比很高，而且正如上文所示，乾隆朝两淮盐商的捐输报效，数额亦很大，所以全国其他盐区确实不大容易挑战两淮盐区的地位。从这一角度出发，维护两淮盐区的边界及其盐课收入，也很符合清廷盐课收入的最大化追求倾向。

而更重要的是，以这样的形式捍卫两淮盐区的利益，实际也"保护"了其他盐区在盐区边界地区向两淮走私食盐的可能性，所以同样符合各盐区的实际利益。也就是说，维持两淮盐区与各盐区的边界，既符合两淮盐区，也符合与两淮利益有冲突的周边盐区各行政和盐政官员的行政收益之需要。因此，局部地区食盐的市场调节机制再次让位于政府财政、更大范围的市场导向以及传统政治之需要，背离市场导向的盐区边界地区之冲突，在方方面面的行政收

1　中国第一历史档案馆编《乾隆朝上谕档》第 16 册，第 264 页。

2　孙鼎臣：《论盐上》，光绪《两淮盐法志》卷 153《艺文一》，《续修四库全书》第 845 册，第 25 页。

3　陈锋：《清代盐政与盐税》第 2 版，第 219、222 页。

益考量和制度路径依赖的左右之下，得以维持。两淮引地再一次得以保全，两淮盐区的地域范围依旧，淮盐引地周边地区的邻盐侵灌现象依旧。

区域行政收益考量与盐区间的直接对立

两淮盐区地域范围保全以后，一个保护两淮食盐贸易体系的配套制度终于诞生。乾隆六十年（1795），在历经约60年的迁延后，清廷终于出台了清代盐法中著名的"两淮定例"，规定"将切近楚境二三十里之盐店，移撤三十里之外"，[1]即与两淮界邻的其他盐区的盐店，必须设在离淮盐区边界三十里之外。至此，高斌在雍正末年提出的建议，此时终于成了朝廷的盐法事例。至此，似乎两淮盐区与其他盐区之间的纠葛终于可以告一段落了。确实，"两淮定例"出台后，淮盐盐区边界地区的纠纷与冲突停息了十几年。但随着乾隆朝的终结，淮盐长期的畅销期结束，冲突再现，并且更为严重。这一轮新的冲突，涉事各方均不再对清廷盐法制度及其具体实施规则进行挑战，而是从行政收益考量出发，将既定规则作为依据，努力攻击对方在执行规则上的种种问题，以维护本盐区的食盐销售和盐课收入。因此，这一阶段各方的争执会更为直接，火药味会更浓。但总体来说，两淮盐区因为其在边界地区的市场劣势，应对起来颇为吃力。

乾隆末年军费开支大增，迫切需要增加财政收入，朝廷不断向盐商增加各种名目的摊派，盐商捐输报效渐成常态。盐政内部的"库款之浮糜""总商之剥削"亦加重了盐商负担，而淮盐销售价格

1　光绪《两淮盐法志》卷60《缉私二》，《续修四库全书》第843册，第23~24页。

增长速度赶不上负担增长速度。[1]在这种情况下，各盐区凭借与淮盐相比在界邻地区的盐价优势，以及淮盐区"一例通销"制度之下地方州县并不关注本地食盐销售状况等现实情况，不断向淮盐区倾销食盐，其结果是淮盐区的边界地区，销售的几乎都不是淮盐。康熙初年划入淮盐区的衡州府可算是一个典型。同治《衡阳县志》记载称："自道光以来，粤盐通行，虽官有淮引，典之通判，特以名而已。城乡数十万口，何莫非粤盐之所食，淮课之不登又亦久矣。"[2]当地市场上销售的都是粤盐。

　　邻盐的不断入侵，使盐商负担不断加重，终于导致从嘉庆朝开始，两淮盐引壅滞、盐课积欠现象愈发严重。嘉庆二十四年（1819）湖广、江西积引25万，占应销引目105万的近1/4。道光二年（1822），两淮盐课积欠达4300余万两，到道光十年积欠更是高达6300万两之巨，几近清朝一年财政收入总额。[3]在这种形势下，两淮盐政官员压力陡增。因此，从嘉庆年间开始，他们高举讨伐大旗，借"两淮定例"，不断控告邻近盐区纵私入淮。盐区间的利益冲突直接浮上台面。

　　这一轮两淮盐区与周边盐区的冲突，虽然处处发生，但仍以淮粤边界最为典型。这与两广盐政嘉庆年间同样困难重重有关。根据《两广盐法志》记载，嘉庆八年，盐课积欠47000余两，嘉庆

1　韩燕仪的研究显示，从乾隆初期到乾隆后期，汉口市场食盐批发价大致增长了一倍多。上文显示，正课和内务府收入增加了大概也是一倍，但乾隆二十六年至嘉庆十年是盐商报效的高峰期，平均每年报效超过80万两，尤其是乾隆四十五年到乾隆五十七年间，几乎每年报效都在100万~400万两。参见韩燕仪《清前期两淮盐价的形成机制——以湖广、江西口岸为中心》；陈锋《清代盐政与盐税》第2版，第297页。

2　同治《衡阳县志》卷11《货殖》，同治刻本，第2~3页。

3　陈锋：《清代盐政与盐税》第2版，第318~319页。

十一年，积欠 181000 余两，到嘉庆十七年则积欠至 294000 余两，几乎占额定盐课 60 余万两的 50%。陈铨衡分析说，"递年果能征收足额否耶？潮桥仅能开报七成"，[1]省河"中柜各埠只认完引饷五成，……东柜引饷只认完五成，南柜饷额最轻，亦仅认完七成耳"，唯"北柜号称畅销，递年可融销别柜悬引"。[2]所谓北柜，乃省河盐务改埠归纲时发明的概念。乾隆五十四年省河改埠归纲，将省河一百五十四埠划为六柜，其中广东北部的乐昌等地与湖南南部、江西南部行销省河盐各埠均归入北柜。可见，当时粤盐畅销的地方，只有界邻淮盐的边界地区。

据两江总督孙玉庭等道光四年奏称，广东盐商因"近年粤盐滞销，专借西省之南安、赣县、信丰、会昌、兴国等埠为官盐畅销之地"。[3]孙玉庭所奏虽指赣南，其情形实与郴州、桂阳州相类。两广总督阮元说，嘉庆十年（1805），粤北乐（昌）、桂（阳）埠"历届奏销，年清年款"，[4]成为清中叶以后两广盐区唯一畅销且可融销别柜悬引的地区。两广盐区北部地区，全在南岭山脉中，山多人少，但这里却成了嘉道年间两广食盐最畅销的地区，可见孙玉庭等人的指责不是没有道理的。基本可以相信，正是当时两广盐区食盐亦遇到重大销售困难，向接壤的两淮盐区倾销食盐，才造成衡阳县那种本属两淮盐区却根本没有实际销售淮盐的局面。

不过，两广盐区向接壤的两淮盐区倾销食盐，其实有制度难题需要解决。它至少包括两个方面。

1　陈铨衡：《粤艖论》，《粤艖蠡测编》，光绪刻本，第 1 页。

2　陈铨衡：《六柜论》，《粤艖蠡测编》，第 29 页。

3　孙玉庭、毓岱：《奏为遵旨查明江西盐务情形会议杜弊缉私章程事》（道光四年闰七月十七日），宫中档朱批奏折，04-01-35-0502-053。

4　英国外交部档案 FO.931/0081，载刘志伟、陈玉环主编《叶名琛档案：两广总督衙门残牍》第 2 册，广东人民出版社，2012，第 19 页。

一是两广盐区实行严格的专商引岸制度，盐引额分配到具体州县，如果需要将大量食盐销售到湖南和江西的淮盐区，则粤北的粤盐区盐引额度需要灵活变通。这一点正如上文所述，两广盐区以非常巧妙的融销制度解决了困难。嘉庆年间阮元曾指出，融销就是易销之埠代难销之埠卖盐。有了这一灵活的办法，严格专商引岸制度之下，盐引额具体到州县的问题迎刃而解。北柜之外的盐，均可以运到北柜来行销了。[1]

二是盐色问题需要解决，淮盐为煮海之盐，熬制而成，色灰；粤盐为晒水之盐，晒制而成，色白。白色之盐销售到灰色之盐的地界，太过明目张胆。为此，嘉庆年间广东盐商在盐区北部地区发明了熬锅，称盐船北上遇水，盐包湿水，船舱积盐水，损失盐斤甚为可惜，须设熬锅将其熬制成盐再行发卖。[2]因此，粤盐亦有了合法的熬制成灰色食盐的途径，形态上与淮盐再无差异。

此二问题解决之后，粤盐滞销，专借江西省之南安、赣州府以及湖南省郴州府、桂阳直隶州等埠为官盐畅销之地，便有了操作性。正因为这样，两广盐区就可以大大方方地借北柜之畅销，以融销别柜悬引了。

这种情况，如果遇到淮盐畅销年份，两淮盐区大概亦可容忍，但如果两淮盐区自身压力大增，必然会努力反击粤盐区的做法。事实上，嘉庆二十年（1815）以后湖广行销的两淮盐引严重壅滞，道光十年（1830）后其盐课又拖欠严重，这两个时间段，都是淮盐区

1　广东食盐运销的融销、借销、代销、搭销等手法，极为灵活与复杂。参见郑建明《关于清中叶江西食盐销售的几个问题》，《盐业史研究》1998 年第 1 期。

2　嘉庆十二年盐商在粤北开设熬锅的方案，由两广总督吴熊光奏准，两广各埠"如将生盐熬熟，亦照耗折工本核实收价"，参见光绪《两广盐法志》卷 19《行盐疆界》，第 9 页。

与粤盐区不断发生冲突的关系紧张期。而中间的道光元年到七年，两淮实行散轮制，食盐销售形势好转，其对两广盐区的斗争亦有所放松。[1]

这场斗争从嘉庆二十年开始，除了道光元年至七年两淮盐区实行湖广和江西口岸散轮销售制度外，一直持续到道光十七年。主要围绕融销及其额度、粤盐熬锅数量、盐店离淮盐区边界距离等问题展开。

嘉庆十九年（1814）六月，湖南提督魁保面对淮盐销售困境，上"为川粤二盐越境，淮盐不能畅销之盐丁埠头通同舞弊缘由"之奏，要求处理一体通销制度之下地方盐丁舞弊纵放粤盐的问题。他建议加强巡缉，"把住衡（阳）、永（州）一带要口，四处淮引可望畅销"。[2]十一月初一日，湖广总督马慧裕与湖北巡抚张映汉、湖南巡抚广厚、两淮盐政阿克当阿四人联衔上奏，提出"仰恳圣恩敕下接壤两湖之川粤陕豫各督抚，嗣后凡邻近楚省边界之州县，止准行销额引，不准将别州县之引融销于邻楚边界州县"，[3]开始挑战邻近盐区的融销制度。显然，他们抓住了问题的要害，只要实行严格专商引岸制度的界邻盐区停止融销，这些盐区向淮盐区倾销食盐的盐源

1　散轮是相对于整轮而言的食盐销售体制，即纲商从扬州运盐到湖广集散口岸汉口和江西集散口岸南昌后，不论盐船到达先后顺序，随到随卖。而整轮法则是在盐船积压的情况下，让盐船按先后顺序排队"挨次轮售"。整轮法的目的，主要在于保价，即限制盐商之间的竞争，以保证盐价不会大幅下降，而散轮法则主要保证食盐在竞争上可以有较大销量。参见罗威廉《汉口：一个中国城市的商业和社会（1796~1889）》，江溶、鲁西奇译，彭雨新、鲁西奇校，中国人民大学出版社，2005，第127页。
2　魁保：《奏为川粤二盐越境致淮盐不能畅销请加税课不堵自禁事》（嘉庆十九年六月十八日），军机处录副奏折，03-1782-020。
3　马慧裕、张映汉、广厚、阿克当阿：《奏为复奏湖南各属与邻省行销额银情形事》（嘉庆十九年十一月初一日），军机处录副奏折，03-1782-042。

就会被掐断。但是，此议一出，各省一起反对，自然未能实行。但是，确定界邻盐区边界州县之引额，限制其融销，从此就成为两淮盐区的一个重要议题。

此时，发生了一个挺有意义的插曲。嘉庆二十三年四月，因为湖南衡、永、宝三府"虽存淮引之名，并无行销之实"，[1] 湖广总督庆保、湖北巡抚张映汉联名上奏，请求"仍照康熙六年旧例，将永、宝二府行销之盐仍行改淮归粤，令粤商照引纳课，以臻核实"，[2] 结果被嘉庆皇帝以"淮盐行销地界系百余年久定之例，近日楚省地方官不能实力缉私，以致邻盐浸灌，额引缺销，乃辄议将楚省四府淮盐引地改食邻盐，不知私盐充斥之区，全赖自固藩篱"之由痛斥，"并着交部议处"。[3] 继庆保等人所奏之后，御史唐鉴再次奏请将江西吉安和湖南永州、衡州、宝庆三府改行粤盐，为讬津等人以及嘉庆皇帝所驳斥。讬津等奏请："其衡州、吉安等府事同一律，未便轻议更张，该御史奏将淮引改为粤引之处，应毋庸议"。[4] 这两件事情，说明进入嘉庆朝，康熙朝可以实现、乾隆朝可以讨论的改划盐区边界事，已经成了禁区。而且从嘉庆皇帝的文字来看，其间的逻辑，仍然可以用路径依赖来解释。

从此以后，盐区之间冲突就不再重现改划边界一类讨论了。庆保、张映汉被嘉庆帝痛斥之后，面对粤盐的入侵，只能重回融销及

1　庆保、张映汉：《奏为堵缉邻私并陈楚省引地实在情形事》（嘉庆二十三年四月十八日），宫中档朱批奏折，04-01-35-0496-044。

2　庆保、张映汉：《奏为堵缉邻私并陈楚省引地实在情形事》（嘉庆二十三年四月十八日），宫中档朱批奏折，04-01-35-0496-044。

3　讬津等：《奏议驳御史唐鉴奏请将江西湖南等府改行粤盐事》（嘉庆二十三年五月二十五日），军机处录副奏折，03-1784-013。

4　讬津等：《奏议驳御史唐鉴奏请将江西湖南等府改行粤盐事》（嘉庆二十三年五月二十五日），军机处录副奏折，03-1784-013。

其额度问题，与广东周旋。嘉庆二十四年，他们咨会户部和两广总督阮元，就盐引额度提出了一个相当周全的方案，称"应请转饬孔文光所管（湖）南省地面桂阳、嘉禾、蓝山、临武、郴州、宜章、兴宁、永兴等八埠，及粤省地面仁化埠行销郴属之桂东、桂阳二埠及衡属酃县食盐，查明分销引数，循照定例，于淮界三十里外酌设子店，定以额数，由地方官取具子店姓名、年籍，查系何商所管、何埠补充，按名取具连环保结，粘加印结，造册赍道立案，仍由道设立循环印结，饬令该店将所发某地盐数挨次登填呈缴，各地方官按月赍道循环考核，并按半年委廉干可信之员密查一次，遇册内无名别店有大篓粤盐发卖者，即以囤私论"。[1] 湖广总督试图以自己行政管辖权渗入两广盐区的食盐贸易管理权，在确定湖南各埠粤盐行销额度的基础上，以湖南地方官来控制其具体的子店数量及销售数量。此方案若完全落实，则粤盐走私食盐入淮界之事可止。但是，他们没有预料到的问题有二：一是广东方面的反应，二是湖南地方官在粤私入淮问题上的反应。

面对湖广总督以行政权控制粤盐行销活动的咨文，两广总督阮元提出了明确反对意见。其核心有四点。

第一，粤北及湘南十一埠"引繁饷重，甲于通纲"，盐商经常无力支撑，更易频繁。盐商孔文光"积引六十余万包"，勉强"预垫完饷银四十余万两"，早已"告乏"资本。[2] 意思是广东想为粤北找一个稳定的盐商不容易，潜台词是不能给他们太多限制。

第二，基于第一点，固定每埠引额是不可行的，"融销各项历系

1　英国外交部档案 FO.931/0081，载刘志伟、陈玉环主编《叶名琛档案：两广总督衙门残牍》第 2 册，第 17 页。

2　英国外交部档案 FO.931/0081，载刘志伟、陈玉环主编《叶名琛档案：两广总督衙门残牍》第 2 册，第 19 页。

随时酌核，非如额引之一成不变，若先期预派数目，不特滞销，各埠销盐多寡靡常，并恐恃有融销，遇可以销售之时，亦不实力拆运。若即就现在旺滞情形，将各埠额引普行更定，勒令旺销之埠代认疲埠之引，则埠地旺滞变迁无定，断不能年年逐处改拨，转使案牍日繁，于公事毫无裨益。应请仍循康熙、雍正、乾隆年间旧章，毋庸更易"。[1]

第三，经查实，粤北及湘南各粤商盐店距淮界最近处亦在120里之遥，远在30里之外，符合两淮定例，且"百余年来相安无事"。[2]

第四，因此，淮粤双方应遵守"两淮定例"，恪守"恩旨"，"各守疆界，自固藩篱，毋轻改旧章，致滋流弊"，不实行太复杂、缺少可操作性的连环保结簿册造报。而且湖南南部十一州县之盐政，无须湘省过境进入粤盐引地查问。[3]

可见，两广盐区以足够多的理由，全面拒绝了湖广方面关于固定粤盐各埠引额，且不许各埠融销的建议，也断然拒绝了他们以地方行政管辖权来控制广东盐商经营权的主张。至此，两淮盐区关于广东北部粤盐引额、融销的各种方案，均暂无法实施。

到道光四年（1824）闰七月，淮粤之争相对缓和的时候，两江总督孙玉庭撤回了设在赣南粤盐引界内的缉私队伍。不过，他和毓岱再次上奏，要求限定粤盐在江西南部三府州的销售额度，云："粤盐行销南赣一带，例有额引，必得粤省将商运额数清厘，知照西省稽查，以别官私，毋任融销为词，任埠影射带私，充赚淮界。无如

1　阮元：《奏报江西南安等三属行销粤盐难以核定融销等项数目事》（道光元年五月初四日），宫中档朱批奏折，04-01-35-0500-011。

2　英国外交部档案 FO.931/0081，载刘志伟、陈玉环主编《叶名琛档案：两广总督衙门残牍》第2册，第20、24页。

3　英国外交部档案 FO.931/0081，载刘志伟、陈玉环主编《叶名琛档案：两广总督衙门残牍》第2册，第23~24页。

粤商惟图侵越多销，屡经臣孙玉庭与前抚臣咨查，总格而不行。应请旨敕下广东督臣，严饬运司遵办，各销各引，即因彼省纲滞，不能不有融销，亦应酌量引地可融若干，明定限制，以清来源。"[1]虽然措辞平缓，也同意两广盐区在赣南融销，但仍然要求定出一个融销额度。因为淮粤之争相对缓和，此事差不多一年后，到道光五年六月两广总督阮元才回奏道光皇帝，再次强调粤盐融销数目难以预定，[2]但已同意采取措施，要求粤盐各子店"领取招牌告示、张挂门口"，[3]以别私开，以限制子店私开熬锅。道光帝朱批"依议准行"。[4]融销及引额事遂基本终结。

围绕盐引配额及融销两个要点与两广盐区展开争夺，两淮方面频频失利。同时，他们遇到了更大问题，即湖南南部地方官被两广盐商设法勾结，利用当地一例通销、并无引额到埠的机会，帮助两广盐商大量贩运粤盐进入两淮盐区。[5]因此，两淮盐区以及湖广和江西的地方官退而求其次，转而质疑粤盐盐商的熬锅设置，希望以此来限制粤盐入境。

嘉庆二十年（1815），湖南郴州永兴县发生一起私盐案，讼内有人指证"广东乐昌埠商孔文光所管十一埠，九埠在湖南，两埠在广东地方，各有子埠，设有炉灶，熬盐销卖"。湖南地方官认为兹事体大，对案件备加重视，最后交由湖广总督马慧裕审理。马慧裕

---

1 孙玉庭、毓岱：《奏为遵旨查明江西盐务情形会议杜弊缉私章程事》（道光四年闰七月十七日），宫中档朱批奏折，04-01-35-0502-053。
2 参见阮元《奏报粤盐融销数目实难预定事》（道光五年六月二十日），宫中档朱批奏折，04-01-35-0503-051。
3 光绪《两广盐法志》卷18《行盐疆界》，第36页。
4 阮元：《奏报粤盐融销数目实难预定事》（道光五年六月二十日），宫中档朱批奏折，04-01-35-0503-051。
5 关于湖南地方官与两广盐商合作，让两广盐商走私食盐进入湖南的精彩故事，请参阅黄国信《市场如何形成：从清代食盐走私的经验事实出发》。

指出："粤盐色白，淮盐色黑，诚恐该商等煎熬粤盐等为名，任意多熬，掺和沙土，充作淮盐，越境售卖，不可不防其渐。"他还发现，孔文光所管各埠"每子店应设炉灶若干口，每口应熬盐若干斤，均无定数，易滋私熬充塞，滋生事端"。于是，马裕慧向广东地方和户部发送咨文，要求让"粤设定炉额，交地方官实力稽查"，户部获咨后，亦觉此事蹊跷，便"行令两广总督将如何酌定炉额之处，妥议报部"。[1]

到嘉庆二十三年，江西发现赣县有"枭贩设锅私煎，透越侵销"，[2]江西巡抚钱臻遂委派江西盐道胡稷与试用知县邱安棱，会同赣县知县刘臻理查办。经查明，赣县各地所设熬锅甚多。据钱臻奏称，"（赣县）攸镇地方共有煎盐蓬厂房屋十九处，设灶四百四十七座，小良地方有煎盐房屋六处，设灶一百七十三座，锡州地方有煎盐房屋八间，设灶七十四座，俱于该委员未到之前，先行拆除，私贩逃逸"。[3]赣县为粤盐引地，粤商在此地设置官盐子店与熬锅早有定例。[4]而钱臻等以当地地方官之势力，将所有粤盐锅灶均视为私贩私设，最终拆除这些灶屋，[5]并要求赣县知县刘臻理出具甘结，"嗣后

1　光绪《两广盐法志》卷18《行盐疆界》，第15页。

2　钱臻：《奏为审拟知县刘臻理失察私枭事》（嘉庆二十四年闰四月十六日），军机处录副奏折，03-1784-003。

3　钱臻：《奏为玩视盐务之县令请革职审办事》（嘉庆二十三年十一月十一日），宫中档朱批奏折，04-01-35-0497-022。

4　清代盐法"赣邑行销粤引，向奉广东运使饬知，准令子店设锅煎熬熟盐发卖，其熬锅视村庄大小，由埠商自行设立，并无额数"。详情见钱臻《奏为玩视盐务之县令请革职审办事》（嘉庆二十三年十一月十一日），宫中档朱批奏折，04-01-35-0497-022。

5　因粤盐设子店官锅为定例，疑屋灶皆为邱安棱等人所拆。所谓"于委员未到之前，先行拆除"，似乎不大可能。而在嘉庆二十四年闰四月十六日的奏折中，钱臻明确说道，邱安棱"会同该县查明攸镇有煎私蓬屋十九座……当将各蓬屋拆毁"。

认真稽查，不敢再任私设"熬盐蓬屋及熬锅，[1]严格控制江西地方官，对付粤盐北侵。

同时，据江西巡抚钱臻所称，嘉庆二十三年（1818）六月赣县再次发生煎盐事件。邱安棱再往缉拿煎盐之人，"将私灶十一座、蓬屋三间，又经拆毁"，胡稷因此认为刘臻理"于具结后复玩纵私枭"，遂要求将其查拿革职。钱臻参奏刘臻理，同时提出解决粤盐熬锅问题之方案，希望两广总督"核定粤盐应销额引之多寡，定锅灶之确数"。[2]由于钱臻此奏主要参奏刘臻理，故嘉庆皇帝朱批曰："刑部知道"，未对粤盐熬锅问题做出答复。于是，嘉庆二十五年三月十五日，钱臻再次上奏，要求核定粤盐熬锅之数，朱批"允行"，熬锅数目成为两广与两淮之争的又一重大主题。

面对两淮方面指责两广盐区在湖南南部和江西南部熬锅数量不定，两广盐区经由盐商、盐运使多重磋商，分别由蒋攸铦、阮元等两任两广总督多次复咨两淮及户部。虽措辞稍有变化，但总体逻辑基本一致。

他们的主要观点是："淮南熟盐场地，……以一昼夜为一火伏，得盐若干，即为额数。……（粤东）北江各埠，从前向无运熟，断不肯设灶煎熬，自甘亏本。偶因海船舱底之盐，扒扫称配，名为扫舱，埠中进出渗漏之盐，名为地砂，色黑难卖，连盐包烧灰，淋出卤水，以之熬出熟盐，在近村零卖，不过以民间煮饭之锅煎卤成盐，并无铁盘铁镶灶房火伏。况有卤则煎，无卤则止，非比淮盐之统年煎熬，定有额数。是以所煎之盐为数甚少，不及额盐百分之

1　钱臻：《奏为审拟知县刘臻理失察私枭事》（嘉庆二十四年闰四月十六日），军机处录副奏折，03-1784-003。

2　钱臻：《奏为审拟知县刘臻理失察私枭事》（嘉庆二十四年闰四月十六日），军机处录副奏折，03-1784-003。

一，此人所共知，实不能定以限制。"[1]并且"上年业经由司颁发告示，分给各煎仓门前张挂，并饬悬用引饷招牌，使官私一目了然，如无告示店牌，即系本地民人私锅，立时报明地方官拿究，已足严影射行私之弊，其官锅数目实无从逐一核定"。[2]

双方各执一词，似乎都有一定道理。但是，从旁观者的角度看，两淮盐区引多课重，自然应该维护，而且两广方面的说法，还是有些欲盖弥彰，有学者甚至明确指出：广东盐法的这些措施，实际上就是为向相邻盐区渗透粤盐而制定的。[3]但在蒋攸铦"彼省遇有私贩，而议此省商灶"[4]的诘难，和阮元"惟有钦遵历奉谕旨，各固藩篱，……以期在粤在淮，民食国课两有裨益"[5]的陈词之下，嘉庆和道光皇帝均同意维持现状。道光帝朱批云"实力查办，不可日久仍滋弊端"，[6]不再要求两广盐区核定熬锅数目。此后，虽然湖南方面还偶尔重提粤盐熬锅事，但始终未成功限制之。两江总督陶澍于道光十六年（1836）总结道，熬锅"酌定额数"，"迄无成议"，粤商始终"影射多熬，充赚淮引，在所不免"。[7]

淮粤之争几个回合下来，以阮元为代表的两广地方官处理与淮盐纠纷的行政技巧大有提高，他们非常熟练地使用"各守疆界、自

1　光绪《两广盐法志》卷 18《行盐疆界》，第 13~15 页。

2　阮元：《奏报江西南安等三属行销粤盐难以核定融销等项数目事》（道光元年五月初四日），宫中档朱批奏折，04-01-35-0500-011。

3　参见郑建明《关于清中叶江西食盐销售的几个问题》，《盐业史研究》1998 年第 1 期。

4　光绪《两广盐法志》卷 18《行盐疆界》，第 16~17 页。

5　阮元：《奏报江西南安等三属行销粤盐难以核定融销等项数目事》（道光元年五月初四日），宫中档朱批奏折，04-01-35-0500-011。

6　阮元：《奏报江西南安等三属行销粤盐难以核定融销等项数目事》（道光元年五月初四日），宫中档朱批奏折，04-01-35-0500-011。

7　陶澍：《会同两湖督抚筹议楚省觥务事宜折子》，《陶文毅公全集》卷 18，《续修四库全书》第 1503 册，第 91 页。

固藩篱"的说法，利用既有的盐区边界，在争执中占得上风。由于
"各守疆界、自固藩篱"的观念得到朝廷支持。到淮粤之争道光九年
重启后，"疆界""藩篱"即盐区边界就成了双方争端的重点。

　　道光八年，淮盐楚岸为保价恢复了整轮法。如前文所述，整轮
法是相对于散轮法的概念，指在盐船积压于汉口口岸的情况下，让
盐船按先后到达顺序排队"挨次轮售"。整轮法的目的是保盐价，
但容易造成食盐积滞于口岸。果不其然，道光九年，淮南滞销引50
余万，为额引的1/3强，道光十年两淮积欠课银达6300万两，[1]严重
的积引与欠课，引起道光帝的重视。他下旨专论两淮缉私问题，认
为"淮盐之累，总由引积。而疏引之法，首在缉私"，但"淮盐引
地""地方官或以事涉盐务，并不实力缉拿"，因此，他"着各该督
抚严饬所属文武员弁，认真巡查，遇有大伙私贩，立即严拿惩办"。[2]
在这种形势下，湖广方面再次将两广私盐渗入淮界问题提上议事
日程。

　　道光九年，已调任两江总督的蒋攸铦奏称，"粤盐移撤地方久未
勘丈定议，请饬该省委员会勘"，[3]道光帝遂发布谕旨，要求两广总督
李鸿宾派员会同江西相关道府官员，"秉公复勘，议定行盐地界，以
固藩篱，勿再延宕"。[4]道光帝要求"勘界"，接旨后，两广总督李鸿
宾委派广东南韶连道杨殿邦前往江西会勘攸镇地界。[5]攸镇位于章水、

1　陈锋：《清代盐政与盐税》第2版，第256~257页。
2　光绪《两淮盐法志》卷3《制诏三》，《续修四库全书》第842册，第27页。
3　吴式敏：《奏为淮盐受害之由尚有二弊请饬下两广江西各督抚严拿私开熬锅划清
　　界地事》（道光十年），军机处录副奏片，03-3179-031。
4　吴式敏：《奏为淮盐受害之由尚有二弊请饬下两广江西各督抚严拿私开熬锅划清
　　界地事》（道光十年），军机处录副奏片，03-3179-031。
5　实际上，嘉庆二十三年江西与广东两省曾勘丈赣县攸镇地界是否在淮界三十里
　　内，但双方就"弓尺之大小"和"丈量西岸还是东岸"发生争执，最后不欢而
　　散，并未得出结果。

赣江西岸，北接属于两淮引地的吉安府万安县界。顺流而下，片刻便进入淮盐地界。因此，淮方力图在此堵住粤私浸灌，故期望按两淮定例，将切近淮界三十里的粤盐盐店赶走。而对于两广境内销售困难的粤盐，此处确属扩大销售的最佳地点。双方对攸镇附近粤盐盐店均非常重视。

抵达赣州后，杨殿邦在勘丈起点以及里程标准上与江西官员发生纠纷。一方面，他要求专量道路崎岖、"不便径直施弓"的攸镇西岸，江西方面则认为"官塘大路均在东岸"，就算妥协一点，也应该"东西岸并量，如有一岸攸镇在淮界三十里以内，所有各子店及熬锅均应移撤"；另一方面，杨认定"二百四十弓为一里"，江西方面则认为"三百六十步为一里"，[1] 双方争执不休。最后杨殿邦与江西南赣道萨兴阿各自勘丈了攸镇与淮界的距离，但两人的勘查结果却大相径庭。

道光十二年（1831）两江总督陶澍拿到勘测结果，"西岸实距淮界三十六里一百一十五弓，东岸实距淮界二十二里二百弓"，陶澍立即让萨兴阿等"绘图注说，分别勒石钉界"，[2] 高兴地发咨文给两广总督李鸿宾，要求将攸镇附近粤盐盐店全部迁走。但是，杨殿邦据二百四十弓为一里，报告其所勘测结果，则是粤盐"攸镇子店坐落西岸，在淮界三十里外，未便轻议移撤"，[3] 拒绝迁移粤盐子店。于是，陶澍只好运用行政权力，命令赣州知府霍树清彻查赣县粤盐子店，果然发现除攸镇"有三泰等店二十九家，系属私开熬灶"。因此，霍树清向陶澍"请求"将其拆毁，陶澍当即令其率兵丁将三泰等 29 家盐店强行拆毁。

1　光绪《两淮盐法志》卷 44《引界》，《续修四库全书》第 843 册，第 3~4 页。

2　光绪《两广盐法志》卷 18《行盐疆界》，第 32 页。

3　光绪《两广盐法志》卷 18《行盐疆界》，第 37 页。

此事即为淮粤之争中著名的"陶澍砸盐店"事件。[1]陶澍将此事发咨文到户部，获准。李鸿宾再次反驳，认为"子店官锅应视销引滞畅随时增减，历有奏准成案。今三泰等二十九家实在五家官店引地之内，并非私贩，今被拆毁，必致粤省引课无从措办"。[2]双方争执不断，莫衷一是。这中间最精彩的故事，莫过于户部对双方关于里程标准的争执，给出的答复是"应咨两江总督会同两广总督将江粤弓数究竟照何省为准，并作何丈量之处，速即查明，秉公酌核"，[3]实在有点匪夷所思。

道光十三年后，陶澍与淮界周边浙盐区、川盐区的官员均发生过有关私盐问题的纷争。[4]据《两广盐法志》《两淮盐法志》以及相关档案史料，其与两广盐区划界的纷争暂时停止。直到道光十六年，陶澍才再次就粤盐问题上奏，并且将淮粤之争的几大问题归结为"官店裁留"、"熬锅核数"以及"赣关点包"三大问题：（1）"官店裁留"方面，经过诸多曲折，陶澍不得不放弃全面驱赶攸镇附近三十里内粤盐子店的要求，转为要求限制其官店数量；（2）"熬锅核数"方面，则强烈要求江西和湖南南部粤盐盐店熬锅数量必须限制；（3）"赣关点包"方面，则提出由赣南道点验粤盐照票，从源头上控制广东食盐抵赣的数量。

但是，两广总督邓廷桢基于历史和现实的原因，全面驳斥了陶澍已经不断退让的要求，甚至全面总结双方争议，奏称："臣复思两江督臣陶澍整顿淮纲，志在兴利除弊，初非故与粤省为难。第其在淮言淮，犹之臣在粤言粤。粤因革损益各有攸宜，实难彼此迁就，

1　光绪《两广盐法志》卷18《行盐疆界》，第38页。
2　光绪《两广盐法志》卷18《行盐疆界》，第38页。
3　光绪《两淮盐法志》卷44《引界》，《续修四库全书》第843册，第4页。
4　参见光绪《两淮盐法志》卷44《引界》，《续修四库全书》第843册，第7~14页。

如谓邻私侵灌，则粤与淮同，所当各守各界、各缉各私，严驻卡之巡查，惩得规之包庇，以期同疏课引，自卫藩篱，较为尽善。若不此之议，惟图变粤省百数十载之旧章，未见有益于淮，先已有损于粤，何异因噎废食，且欲废人之食，不至于人，已交病不止。臣受恩深重，公事公办，不敢立异，亦不敢苟同。否则国课攸关，成宪具在，各前督臣所兢兢守而弗失者，一旦由臣坏之，臣虽至愚，何肯出此？所以情难缄默，敢特陈于圣主之前者也。"[1] 道光皇帝览奏后，朱批"依议行"，同意邓氏之意见，维持两广盐法之旧章，否定了陶澍的建议。两广盐区再次在就淮盐问题的辩论上获得胜利。

此时，一方面，陶澍在淮北推行的票盐制初见成效，在淮南以裁减浮费为中心的盐务整顿亦大有斩获，两淮盐务渐有起色。据陶澍奏报，在淮北，"票盐……较原额溢运过半"；[2] 在淮南，与道光元年至道光十年十纲办课仅止五纲七分相比，大有起色。[3] 另一方面，邓廷桢的两个奏折确实在盐法与成案上下足了功夫，尽管明知粤盐不断向江西和湖南的淮盐区渗透，陶澍要想驳倒邓廷桢仍非易事。因此，自道光十七年十二月谕旨发布后，陶澍就基本停止了与两广的盐务纷争。至此，淮粤之争基本完结。

淮粤之争历时近二十年，纠纷涉及双方高层，史料记载相当充

1　光绪《两广盐法志》卷19《行盐疆界》，第6页，亦见于光绪《两淮盐法志》卷44《引界》，《续修四库全书》第843册，第22页。

2　陶澍：《淮北票盐试行有效请将湖运各畅岸推广办理酌定章程折子》，《陶文毅公全集》卷14，《续修四库全书》第1503册，第17页。

3　关于陶澍的两淮盐法改革，前人多有研究，请参见朱宗宙、张榘《清代道光年间两淮盐业中的改纲为票》，《扬州师院学报》1982年第3~4期合刊；刘隽《道光朝两淮废引改票始末》，《中国近代经济史研究集刊》第1卷第2期，1938年；陈锋《清代盐政与盐税》第2版；段超《陶澍与嘉道经世思想研究》，中国社会科学出版社，2001；佐伯富『清代塩政の研究』。当然，我们应该指出，陶澍自己奏报的数据并非完全可靠，但毕竟反映出在盐政的政治层面上，由于上引数字的存在，他可以暂缓与两广的纷争。

分，细节丰富，其间种种匪夷所思的事情不断发生，双方争夺的技术手段，在很大程度上，超出了普罗大众的想象力。但是，虽然淮粤之争发展得如此精彩纷呈，甚至令人目瞪口呆，其内在逻辑机制却相当简单。造成双方不断冲突，进而发明诸多斗争技术手段的根本原因，就在于双方对自己区域利益的行政收益考量。

在两个盐区都引壅课绌的背景下，两淮盐区和两广盐区为了完成自身的食盐销售任务，尤其是完成盐课征收任务，都力图通过与对方争吵和斗法来达到自己的目的。这一轮双方的斗争，基本不再涉及前两个阶段改变局部地区盐区归属的问题，而是围绕着盐区边界而展开。双方争夺的核心都在边界，两淮方面要护界，广东方面要破界。

为了努力将食盐销往淮界，广东方面发明了熬锅、融销等营销技术，还在边界勘丈时，故意在长度标准上制造混乱；而两淮方面为了抵制粤盐走私进入淮界，提出限制粤盐融销额度、熬锅数量，要求清理淮界三十里以内的粤盐盐店，甚至希望粤盐盐商在湖南和江西地方官处造册、造印结簿等。双方的种种技术手段都围绕着边界而展开。而在边界问题上，显然，由于地缘优势从而获得盐价优势，两广盐区占据主动地位。所以，两广盐区一直以"各守各界""自固藩篱"为口号，在"自固藩篱"的幌子之下，不停地向淮盐引地进行渗透。

而两淮方面则处于被动，正如陶澍所说，"粤商各守各界之说，历来执为谈柄。其实粤商力余于界，故名虽言界，而意不在界，转以守界为暗销之捷径。（江）西盐无界可守，故以守为界，而亦无处非界"。[1] 两淮盐区的无奈之处在于，虽然制度上有边界，却在邻

---

[1] 陶澍：《复两广卢制军书》，《陶文毅公全集》卷41，《续修四库全书》第1503册，第480~481页。

近盐区强大的价格优势压迫之下，根本守不住那条制度边界。

无论是两淮提出的要求，还是两广的回应，都是围绕盐区边界而展开，但攻方与守方的角色极其明显。而更为清楚的是，双方的争夺，目标均相当一致，即维护本区食盐销售能力，力争完成盐课征缴。

所以，近二十年的淮粤之争，虽然可以展开分析的角度很多，但在本书的议题上，它就是一场双方都出于维护己方区域利益而展开的基于行政收益考量的纠纷。在这一点上，道光帝曾经批评淮粤双方地方官"意存畛域"，陶澍也曾深刻地揭示两广盐区执"各固藩篱"为谈柄，其实不过是"意存畛域"，借盐区边界以扩张。其实，陶澍自己何尝又不是"意存畛域"，发咨文、毁盐店，不过是在维护两淮盐区的区域利益。这一维护实际正是在宏观上默认了清廷盐法的全部规则和既定盐区划分之后，运用行政手段来维护本区域利益，出发点集中于行为主体的行政收益考量。

清廷盐政的基本目的是获得盐课，以盐课课入最大化为追求，并在多种因素制约下，转变为盐课收入的最优化选择。但是，路径依赖导致其在盐课征收时采用了明代中叶以来的盐政规制措施，选择了特许专商、分区行盐制度，实行政府监控下盐商独立经营模式。而分区行盐制度，在各盐区盐产存在可替代性的前提下，理论上有将盐区边界划在相邻盐区的价格平衡线上的可能。

但是，传统时代，市场价格信息并不完备，要想将盐区边界划在相邻盐区价格平衡线上，并不具备现实的可能性。在这一前提下，清廷在路径依赖的制约下，几乎接受了明代的盐区划分。这一盐区边界的划定原则是，将其尽量划在有地理关隘、防范食盐走私相对方便的地方，以利查缉防范私盐。[1]其结果是，盐区边界与盐区间价格平衡线常常不相吻合。这导致盐区边界地区两个盐区的盐价出现差异，也就必然产生私盐，甚至私盐规模还可能与盐价差异成正比。

另一方面，清廷盐政有追求盐课课入最大化的倾向，设置了诸多利用并压迫官员努力督销食盐、征收盐课的制度规定，这些制度规定不仅体现在典章中，也体现在盐政的具体运作中。因此，盐区边界地区因为价格差异而频频发生的食盐走私，成为对官员行政收益成果的极大考验。其结果是，官员们或为了好的考成结果，或为了保证辖区内盐引销售任务和盐课征收任务的完成，或者为了地方经费收入的增加，不得不与对方盐区展开经常且规模不小的纠纷与冲突，从而构成了本章考察的对象。

本章的研究显示，从康熙到道光的近两百年里，盐区间的纠纷与冲突明显呈现三个不同阶段：地方官希望改划辖区盐区归属，以求取考成收益时期；朝廷考虑重新划定盐区甚至放弃分区行盐制度，各盐区地方官却努力维护盐区边界时期；改划盐区成为讨论禁区，各盐区均力图在制度细节上维护本盐区利益时期。三个时期的纷争，均存在一个共同特点：官员们的行政收益考量是纷争不断的直接动力。一旦本盐区的行政收益受到威胁，本区的盐政官员和（或）地方官员，就会采取行动，展开与对方盐区的对抗。

经验事实显示，康雍时期，盐务考成经常威胁到官员们的职级升降，而嘉道时期，各地的盐课积欠给了官员们重大压力。因此，围绕着行政收益考量，官员们展开了旷日持久的盐区间纷争与

1　当然，实际上不少地区的盐区边界也不一定完全遵循此原则，划到了与盐区间价格平衡线尽量接近的地方，比如两广盐区与两淮盐区的边界，就放弃了本来容易当作关隘的南岭山脉，而推进到湖南和江西南部丘陵甚至平原地区。

冲突。唯有乾隆年间，人口高速增长，各盐区的盐引督销和盐课征收情况相对较好，盐区间纷争有所减弱。但是，这一段时间，盐区边界地区的食盐贸易制度和逻辑与前后两期并无不同，食盐走私规模并不小，尤其因人口增长、市场扩大而满不在乎的乾隆皇帝，为了德政之声誉，不顾臣下的反对，禁止抓捕挑贩四十斤以下食盐的贫难老少，直接扩大了私盐规模，其结果是引起了自上而下的、挑战分区行盐制度的两次大讨论。正如上文所述，由于各盐区或出于路径依赖和行政收益考量，要求保留设在关隘地区的盐区边界，或出于方便继续向相邻盐区走私食盐，要求维持盐区边界旧貌，乾隆皇帝很快洞悉其间奥秘，主动结束了两次大讨论，维持了盐区边界，为嘉道年间的大冲突埋下了伏笔。所以，盐区之间的纠纷与冲突，其直接原因虽然包括路径依赖、维护两淮利益等因素，但一以贯之、于其中持续发挥作用的，则是官员们的行政收益考量。

因此，建立在盐区划分、盐引配额与市场需求总体吻合基础上的清廷盐政，却由于盐区边界线并不能恰如其分地设置在盐区间的食盐价格平衡线上，而使盐区之间在界邻地区不可避免地发生较大规模的食盐走私，造成某些官员考成失利而降职离职。这些问题正是清廷分地行盐、实行盐引配额规制的必然代价。这些走私顺理成章地被地方官员和盐政官员或用于解释本区食盐销售和盐课征收不达标，或用作扩大本区食盐销售的法宝，并据以攻击对方盐区，最终形成盐区之间在界邻地区旷日持久的争端。这些争端成为清代盐政中引人注目的现象，留下了连篇累牍的文献，直接被深受古典经济学理论影响的研究者拿来批评清廷盐政"不合理"和"反市场"。但本章的研究显示，这些冲突与纠纷是在清廷盐政总体存有市场导向的基础上，由官员们的行政收益考量所决定的局部矛盾，从宏观层面来分析，并不可以用"反市场"的结论来简单概括。

　　本章的研究还说明，规制经济措施，尤其是以生财为目的规制措施，常常因其对市场行为的限制，而制造出各种矛盾，生产出许多纠纷，影响其观感与形象。因此，从相信市场配置资源具有有效性的自由主义市场观出发，[1]问题的关键就转化为，规制措施对市场行为造成的影响，总体是正向的还是反向的。如果出于调控市场的目的，总体仍能维持市场逻辑，达到制度设计的目的，既生财，也维持市场的正常运作，则规制是成功的；如果规制导致同市场过于背离，导向计划经济，既不能实现生财目标，又要以民众生活不便为代价，则不具备可取性。中国传统经济史上，这两个方面的案例均举不胜举。如果有可能对此进行统计分析，对规制经济措施的评估将更加精确。本章的研究则显示，清廷的盐政规制，总体来说，有其可取性。

1　实际上，经验事实和经济学研究的进展均显示，完全由市场自由配置资源的经济形态并不存在，不完全竞争市场才是常态。但是，不完全竞争市场条件下，资源配置的主要动力仍然来自市场。

结　论

　　清廷安排复杂的制度体系，设置官员，特许专商，派出兵丁、巡役，对食盐的产、运、销进行全面规制，由此构成清代盐政的庞大系统。此系统的制度设计本已繁杂，运行过程中，各利益方又计谋迭出，让清代盐政如迷宫一般难于廓清，故清代盐史一直有"盐糊涂"之说。当然，这与历史学研究的总体趋向也有一定程度的关联。历史学向来或以具体事实的发覆为主要目标，或如传统史家以通鉴而资治于当政，常常缺乏两者之间中间层面的深入思考。殊不知，现代历史学虽以扎实的史实考证为基础，却已成为一门专门学问：一方面把资治的任务交给了政治学家，将历史学发展为有独立存在意义的现代学术；另一方面则在确立细节发覆为学科存在价值的基础上，力图在微观、中观、宏观三个层面厘清历史进程的逻辑、机制，换句通俗的话来说，就是历史学"不仅讲事实，也讲道理"。道理不明，往往陷入纷繁复杂的各种细节而不知路径所在。事实上，学术意义上的"盐糊涂"，很大程度上是讲事实而不讲道理的结果。因此，本书的目的，侧重于讲道理，讲历史中观层面的道理，讲清代盐政的基本道理，借用一个现代学术概念，就是基本原理，本书副标题中的"清代盐政基本原理"即源于此。本书认为，清代盐政基本原理主要可以归结为盐课收入最大化期望转化为课入最优化实践中的试错原则、交易成本与课入量动态协调的平衡原则、计划性与市场性相结合的折中原则、作为盐区边界纠纷动力的行政收益考量原则和使盐区难以改划更无法取消的路径依赖原则等五大原则。这些原则是清代盐政运作的内在逻辑和机制，是清代对食盐产、运、销诸环节实行规制和落实规制以及使规制必有代价的基本理由，而"规制生财"则简明扼要地揭示了清代盐政的基本目标、特点和性质。

规制生财：清代盐政的基本目标、特点与性质

要厘清清代盐政的基本原理，首先需要了解清代盐政的基本目标、特点及其性质。清廷盐政的基本目标就是盐课收入，也就是生财。为了生财，清廷实行了盐政规制，其框架则从明代盐法中继承发展而来。明代实行过三大重要盐法措施，即户口盐法、开中法和纲法。[1]清廷选择了其中相对而言成本与收益关系最优的纲法，沿袭特许专商、分地行盐制度，建立起完备的盐政规制体系。其主要特点有以下几点。（1）以政府监控之下的盐商独立经营为主要经营方

1　其他局部范围实行过的影响较小的措施如自由贸易等，不在三大盐法措施之列。

式。（2）为各盐区设置趋近市场容量的盐引销售额，使盐政得以运行在市场导向的基础价值之上。[1]（3）将征收盐课作为盐政运行的主要目标，通过对盐法制度及其实践的调整，实现了征课交易成本与盐课课入量之间的平衡，获取了其经营模式之下的最优盐课收入，保证了清廷常规的盐课收入和捐输报效收入，为清廷和皇室财政提供了充足的灵活性，从而保证了在滋生人丁永不加赋和摊丁入地之后，人口迅速增长、田赋总体额度不高且大体稳定的情形下，即使面临战争，清廷财政亦能维持正常运作。（4）基于路径依赖和供需关系的合理性，实行分区行盐制度，制造了盐区边界地区盐政与市场的局部脱节，引起官员们基于行政收益考量而展开大量引人注目的争论，这构成清代盐政最为人诟病的表征。总体来看，清廷盐政以国民收入的再分配（redistribution）为目标，[2]以市场容量和市场导向为基础，[3]以规制（regulate）为技术手段。盐课征收中的交易成本与课入量平衡的原则，成为盐政制度及实践的基本行为逻辑，构成

---

[1] 市场导向的基础价值，主要指清廷出于计划性的目的，却在盐政实践中事实上实现了盐引分配趋近市场容量，盐区边界调整符合市场逻辑，并且保证了盐商的资本运作和食盐经营，同样具有较强的市场性。参见黄国信《国家与市场：明清食盐贸易研究》，第319~321页。可惜目前关于盐商资本运作和经营贸易的研究成果，公开发表的尚不多，唯有期待其他学者近期将在本丛书中出版的新研究。

[2] 再分配是卡尔·波兰尼提出的概念，指传统时期全体成员将劳动成果集中在一个中心点，再由中心点重新分配的模式，他直接将传统中国经济体系归入再分配型经济中。参见卡尔·波兰尼《大转型：我们时代的政治与经济起源》，冯钢、刘阳译，浙江人民出版社，2007，第233页。在这里，笔者借用此概念，特指清廷盐政以盐课为目标，有再分配经济的性质，参见黄国信《国家与市场：明清食盐贸易研究》，第327~332页。

[3] 本书第四章已证明市场容量是清廷盐政运作的基本依据。事实上，当清廷选择盐商独立经营模式为其盐政运作的主要模式时，基本的市场导向即已在盐政中形成。盐商的进入与退出、盐区之间围绕盐价而引起的无数纠纷，无一不体现了市场导向。

清代盐政规制的准则；[1] 交易成本与课入量平衡原则实施中，试错原则成为信息技术手段局限条件下，盐政规制得以落地的基本方法；分区行盐中引入市场容量以分配食盐销售额，决定了市场逻辑成为清廷盐政运行的基础，成为清廷盐政规制中配额制度的基本依据。盐区边界地区的纷争所反映的官员行政收益考量，体现出清廷盐政运作规制的一种代价，并与市场逻辑共同构成了清廷盐政的规制市场性质。[2]

一言以蔽之，清廷盐政的基本特点就是规制生财，其目标在于获得盐课，即生财；盐政运作的基本法则则是规制。清廷实行了准入限制（含抵御私盐）、定价限制、数量限制、过程限制等四个方面的规制措施，基本成功实现了其生财目标。其实，关于规制食盐流通可以生财的道理，古人早就深深明白，因为古人早就理解了盐对生命的关键意义，《管子》一书已有"恶食无盐则肿"的说法，因此，古代君王常在"仁""爱"的口号下，宣称保障民食是朝廷实行盐政的根本目的，清代亦不例外。但是，显而易见，在政府没有设立食盐保障救济制度，也没有实行户口盐法的背景下，保障民众食盐供应的最佳办法就是食盐流通市场化，实际上，对食盐"一税过后，不问所之"，也是历朝历代不少有识之士的共同见解。然而，中国古代历史上的大部分王朝却背道而驰，选择了政府干预、管控

1　笔者此前提出的"官员个体的利益诉求是食盐贸易制度运行的基本逻辑之一"，实际上受这一基本行为逻辑的制约，参见黄国信《国家与市场：明清食盐贸易研究》，第 321~324 页。

2　规制市场，实际上是对市场管制的一种分析性表达，不适合当作市场性质来看待，因为在大部分经济实践中，市场都处于管制之中。在管制经济学的体系里，对市场进行规制与再分配市场也有较大差异。但在清代中国，由于入主中原的清王朝自带自由市场"光环"，规制市场与再分配市场得到融合，形成与规制经济学产生背景不一样的独特经济体系，这有必要向读者说明。

食盐的规制政策。他们为何选择这种政策呢？《管子·轻重篇》早已有明确的分析。其文称，齐桓公问管仲"吾欲守国财而毋税于天下"之策，管仲乃从"十口之家，十人食盐，百口之家，百人食盐"的思路出发，建议齐桓公对食盐进行专卖，寓盐课于专卖之中。管仲的逻辑是，"以万乘之国计之，每月每人籍三十钱，即可得钱三千万"，如此，则可达守国财而毋税于天下之良效。可见，对食盐的生产和流通加以管控，获取大量盐课，是管仲推行食盐专卖的基本出发点，这正是中国历史上大部分王朝推行食盐专卖或专营的根本原因。至于管仲所谓"恶食无盐则肿"，并不是要保障民食，而是说齐国食盐专卖，将盐输出到不产盐的梁、赵、宋、卫等国后，齐国便可用盐的供应来控制这些国家。实际上，不仅管仲，汉武帝以后，中国大部分王朝均以盐课为目标来实行食盐专营，也把盐当作战略物资以控制对手。

到清代，君臣们给出了同样的明确回答——"正赋之外，充军国之用，惟盐法、关税、钱法"，"盐课钱粮，关系军国急需"，"盐课为国计攸关"。[1] 其实，清代君臣不仅明确了汲取盐课是盐政的基本目标，康熙皇帝甚至还比较清楚地表达了盐政的目标是在保障民食的前提下，努力汲取更多的盐课。需要说明的是，"努力汲取更多的盐课"是本书"课入最大化"概念的全部含义，本书所谓"课入最大化"，在既有史料的情况下，无法数量化，也不能以公式计算。为了实现课入最大化目标，康熙要求通过设立相关机构、派出一批

1　夏骃：《鼓铸议》，贺长龄辑《皇朝经世文编》卷 53《户政二十八·钱币下》，《近代中国史料丛刊》初编第 731 册，第 1924 页；光绪《大清会典事例》卷 1028《都察院·巡盐》，《续修四库全书》第 812 册，第 321 页；曹一士：《请停商捐并申盐禁疏》，贺长龄辑《皇朝经世文编》卷 50《户政二十五·盐课下》，《近代中国史料丛刊》初编第 731 册，第 1806 页。

官员，来尽量保证盐法的流畅运行，"以裕国课"，即通过增加盐课来增加国家财政收入。正是在这样的目标之下，清王朝设立了上述四大类别的规制措施，通过控制食盐的生产和流通，并在食盐流通的起点对商人征收重课（实质是特许费），寓课于价，实现盐课征收目标。[1]

　　清廷的确基本实现了其盐课征收目标，本书用数据证明了清朝盐课的"高额"，是清廷基于成本与收益关系选择了相应的盐课征收模式和食盐产销模式之后，既能够保证盐法流畅运行，又可以尽可能多地征收到的盐课额度，这个额度是普通商品税率的大约5.94 倍。这是清廷在盐课最大化倾向追求目标之下，以当时实行的政府管控下的盐商独立经营模式，所能实现的盐课最优化的征收结果。细而言之，清廷为了追求盐课收益最大化，选择了成本相对较低、由政府监控的盐商独立经营模式。在此模式之下，清廷管控食盐的生产与流通，并对其课以高额场课和商课，实现了相当于其他商品税率5.94 倍的征收效率，大致获取了这一经营模式之下的最优课入，保证了清廷常规的盐课收入，并且还在清廷或皇帝有需要时，向盐商征收捐输报效和外支银，甚至发商生息，将皇室或政府经费当作资本，投资到盐商手中，以收取利息，从而大幅度提高整个与盐相关的收入额度，达到收取高额盐课以满足常规财政以及非常规的军需、灾害等紧急情况时财政供应的目的，促进了财政供应的充足和灵活性。对于清王朝而言，盐课收入是王朝的第二大财政来源，更是紧急状况下最佳的财源，意义非比寻常。

1　因为清廷实行盐课寓课于价的办法，所以清代的盐价虽然"随时涨落"，并非完全由市场供需关系决定，但也不是政府出于单一攫取利润目的的计划性价格，而是二者的混合体。这是清代盐政有别于计划经济的重要特征，也是清廷食盐市场属于"不完全竞争市场""规制市场"的重要表征。

可见，清廷盐政以生财即征收盐课为首要目标，并且通过规制手段基本实现了这一目标。所以，清代盐政可以被认为是建立在市场基础上的规制制度的集合。因此，清廷盐政管控之下的食盐市场，在一定程度上可以被称为"规制市场"。

试错原则：课入最大化期望转化为课入最优化实践

清廷为了实现生财的目标，对食盐的产、运、销进行规制，但在具体的规制过程中，清廷精算技术水平不足，很多时候需要用试错的办法，来测试规制措施是否适用及其效果。通过不断试错，清廷成功地将生财的目标，由课入最大化期望转化为课入最优化实践，实现了其盐政目的，即规制生财。因此，清廷盐政规制措施的出台及其调整，是有规律可循的实践行为。

在清代盐法的实际运行中，多次著名的盐法改革，都是政府不断提高盐课，导致盐商无利可图而逐渐退出市场，才不得不实行的制度调整。河东的课归地丁、淮北的票盐法、两广的改埠改纲，均是这一逻辑的结果。这表明，清廷在盐政的实际运行过程中，的确在努力征收最大额度的盐课。只是限于当时的技术条件，朝廷并不清楚盐课课额到何种规模，就会导致制度实施陷入困境，只能不断试错，不断提高盐课额，到盐政体系陷入困境即出错时，就以盐法改革来实现制度调整，维护最大化追求倾向的盐课征收。正是如此，清廷的盐课征收，虽然期望最大化，但结果一般只能是最优化。最大化倾向常常导致盐法运行陷入困境，只有最优化才能保证盐课的顺利征收与盐法的流畅运行二者并行不悖。

清廷通过不断试错，获取了普通商品税收大约 5.94 倍税率的"高额"盐课，但是，这并非清廷所能征收到的最大化盐课课额，而是在其所选盐课征收模式和食盐产销模式之下的最优化盐课课额。这个课额，既没有达到食盐消费者所能承受的极限，也没有达到六种可能的资源汲取模式的最高限度。到晚清，因为军需紧急，地方军事集团兴起，清廷改变盐课经营模式，转而实行政府监控下的官商共同经营模式，征收到了该模式允许的、较之于清前期倍增的课额。[1]

值得注意的是，盐课居于财政收入第二位，但清廷对其的追求，却明显有别于居于财政收入第一位的田赋。对于田赋，清王朝原则上奉行原额主义，并且早在康熙年间，就实行了"滋生人丁，永不加赋"这一在中国历史上具有里程碑意义的制度。但是，清王朝对盐课课额却一直在缓慢加征，到乾隆年间达到顶峰。即便嘉道年间有所下降，也应归因于其盐法伴随政治经济全面中衰而遇到了困难，而不是清王朝对盐课的追求发生转变。这更说明，由于技术水平所限，清廷只能通过不断试错，将课入最大化的期待转化成最优化的征收实践。可见，课入最大化是清廷对盐课的核心期待，试错是清廷盐课征收实践的根本原则，二者的结合，最终便落实为盐课课入的最优化实践。

平衡原则：交易成本与课入量的动态协调

既然清前期的盐课征收模式并没有达到极限，太平天国运动爆发后盐课大幅提高，那为何 1850 年以前，有盐课最大化追求的清王朝，没有继续提高盐课课入呢？这是清廷平衡交易成本与盐课课入量的结果。

---

1 参见韩燕仪《清代淮南盐的交易制度研究》。

　　盐课课入量与征课交易成本之间的平衡，是清廷盐课征收的基本原则，也是清代盐政基本原理的核心，它构成盐政规制制度与实践的基本行为逻辑，是盐政规制的准则，可以解释清代盐法及其运作中的大多数制度、政策及其调整。

　　清廷实行特许专商、分地行盐的食盐专营制度，对食盐的生产和贸易加以管控，其目的就是征收盐课。但是，学术界此前并未深究征收盐课的原则、机制等原理性的问题，也未对所谓高额盐课之额度做出统计及解释。本书的研究显示，清廷盐课征收了普通商品的 5.94 倍税率的课入。这一盐课征收率，并没有超出普通老百姓的负担能力。更重要的是，盐课并不直接征自老百姓，而是征自盐商。但如果盐课征收额不断提升，虽然不至于超出普通老百姓的消费能力，但是有可能会超出盐商的负担能力。一旦超出盐商的负担能力，则盐商会以退出经营的形式来反抗；如果盐商不断提价转嫁负担，则民众很大可能会以私盐来替代官盐，清廷将失去更多的盐课收入。所以，清廷的盐课征收上限，在政府监控下的盐商独立经营模式之下，受到了防范盐商负担过重等因素的制约。这些制约因素包括盐商负担能力、灶户负担能力、普通老百姓的食盐保障水平、官员能够承受的压力强度、私盐流通数量等，这些方面一旦失控，课入量反而会大幅下降。因此，清廷必须在这些因素与盐课课入量之间寻找到合适的平衡点。

　　清廷不断试错，动态平衡了包括盐商和灶户的负担能力与盐课征收水平、压迫及利用官员征课与盐课课入总额、保障民食与保证盐课课入能力、私盐流通量与盐课课入量等多组关系，实现了盐课课入量与征课交易成本之间的平衡，从而保证清廷盐政的基本目标——征收高额盐课得以实现。更重要的是，在这一基本原理的限制之下，清廷在动态平衡上述多组关系的时候，必然要不断调整从明代继承下来的盐法的细节，举凡盐务机构与官员设置，考成制度，盐法改革，盐引数量调整，盐课增减，盐价调节，盐区调整，缉私政策，保障民食的规定，盐商准入机制及其变化，盐课征收规定，生产和运销环节诸如火伏法、整轮散轮、掣验、盐引截角，集散中心和批发口岸的设置，总商与散商制度，以及私盐与官盐的融合问题，食盐流通的商业性以及盐商集团问题，盐引的期货以及金融性质问题，甚至盐课、报效、捐输的实现问题，盐政官员与地方官员之间的特殊关系问题，等等，还有其他更多的细部政策及其调整，均可以在这一原理之下得到解释。所以，虽然清廷未必自觉意识到，但事实上，盐课课入量与征课交易成本之间的动态平衡原则，构成了其盐政的基本行为逻辑，指导了清廷盐政的运作实践。它体现在盐政运作上，就表现为上述种种盐务细节，以及本书并没有具体涉及的更多细节。研究这些政策及其细节，尤其是如何将其置于一个体系内得到透彻且系统化的解释，一直困扰着盐史学界，成为"盐糊涂"的根本。现在，将盐课课入量与征课交易成本之间的动态平衡原则，以及由这一原则展开的多组平衡关系视为清代盐课的基本原则，就可以解决这些困扰盐史学界已久的问题。比如笔者早年研究广东盐区的"改埠归纲"改革，将其原因归结于两广总督孙士毅逃避欠课处罚，该结论虽无不妥，但明显未抓住问题关键——交易成本与课入量之间已经失衡，只有改革制度，重新实现二者平衡，才能挽救盐法。又如本书涉及的王作孚案，如果只注意细节，研究重点就会陷入县官与生员的关系纠纷，最多也只能揭示考成与盐务案的关系，而无法发现其要害在于政府为降低盐课征收的交易成本逼迫官员太过，盐课课入量与交易成本关系失衡。类似现象众多，今后研究如能对这一平衡原则多加掌握利用，相信重新分析这些现象并做出深入阐释的成果会大量增加。

值得注意的是，清代盐政的课入最大化原则实际受到平衡原则的支配。课入最大化的目标最终演变成课入最优化的结果，就是成本与收益动态平衡原则的实践成效。正是由于盐课征收不得不考虑征课交易成本与课入量的平衡，清廷并不能在实践中，真正实现课入最大化，因为课入最大化的交易成本很高，未必是最优选择。所以，清廷并未选择食盐配给制，以实现盐课收入的极限化征收。太平天国运动兴起后，清廷实行食盐运销的官商共营模式，征收到比清前期倍增的盐课，其成本显然大有提高，但一方面，该成本由地方军事集团而不是清廷财政承担，另一方面，在军需孔亟的情况下，人力成本与收益并不同等重要。所以，清前期的政治经济形势，决定了受成本收益平衡原则制约的清廷盐课，选择了当时条件下的最优化课入而不是极限化征收。

这说明，清廷对食盐流通的规制，在具体实施过程中，必须落实到平衡原则之下的各组关系及其之间的混合关系中，不同生财需要会迫使政府制定不同的规制措施，比如清前期盐课需要和太平天国时期盐课需要的不同，就会让政府选择不同的规制手段。但不论哪种条件和哪种生财目标，都受制于多组关系及其混合的平衡原则。在这个意义上，一方面，平衡原则是清代盐政的核心原理；另一方面，平衡原则及其落实，正是清廷规制措施得以落到实处的关键，所以规制措施对于清王朝来说，并非一个简单的口号，而是一套复杂的系统，这也是规制经济学需要重视的领域。

折中原则：计划性与市场性的结合

清廷实行设官分职、特许专商、分区行盐的盐政制度，对食盐的产、运、销加以规制，显然有悖于自由市场逻辑。在这一意义上，前人认为清廷盐政"不合理""反市场"，确有道理。显然，清廷盐政有较强烈的计划性。这种计划性既体现在食盐生产的"以销定产"原则上，也体现在按各盐区人口多少来分配食盐销售额的制度设计中。

但是，清廷盐政规制手段之一——盐引配额的这种逻辑，一定程度上，是清廷以计划性去配合市场供需关系而设计的一种有可行性的制度，是清廷盐政的计划性尊重市场导向的表现。更重要的是，清廷盐政在局部地区的盐区边界调整上，明显表现出市场导向性。

因此，可以确认，计划性与市场性结合的原则，构成了清代盐政运作的基本依据。正如上文所说，这一原则是清王朝主动选择的结果。明代的盐法遗产，既有户口盐法，又有开中法，还有纲法，清王朝继承了纲法的基本架构，既对食盐生产和贸易进行干预和管控，又利用市场的基础价值导向以及市场手段来实现食盐的产、运、销。所以，这一原则既利用了计划，又利用了市场，是一种在计划与市场之间折中的原则。

在这一原则的规定之下，清廷盐政承袭明代特许专商、分地行盐制度，实行政府监控之下的盐商独立经营模式。这就意味着，清廷如果希望征自盐商的盐课能够顺利入库，就必须保证盐商的市场经营行为能够成功，其盐货可以得到市场的认可。这决定了清代盐政不可能与市场完全脱节，这是其制度选择的必然。

以往，清代士大夫承袭历代士人观点提出的富有价值判断的看法，以及后来学术界对其所做的诸多分析，一般认为清代盐政特别是盐区的划分具有明显的"不合理性"，从而导致大量盐务纠纷，也导致某些地区的老百姓高价吃盐。总体而言，这样的认识不无道理。但是，本书通过对大量官方数据的统计分析，探讨清代各盐区间盐引分配与官方人口统计数之间的关系，发现清代各盐区的盐引分配，与本盐区的市场容量相吻合，并且各盐区之间的人均食盐分配额度有越来越接近的趋势。[1]这一趋势，说明清代盐政从宏观层面，而且是最根本的层面上看，尊重了市场逻辑。清代以特许专商、分区行盐为核心的盐政制度，虽然可以称作计划经济、命令经济或者再分配型经济，但各盐区的盐引分配事实上尊重了市场原则。并且，清廷在新开发地区设置盐区边界时，也照顾了市场导向。在此基础上，清代确定各盐区的盐产量与盐引配额，保证其适应相应区域的人口数量。[2]这说明，清代盐政在不得不注意盐产的地理分布的同时，又事实上实现了各盐区盐引额的一定程度的市场导向性，"以销定产"，"分区行盐"。

当然，有一定程度的市场导向性，并不意味着它已经具备现代市场经济的特性。传统的指令经济时代，或者说再分配经济时代，经济运行过程中存在市场运作和遵从市场逻辑的现象，这早已得到了社会学家的认可。[3]而且，满人入主中原以前，其政权性质已经具有商业色彩，[4]到乾隆时，更是在财政思想上转向经济自由主义。[5]所以，清代盐政在实质上既不等同于现代市场经济，也不能

1　黄凯凯的研究已经证明了清代盐引额的分配，从清初到雍正年间，经历了由原额主义到一定程度市场化的转变。本书的数据分析，证明这一趋势在乾隆年间继续存在。

2　参见佐伯富《清代盐政之研究》，顾南、顾学稼译，《盐业史研究》1993 年第 2 期，第 22 页。佐伯氏提供了宋代各区盐产量数字，从宋至清，地理条件和盐场布局变化不大，故这些数字可以帮助理解清代各盐区盐产量。再结合上文的清代各盐区人口数字，可以得出此结论。

3　参见约翰·希克斯《经济史理论》，厉以平译，商务印书馆，1999，第 21~22 页；卡尔·波兰尼《大转型：我们时代的政治与经济起源》，第 37~38 页。

4　参见刘巳齐《明清易代之际的皮岛贸易与东北亚》，李庆新主编《海洋史研究》第 14 辑，社会科学文献出版社，2020。

5　参见万志英《剑桥中国经济史（古代到 19 世纪）》，第 274 页。

简单混淆于指令经济，而应被认为是建立在市场自由主义以及政权商业性基础之上的独具特色的规制经济。[1] 清代盐政运作尊重市场原则，具有一定程度上的市场导向性，无论在理论上还是在清朝的统治实践上，都是合乎逻辑的。它正是墨子刻通过两淮盐业所揭示的清廷商业组织能力的前提，也是刘翠溶通过对盐价、官私盐关系分析所总结的清代食盐贸易属于"不完全竞争市场"的基础与前提，更是清廷盐政运行的基本依据，是清廷盐政基本原理的重要组成部分。

　　关于计划性与市场性在清廷盐政中实现结合，从而使清代盐政明确区分于在人类历史上较大范围和较长时间实行过的计划经济的内在逻辑，本书第四章做过分析。简言之，其最大差别有三：一是计划的目的，是服从于统治者的主观需要，还是统治者为了实现主观需要也要主动尊重市场供需关系；二是流通中的物品的价格，是服从于统治者的主观收益需求，还是将统治者收益的主观需要与市场供需关系结合；三是这些流通的物品是以调拨为主，还是以市场流通为主。显然，从这三点来分析，在资源配置的基本逻辑上，清廷盐政明显有别于计划经济。清廷盐政的目标的确是盐课收入最大化，但是在盐政实践中，清廷一方面努力将盐价控制在老百姓能承受的范围内，另一方面又将盐引配额与人口也就是市场需求量挂钩；其盐价也不完全是计划经济体系下的"剪刀差"性质的价格，而是在寓课于价之后，"随时涨落"，在一定程度上反映市场供需关系的价格。[2] 更重要的是，盐的流通主要是由盐商通过市场手段，而不是

1　与上文所称"规制市场"不指称一种市场性质一样，这里的规制经济同样不指称一种经济形态，只是强调经济体系被管控的特征。

2　参见韩燕仪《赋权型市场与清代淮盐价格管制的演进》。这是到目前为止，关于清代盐价最前沿的系统研究。

政府组织物资供应系统、以调拨手段来实现的，盐的消费也是市场化购买，而不是调拨配置、凭票证供应的。所以，清代盐政是计划和市场二者的结合，既具有指令性和计划性，也尊重了市场的基础导向价值，有市场导向性。

总而言之，清廷盐政是在计划性与市场性之间折中的结果。显然，如果实行纯计划性的盐政，即类似明初户口盐法的制度，清廷能够征收到的盐课，一定会比事实上征收到的盐课额度高，甚至可以高很多。而如果实行纯粹的市场化运营，则清廷的盐课收入会大为下降，但清廷会减少很多盐政事务而大幅降低交易成本。然而，清廷并未选择这两种模式，而是在计划性与市场性之间折中，利用政府管控、盐商经营的方式来营运盐政，实现计划性与市场性的结合，既减少盐政的运营成本，又得以征收在此模式下的最优盐课课入。这一折中原则，是清代盐政运作的基础，也是清代盐政的基本原理之一。

行政收益考量：盐区边界纠纷的动力

行政收益考量原则是清廷盐政实践过程中，在此起彼伏、连绵不断、引人注目的盐区边界纠纷中，各相关官员的盐政行为所体现出来的一个次生原则。与上述几个原则不同，它不是制度设计者宏观制定盐政时就引为基本原理的原则。清廷盐政的上述几个基本原则，保证了盐政基本框架的运行，但因为技术水平等限制，并不能保证盐区边界可以恰如其分地划在两个盐区食盐的价格平衡线上，这就必然导致盐区间食盐价格占优势的一方，有能力将本盐区食盐销往边界相邻的彼方区域，引起彼区域食盐销售、盐课征收困难，进而影响当地盐政相关官员的考成，影响其行政收益。但清廷明确将跨区销售的食盐列入私盐范畴，因此，被对方食盐侵销而考成受影响的一方，必然依据此规定，向盐价占优势的一方祭出咨会、奏报甚至武力干涉等办法，同侵销方展开斗争，形成长期延续不断的清廷盐政边界纠纷。所以，盐区边界在一定程度上脱离了两个盐区之间的食盐价格平衡线，背离了市场导向，从而直接影响了相关官员的行政收益，引起大量的盐区纠纷。可见，决定盐区纷争的主要动力，来自各盐区官员的行政收益考量。

　　基于两淮盐区地域范围最广、接壤盐区最多，且这些盐区均在交界地区占据盐价优势的情况，清代以两淮盐区边界为中心，连绵不断地发生着纠纷与冲突。这些纠纷与冲突，起因于清代盐法分区行盐，不许越界。但盐区边界地区两个盐区的食盐价格差异明显，盐商与民众越界行盐成为常态。这种越界行盐引起的盐务纠纷与冲突，是典型的背离市场导向的行为。朱轼之所以希望取消分区行盐制度，乾隆之所以试图重划盐区，皆渊源于此。显然，这里存在一个悖论：清廷盐政整体运作具有一定的市场导向性，而盐区边界地区的纷争则明显与市场导向悖反。这是为什么呢？实际上，这是整个清廷盐政运作在盐引配额总体有一定市场导向的情形下，在范围相对较小的局部地区所出现的不大重要却引人注目的非市场导向行为。它本质上起因于食盐专卖制度的分区行盐制度，但更直接的，却是起因于那个符合市场导向的盐引配额。正是那个符合"以销定产"原则也符合市场容量的各盐区盐引配额，导致盐区边界设在容易堵缉私盐的地理关隘，偏离了两个盐区之间盐价平衡线，引起相邻两盐区之间盐价差异，形成大量走私，进而引起纷争。朱轼注意到了分区行盐制度必然导致这一弊端，所以希望予以废止，乾隆帝也试图重新划定盐区边界，不过最终都宣告失败。为什么朱轼和乾隆帝都不成功呢？为什么这个区域性的非市场导向不能改变呢？这与清代盐政运作中行为主体的行政收益考量密切相关。

康雍年间，在湖南南部地区，发生过周学思叩阍案、朱朝荐去职案、袁继善查盐案；在江西南部地区，发生过改粤入淮案、兴国县数名知县因盐务去职案；在河南上蔡等地，同样发生过盐务纠纷案，而且，这些纠纷还只是众多纠纷中史料比较丰富的那些。有意思的是，所有这些案件，地方官无一例外地直接在相关呈文、题本等上行公文中，点明纠纷主要源于考成压力。交界地区盐价处于劣势的一方，地方官因为难于及时完成食盐督销任务而经常受罚。他们为了避免因盐课缺征而罚俸、降职乃至永无法升迁，只能力图改变边界地区的食盐贸易规定，从而与界邻的盐价优势盐区发生纠纷。显然，这些以满足考成为目标的纷争，本质上都是那些地方官员出于自身行政收益考量的一种选择。

清中期以后，盐法考成制度逐渐松弛，盐区纷争的主要原因，逐渐从考成转变到维护两淮盐区的利益上，包括两淮盐课征收、防范邻近盐区私盐以及保护盐商利益等。"两淮定例"的形成，既在制度上体现并且维持与保障了盐引与盐课的任务分配，以及财政收入的市场导向性和盐课课入追求，又使盐区边界无法调整，边界地区两个盐区的食盐价格差持续存在，盐区间的纷争必然继续。同时，这一时期，盐区边界地区的食盐贸易制度和逻辑与前后时期并无不同。因此，食盐走私规模并不小，尤其因人口增长、市场扩大而对盐政颇有信心的乾隆皇帝，为了德政之声誉，不顾臣下的反对，禁止抓捕挑贩四十斤以下食盐的贫难老少，直接扩大了私盐规模。其结果是引起了自上而下的、挑战分区行盐制度的两次大讨论。讨论甫起，各盐区或出于路径依赖和行政收益考量，要求保留设在关隘地区的盐区边界，或出于方便继续向相邻盐区走私食盐，要求维持盐区边界旧貌，乾隆皇帝迅速洞悉其中奥秘，遂主动结束了大讨论，维持了盐区边界，为嘉道年间的大冲突埋下了伏笔。

　　嘉庆、道光年间持续近二十年、两淮和两广两地的封疆大吏广泛卷入的"淮粤之争"，是盐区间利益纠纷与冲突的高潮。那时，两个盐区皆引壅课绌，为了完成食盐销售和盐课征收任务，双方在"两淮定例"的制度框架内，围绕盐区边界展开斗争。为了努力将食盐销往淮盐区，两广盐区发明了熬锅、融销等营销技术，并在边界勘丈时，故意在长度标准上制造混乱；而两淮盐区为了抵制粤盐走私进入淮界，则提出限制粤盐融销额度以及熬锅数量，要求清理淮界三十里以内的粤盐盐店，甚至粤盐盐商在湖南和江西地方官管理下造册造印结簿等主张。双方发明的斗争手段令人眼花缭乱，充分展现了传统中国官员的"行政智慧"。虽然如此，双方争夺的性质却相当一致，都是为了维护本区食盐销售能力，力争完成盐课征缴。显然，轰轰烈烈的淮粤之争，就是一场双方都出于行政收益考量而维护己方区域利益的纠纷。可见，无论是清初的考成，还是清中叶的维护盐区利益，以及淮粤之争，都是行政收益考量在起作用。

　　盐区纷争并非清代盐政的核心问题，它不过是清代盐政中形式激烈、史料记载丰富、在当时和今天均容易引人注目的问题，因此得到了学术界的高度关注，学者据此判断清廷盐政与市场导向背道而驰。但本书的研究已揭示，它不过是清廷盐政总体运行在市场容量基础上局部背离市场的现象。它起因于盐区边界设在山川形便之地，未能设在盐区间价格平衡线上；而它得以不断延续，动力则来自行为主体的行政收益考量。实际上，行为主体的行政收益考量不仅可以体现在盐区纷争上，也可以体现在上文所述的盐课征收问题上，所以，它也是清代盐政运作过程中展现出来的重要原则。

路径依赖：盐区难以改划与取消

　　制度的路径依赖也是清代盐政运作的原则之一。清代盐政不是简单的"清承明制"，而是清廷在盐课最大化追求之下，在明代户口盐法、开中法和纲法三种盐法中选择纲法之后，略做损益而推出的特许专商、分地行盐制度。相对于其他两种盐法，它比较容易实现盐课课入量与交易成本的平衡，从而获得更丰厚的课入，同时降低交易成本。制度的路径依赖，成为分区行盐制度得以在清代继续维持的重要原因。

　　分区行盐制度在唐宋时期基本定型，一直延续到清代，虽然其间有官员和士绅建议废止，但是在盐区边界的纠纷中，并无当地官员提出要取消分区行盐制度。当朱轼提出取消分区行盐制度时，户部尚书张廷玉以及河南巡抚尹会一、甘肃巡抚德沛等一批地方和中央大员都认为，"从前立法原有深虑，故历久循行，莫之改易"。当乾隆皇帝试图重新划定盐区时，官员们认为"淮纲地自宋、元、明以来即与今行销地面大概相同"。显然，制度路径依赖极为明显，主流意见不认为"历久循行"的分区行盐制度有重大问题，即使有问题，也是分区行盐之后，一些盐区门户必须维持，才导致这些地区盐价差异大，但这并不影响整体的食盐贸易体系。因此，制度无须改变，"利不及十不变法，害不及十不易制"，各盐区的意见基本是维持分区行盐制度。结果既保证了两淮盐区的地理范围和盐课征收，也保证了各盐区向两淮盐区继续走私食盐的可能性，进而保证了各盐区督销率和征课率等行政利益。即便各盐区人口数量变化、食盐消费量变动，清廷的应对办法，也是参考这些因素，以调整各盐区的盐引额度为主，而不是以调整盐区布局为主。可见，制度的路径依赖，终于和官员们的行政收益考量一起，维持了"两淮定例"以及两淮盐区边界的基本固定，保证了清代盐政夹杂着市场纷争而运作依旧。

显然，如果取消分区行盐制度，让食盐自由流通，官府仅在批发口岸、零售点以及运输要道设点征收盐税，清代食盐贸易的市场性自然会更显著，这似乎更符合清政权的商业性特点。但是，这样的制度设计，将把食盐等同于一般商品来课税，除非单独设置盐税管理机构，否则课入率也可能跌入普通商品税率范围，盐课收入将大幅度下降。上文已经证明，其下降幅度将超过80%，这显然不是清廷所能接受的。另外，正是因为在盐政制度设计上的路径依赖，清廷也许根本未考虑过放弃对食盐的管控而改设盐课管理机构于商道，来谋取高于普通商品的盐课。所以，制度的路径依赖，以及当时事实上不断上升的盐课课入，使清王朝的决策者在朱轼等人提出建议的情况下，还是尊重了清廷盐政的基本目标，尊重了食盐贸易实践中的盐务官员和地方官员的行政收益考量，维系了分区行盐制度。官员们的行政收益考量，推动了路径依赖的维持，盐课追求和路径依赖一起，最终战胜了制度变革的动力。"利不及十不变法，害不及十不易制"，就是对此的经典解释。

需要说明的是，本书所讨论的清代盐政基本原理，是一种大的趋势，它的核心是特许专商、分地行盐制度。但是，这一制度并非清代盐政的统一原则，不同盐区常因具体情况的不同而实施不同专营制度，比如有的盐区实行过食盐自由行销制度，而有的盐区则正好相反，实行过食盐官运官销制度。在北部边疆地区，清廷甚至没有在其内部划出明确的盐区边界，盐区之间区隔不明显。这说明，清代盐政的具体事实极为复杂，本书不可能对清代各地盐政纷繁复杂的经验事实展开细致而充分的描述，这显然也不是本书的目标。本书的目标，是探讨以特许专商、分地行盐制度为代表的清代盐政的基本原理，帮助读者认识清代盐政的主流趋势，为读者认识各盐区纷繁复杂的具体细节提供分析的方向性。

正是在这种方向性里，本书讨论了清代盐政的规制性质，将本来讨论市场经济条件下的规制经济理论，应用到非现代市场经济体系下的清代盐政研究上来。区别于规制经济学认为规制的目标在于改善市场失灵、提高效率，或者是个别利益集团求取收益，本书总结了清廷规制食盐流通的目标是获取高额盐课，即规制的基本目的是生财，认为清廷以准入限制（含抵御私盐）、定价限制、数量限制、过程限制等四个类别的规制办法来实现其生财目标，达到了较普通商品 5.94 倍税率的课入收益，规制措施在清代盐政中基本实现其目标。

在此基础上，本书通过分析清代盐政运行过程中多组关系的平衡，探讨了规制措施在传统中国再分配经济体系下的实现方式及其必须遵循的准则，其中重点讨论了以需求定供给的盐引配额制度，以及在此制度之下潜藏着的市场导向原则，然后分析了规制手段带来的盐区间局部地区违背市场导向，而必然产生盐区间纠纷的事实，揭示了以生财为目标的规制措施必有其代价。这说明，规制经济理论一旦与历史上的经验事实相结合，便有可能开拓出新问题、新领域，呈现出更强大分析价值的可能，同时也提示规制经济学中，在规制目的、规制代价以及规制分析方法的适用范围等方面的研究，还可以进一步加强。

征引文献

历史文献

中国第一历史档案馆馆藏宫中档朱批奏折、军机处录副奏折、北大移交题本、户科题本。

英国外交部档案，FO.931。

乾隆《大清一统志》，四库全书本，载史部 232~241。

乾隆《畿辅通志》，四库全书本，载史部 262~264。

乾隆《江南通志》，四库全书本，载史部 265~270。

乾隆《江西通志》，四库全书本，载史部 272~276。

雍正《湖广通志》，四库全书本，载史部 289~292。

雍正《河南通志》，四库全书本，载史部 293~296。

光绪《山西通志》，四库全书本，载史部 300~308。

雍正《陕西通志》，四库全书本，载史部 309~314。

雍正《四川通志》，四库全书本，载史部 315~316。

乾隆《大清会典》，四库全书本，载史部 377。

乾隆《续河南通志》，四库全书存目丛书本，载史部 220。

嘉庆《大清一统志》，续修四库全书本，载第 613~624 册。

光绪《江西通志》，续修四库全书本，载第 656~660 册。

光绪《湖南通志》，续修四库全书本，载第 661~668 册。

嘉庆《广西通志》，续修四库全书本，载第 677~680 册。

光绪《大清会典事例》，续修四库全书本，载第 798~814 册。

光绪《长芦盐法志》，续修四库全书本，载第 840 册。

光绪《重修两淮盐法志》，续修四库全书本，载第 842~845 册。

乾隆《鹤峰州志》，故宫珍本丛刊本，载第 135 册。

乾隆《来凤县志》，故宫珍本丛刊本，载第 143 册。

嘉庆《恩施县志》，故宫珍本丛刊本，载第 143 册。

嘉庆《重修扬州府志》，中国地方志集成本，载《江苏府县志辑》41。

同治《徐州府志》，中国地方志集成本，载《江苏府县志辑》61。

光绪《崇义县志》，中国地方志集成本，载《江西府县志辑》87。

康熙《郴州总志》，中国地方志集成本，载《湖南府县志辑》21。

嘉庆《安仁县志》，中国地方志集成本，载《湖南府县志辑》23。

同治《安仁县志》，中国地方志集成本，载《湖南府县志辑》23~24。

同治《常宁县志》，中国地方志集成本，载《湖南府县志辑》35。

乾隆《衡阳县志》，中国地方志集成本，载《湖南府县志辑》36。

同治《衡阳县志》，中国地方志集成本，载《湖南府县志辑》36。

光绪《衡山县志》，中国地方志集成本，载《湖南府县志辑》38~39。

同治《宜昌府志》，中国地方志集成本，载《湖北府县志辑》49。

光绪《归州志》，中国地方志集成本，载《湖北府县志辑》53。

光绪《兴山县志》，中国地方志集成本，载《湖北府县志辑》54。

乾隆《汀州府志》，中国地方志集成本，载《福建府县志辑》33。

光绪《吉安府志》，中国方志丛书本，第251号。

同治《清泉县志》，中国方志丛书本，第306号。

光绪《耒阳县志》，中国方志丛书本，第307号。

同治《鄮县志》，中国方志丛书本，第308号。

康熙《上犹县志》，中国方志丛书本，第740号。

道光《上犹县志》，中国方志丛书本，第741号。

乾隆《大庾县志》，中国方志丛书本，第745号。

康熙《南安府志》，中国方志丛书本，第808号。

康熙《南康县志》，中国方志丛书本，第821号。

乾隆《南康县志》，中国方志丛书本，第822号。

乾隆《建昌府志》，中国方志丛书本，第832号。

同治《建昌府志》，中国方志丛书本，第833号。

乾隆《徐州府志》，中国国家图书馆藏本。

康熙《汝宁府志》，中国国家图书馆藏本。

乾隆《光州志》，中国国家图书馆藏本。

王庆云:《石渠余记》，近代中国史料丛刊本，载初编第75册。

嘉庆《大清会典事例》，近代中国史料丛刊本，载三编第641~700册。

康熙《大清会典》，近代中国史料丛刊本，载三编第

711~730 册。

雍正《大清会典》，近代中国史料丛刊本，载三编第761~790 册。

雍正《两淮盐法志》,《稀见明清经济史料丛刊》本，载第一辑第 1~3 册。

乾隆《两淮盐法志》,《稀见明清经济史料丛刊》本，载第一辑第 4~9 册。

《两淮运司嘉庆十一年正杂盐课钱粮文册》,《稀见明清经济史料丛刊》本，载第一辑第 14 册。

《两淮运司嘉庆十八年淮南纲食正杂盐课钱粮文册》,《稀见明清经济史料丛刊》本，载第一辑第 14 册。

雍正《新修长芦盐法志》,《稀见明清经济史料丛刊》本，载第一辑第 20~21 册。

嘉庆《山东盐法志》,《稀见明清经济史料丛刊》本，载第一辑第 22~25 册。

道光《福建盐法志》,《稀见明清经济史料丛刊》本，载第一辑第 29~31 册。

光绪《增修河东盐法备览》,《稀见明清经济史料丛刊》本，载第一辑第 31~33 册。

乾隆《两广盐法志》,《稀见明清经济史料丛刊》本，载第一辑第 35~39 册。

道光《两广盐法志》,《稀见明清经济史料丛刊》本，载第一辑第 39~43 册。

康熙《安远县志》，康熙刻本。

康熙《赣县志》，康熙刻本。

康熙《赣州府志》，康熙刻本。

康熙《桂阳州志》，康熙刻本。

康熙《衡州府志》，康熙刻本。

康熙《潋水志林》，康熙刻本。

康熙《兴国县志》，康熙刻本。

康熙《宜章县志》，康熙刻本。

康熙《永州府志》，康熙刻本。

雍正《桂阳州志》，雍正刻本。

乾隆《潮州府志》，乾隆刻本。

乾隆《桂阳县志》，乾隆刻本。

乾隆《会昌县志》，乾隆刻本。

乾隆《清泉县志》，乾隆刻本。

乾隆《兴国县志》，乾隆刻本。

嘉庆《宜章县志》，《稀见中国地方志汇刊》，中国书店，1992。

嘉庆《直隶桂阳州志》，嘉庆刻本。

道光《宝庆府志》，道光刻本。

道光《衡山县志》，道光刻本。

道光《南雄直隶州志》，道光刻本。

道光《宁都直隶州志》，赣州地区志编纂委员会办公室重印本，1987。

道光《永州府志》，道光刻本。

同治《赣州府志》，同治刻本。

同治《桂东县志》，同治刻本。

同治《桂阳直隶州志》，同治刻本。

同治《连州志》，同治刻本。

同治《临武县志》，同治刻本。

同治《南安府志》，同治刻本。

同治《韶州府志》，同治刻本。

光绪《郴州乡土志》，光绪抄本。

民国《蓝山县图志》，民国刊本。

民国《连山县志》，民国刊本。

民国《仁化县志》，民国刊本。

民国《汝城县志》，民国刊本。

赵尔巽等：《清史稿》，中华书局，1977。

《皇朝政典类纂》，文海出版社，1982。

《清实录》，中华书局，1985。

刘锦藻：《清朝续文献通考》，商务印书馆，1936。

台北故宫博物院编印《宫中档康熙朝奏折》，1976。

台北故宫博物院编印《宫中档乾隆朝奏折》，1987。

台北故宫博物院编印《宫中档雍正朝奏折》，1979。

张伟仁主编《明清档案》，联经出版事业公司，1986。

中国第一历史档案馆编《乾隆朝上谕档》，档案出版社，1991。

陈子龙等选辑《明经世文编》，中华书局，1962。

贺长龄辑《皇朝经世文编》，文海出版社，1972。

陈铨衡：《粤嵯蠡测编》，光绪刻本。

顾祖禹：《读史方舆纪要》，上海书店出版社，1998。

郭棐：《粤大记》，中山大学出版社，1998。

《湖南省例成案》，嘉庆十八年湖南按察司衙门刻本。

李士桢：《抚粤政略》，《近代中国史料丛刊》本。

卢震：《说安堂集》，康熙刻本。

骆秉章：《骆文忠公奏议》，《近代中国史料丛刊》本。

容闳:《西学东渐记》,徐凤石、恽铁憔译,湖南人民出版社,1981。

陶澍:《陶文毅公全集》,续修四库全书本。

王锡祺辑《小方壶斋舆地丛钞》,光绪铅印本。

张亮基:《张大司马奏稿》,《近代中国史料丛刊》本。

方裕谨:《康熙年间关于盐务的御史奏章》,《历史档案》1985 年第 1 期。

曾灿:《六松堂尺牍》,豫章丛书本。

曾国藩:《曾文正公全集》,《近代中国史料丛刊》本。

中国人民政治协商会议陕西省大荔县委员会文史资料研究委员会编《大荔县文史资料》第 4 辑,大荔县政协文史资料委员会,1991。

研究论著

E.E. 里奇、C.H. 威尔逊主编《剑桥欧洲经济史》第 4 卷《16 世纪、17 世纪不断扩张的欧洲经济》,张锦冬等译,徐强校订,经济科学出版社,2003。

卜正民:《纵乐的困惑:明代的商业与文化》,方骏、王秀丽、罗天佑译,方骏校,三联书店,2004。

曹树基:《中国人口史(明时期)》,复旦大学出版社,2001。

陈沧来:《中国盐业》,商务印书馆,1929。

陈锋:《清代盐政与盐税》第 2 版,武汉大学出版社,2013。

陈然:《中国盐史论著目录索引(1911~1989)》,中国社会科学出版社,1990。

陈支平:《台湾文献与史实钩沉》,商务印书馆,2015。

戴裔煊：《宋代钞盐制度研究》，中华书局，1981。

段超：《陶澍与嘉道经世思想研究》，中国社会科学出版社，2001。

关文斌：《文明初曙：近代天津的盐商与社会》，天津人民出版社，1999。

郭正忠主编《中国盐业史（古代编）》，人民出版社，1997。

何炳棣：《明初以降人口及其相关问题，1368~1953》，葛剑雄译，三联书店，2000。

何炳棣：《中国古今土地数字的考释和评价》，中国社会科学出版社，1988。

何维凝：《太平天国时代中国盐政概观》，中央大学社会科学丛刊，1933。

黄国信：《国家与市场：明清食盐贸易研究》，中华书局，2019。

黄国信：《区与界：清代湘粤赣界邻地区食盐专卖研究》，三联书店，2006。

黄国信：《市场如何形成：从清代食盐走私的经验事实出发》，北京师范大学出版社，2018。

蒋宏达：《子母传沙：明清时期杭州湾南岸的盐场社会与地权格局》，上海社会科学院出版社，2021。

卡尔·波兰尼：《大转型：我们时代的政治与经济起源》，冯钢、刘阳译，浙江人民出版社，2007。

赖惠敏：《乾隆皇帝的荷包》，"中研院"近代史研究所专刊（98），2014。

理查德·邦尼主编《欧洲财政国家的兴起（1200~1815年）》，沈国华译，上海财经大学出版社，2016。

梁方仲编著《中国历代户口、田地、田赋统计》，上海人民出版社，1980。

刘志伟:《贡赋体制与市场：明清社会经济史论稿》，中华书局，2019。

罗威廉:《汉口：一个中国城市的商业和社会（1796~1889）》，江溶、鲁西奇译，彭雨新、鲁西奇校，中国人民大学出版社，2005。

罗威廉:《救世：陈宏谋与十八世纪中国的精英意识》，陈乃宜等译，中国人民大学出版社，2013。

罗玉东:《中国厘金史》，文海出版社，1983。

马伯煌主编《中国近代经济思想史》，上海人民出版社，2014。

倪玉平:《博弈与均衡：清代两淮盐政改革》，福建人民出版社，2006。

舒瑜:《微"盐"大义：云南诺邓盐业的历史人类学考察》，世界图书出版公司，2009。

寺田隆信:《山西商人研究》，张正明等译，山西人民出版社，1986。

田斌:《中国盐税与盐政》，江苏省印刷局，1929。

万志英:《剑桥中国经济史（古代到 19 世纪）》，崔传刚译，中国人民大学出版社，2018。

汪崇筼:《明清徽商经营淮盐考略》，巴蜀书社，2008。

王利器:《李士桢李煦父子年谱》，北京出版社，1983。

王振忠:《明清徽商与淮扬社会变迁》，三联书店，1996。

吴承明:《中国资本主义与国内市场》，中国社会科学出版社，1988。

吴海波、曾凡英:《中国盐业史学术研究一百年》，巴蜀书社，2010。

吴海波:《两淮私盐与地方社会（1736~1861）》，中华书局，

2018。

　　徐泓:《清代两淮盐场的研究》，嘉新水泥公司文化基金会，1972。

　　岩井茂树:《中国近代财政史研究》，付勇译，社会科学文献出版社，2011。

　　约翰·希克斯:《经济史理论》，厉以平译，商务印书馆，1999。

　　曾小萍:《州县官的银两：18 世纪中国的合理化财政改革》，董建中译，中国人民大学出版社，2005。

　　张小也:《清代私盐问题研究》，社会科学文献出版社，2001。

　　Madeleine Zelin, *The Merchants of Zigong: Industrial Entrepreneurship in Early Modern China,* New York: Columbia University Press, 2005.

　　吉田寅編『中国塩業史研究文献目録：1926 ～ 1988』立正大学東洋史学研究室、1989。

　　日野勉調査、成田与作閲『清国塩政考：附·日本塩専売法令』東亜同文館、1905。

　　佐伯富『清代塩政の研究』東洋史研究会、1956。

　　曹树基、袁一心:《清代前期的"禁派丁盐"与华北地区的人口数据》,《社会科学》2020 年第 8 期。

　　曹啸、计小青:《管制经济学的演进——从传统理论到比较制度分析》,《财经研究》2006 年第 10 期。

　　曹永宪:《康熙帝与徽商的遭遇——以歙县岑山渡程氏为中心》,《中国社会历史评论》第 11 卷，天津古籍出版社，2010。

　　陈锋:《近百年来清代盐政研究述评》,《汉学研究》2006 年第 2 期。

陈锋：《清代盐法考成述论——清代盐业管理研究之一》，《盐业史研究》1996 年第 1 期。

陈争平：《梁方仲对经济史统计工作的贡献——兼评经济史研究中的统计方法与计量经济学方法》，《清华大学学报》（哲学社会科学版）2011 年第 2 期。

陈支平：《清代江西粮食运销》，《江西社会科学》1983 年第 3 期。

段雪玉：《〈十排考〉——清末香山盐场社会的文化记忆与权力表达》，《盐业史研究》2010 年第 3 期。

段雪玉：《宋元以降华南盐场社会变迁初探——以香山盐场为例》，《中国社会经济史研究》2012 年第 1 期。

段雪玉：《乡豪、盐官与地方政治：〈庐江郡何氏家记〉所见元末明初的广东社会》，《盐业史研究》2010 年第 4 期。

方志远：《明清湘鄂赣地区的"淮界"与淮盐》，欧阳琛、方志远：《明清中央集权与地域经济》，中国社会科学出版社，2002。

方志远：《明清湘鄂赣地区食盐的输入与运销》，《中国社会经济史研究》2001 年第 4 期。

傅衣凌：《明代徽州商人》，《明清时代商人及商业资本·明代江南市民经济初探》，中华书局，2007。

高惠冰：《明清时期珠江三角洲与粤北经济地位嬗演的分析》，《十四世纪以来广东社会经济的发展》，广东高等教育出版社，1992。

韩燕仪：《清代乾隆前期湖广部定盐价制度中的政治博弈》，温春来主编《区域史研究》2020 年第 1 辑，社会科学文献出版社，2020。

黄国信：《从"川盐济楚"到"淮川分界"——中国近代盐政史的一个侧面》，《中山大学学报》（哲学社会科学版）2001 年第 2 期。

黄国信：《乾隆年间两广盐法改埠归纲考论》，《中国社会经济史研究》1997年第3期。

黄国信：《清代食盐贸易制度市场化倾向及其因缘》，《盐业史研究》2019年第3期。

黄国信：《清代食盐专卖制度的市场化倾向》，《史学月刊》2017年第4期。

黄国信：《清代私盐市场的形成——以嘉道年间湖南南部私盐贸易为例》，《河南大学学报》（社会科学版）2016年第4期。

黄国信：《清代盐政的市场化倾向——兼论数据史料的文本解读》，《中国经济史研究》2017年第4期。

黄国信：《盐法变革、商业繁荣与国家和市场的新型关系研究——基于明代财政体系演变的考察》，刘正刚、黄国信主编《海屋集：黄启臣教授八十华诞暨治史六十年纪念文集》，广东人民出版社，2017。

黄国信、刘巳齐：《交易成本与课入量：清代盐课基本原理研究（1644~1850）》，《学术研究》2021年第10期。

黄凯凯：《清代两淮盐商捐输新探》，《清史研究》2022年第2期。

黄志繁：《大庾岭商路·山区市场·边缘市场——清代赣南市场研究》，《南昌职业技术师范学院学报》2001年第1期。

加藤繁：《清代的盐法》，《中国经济史考证》，吴杰译，商务印书馆，1973。

李怀印：《中国是怎样成为现代国家的？——国家转型的宏观历史解读》，《开放时代》2017年第2期。

李晓龙、徐靖捷：《清代盐政的“节源开流”与盐场管理制度演变》，《清史研究》2019年第4期。

李晓龙：《承旧启新：洪武年间广东盐课提举司盐场制度的建

立》,《中国经济史研究》2016 年第 3 期。

李晓龙:《康乾时期东莞县"盐入粮丁"与州县盐政的运作》,《清史研究》2015 年第 3 期。

李晓龙、温春来:《中国盐史研究的理论视野和研究取向》,《史学理论研究》2013 年第 3 期。

林永匡:《清初的两广运司盐政》,《华南师范大学学报》1984 年第 4 期。

刘隽:《道光朝两淮废引改票始末》,《中国近代经济史研究集刊》第 1 卷第 2 期,1933 年。

刘隽:《咸丰以后两淮之票法》,《中国近代经济史研究集刊》第 2 卷第 1 期,1933 年。

刘巳齐:《明清易代之际的皮岛贸易与东北亚》,李庆新主编《海洋史研究》第 14 辑,社会科学文献出版社,2020。

鲁子健:《论"川盐济楚"》,《中国盐业史论丛》,中国社会科学出版社,1987。

鲁子健:《清代食盐专卖制度新探》,《中国经济史研究》1992 年第 4 期。

吕一群:《清末私盐对湖广市场的争夺与政府的缉剿》,《湖北大学学报》(哲学社会科学版)2006 年第 6 期。

倪玉平:《试论清朝嘉道时期的财政收支》,《江汉论坛》2018 年第 2 期。

其华:《新盐法》,盐政杂志社编《五中全会议决通过限期实施新盐法案及各方评论》,盐政杂志社,1935。

申斌:《清朝财政的三个传统》(未刊稿)。

藤井宏:《新安商人的研究》,傅衣凌、黄焕宗译,《江淮论坛》编辑部编《徽商研究论文集》,安徽人民出版社,1985。

汪崇筼:《明代徽州盐商述论》,《盐业史研究》2001 年第 1 期。

汪崇筼:《清嘉道时期两淮官盐的雍滞》,《盐业史研究》2002 年第 4 期。

汪士信:《乾隆时期徽商在两淮盐业经营中应得、实得利润流向试析》,《中国经济史研究》1989 年第 3 期。

王方中:《清代前期的盐法、盐商与盐业生产》,《清史论丛》第 4 辑,1983。

王思治、金成基:《清代前期两淮盐商的盛衰》,载陈然等编《中国盐业史论丛》,中国社会科学出版社,1987。

王小荷:《清代两广盐商及其特点》,《盐业史研究》第 1 辑,1986。

王振忠:《从民间文献看晚清的两淮盐政史———以歙县程桓生家族文献为中心》,《安徽大学学报》(哲学社会科学版) 2016 年第 4 期。

王振忠:《康熙南巡与两淮盐务》,《盐业史研究》1995 年第 4 期。

温春来:《事例原则：清代国家治理的一种模式》,《中国经济史研究》2021 年第 1 期。

吴滔:《海外之变体：明清时期崇明盐场兴废与区域发展》,《学术研究》2012 年第 5 期。

萧国亮:《论清代纲盐制度》,《历史研究》1988 年第 2 期。

萧国亮:《清代盐业制度论》,《盐业史研究》1989 年第 3、4 期。

徐泓:《盐与明清历史：研究史回顾》,《汉学研究》2006 年第 2 期。

徐靖捷:《嘉靖倭乱两淮盐场盐徒身份的演变》,《盐业史研究》2013 年第 1 期。

薛宗正:《清代前期的盐商》,《清史论丛》第 4 辑,1983。

延:《时评:改革盐政岂可再缓?》,《申报》1935年1月14日,第6版。

盐迷(景学钤):《四十年来盐务革命之总检讨》,《盐迷》专刊第1卷,盐政杂志社,1935。

杨久谊:《清代盐专卖之特点——一个制度面的剖析》,《"中央研究院"近代史研究所集刊》第47期,2005年3月。

叶锦花:《户籍赋役制度改革与盐场地区基层组织演变——以清前中期福建晋江浔美场、泗州场为例》,《学术研究》2017年第1期。

叶锦花:《户籍制度与赋役需求及其规避——明初泉州盐场地区多重户籍现象研究》,《清华大学学报》(哲学社会科学版)2016年第6期。

张泰苏:《对清代财政的理性主义解释:论其适用与局限》,《中国经济史研究》2021年第1期。

张锡龄:《先父季庭公与熊院长希龄先生》,载周秋光编《熊希龄:从国务总理到爱国慈善家》,岳麓书社,1996。

赵轶峰:《明清商业与帝制体系关系论纲》,北京大学中国考古学研究中心、北京大学震旦古代文明研究中心编《古代文明》第10卷第4期,上海古籍出版社,2016。

郑建明:《关于清中叶江西食盐销售的几个问题》,《盐业史研究》1998年第1期。

郑直明:《增加盐税之商榷》,《盐政丛刊二集·下》,盐政杂志社,1932。

朱宗宙、张棪:《清代道光年间两淮盐业中的改纲为票》,《扬州师院学报》1982年第3~4期合刊。

Michael A. Crew and Paul R. Kleindorfer, "Regulatory Economics: Twenty Years of Progress?" *Journal of Regulatory Economics*, Vol.21,

No.1(2002).

Nicola Di Cosmo（狄宇宙）, "The Manchu Conquest in World-Historical Perspective: A Note on Trade and Silver," *Journal of Central Eurasian Studies,* Vol.1(2009).

Ping-ti Ho（何炳棣）, "The Salt Merchants of Yang-Chou:A Study of Commercial Capitalism In Eighteenth-century China," *Harvard Journal of Asiatic Studies*, Vol.17, 1954, 中译本载《中国社会经济史研究》1999 年第 2 期。

Thomas A. Metzger（墨子刻）, "The Organizational Capabilities of the Ch'ing State in the Field of Commerce: The Liang-huai Salt Monopoly, 1740–1840," in W. E. Willmott, ed., *Economic Organization in Chinese Society*, Stanford University Press, 1972.

Ts'ui-jung Liu（刘翠溶）, "Features of Imperfect Competition of the Ming-Ch'ing Salt Market," in Yung-san Lee and Ts'ui-jung Liu, eds., *China's Market Economy in Transition*, Taipei: The Institute of Economics, Academia Sinica, 1990.

岩井茂樹「十六・十七世紀の中國邊境社會」小野和子編『明末清初の社会と文化』京都大学人文科学研究所、1996。

陈永升:《从纳粮开中到课归地丁——明初至清中叶河东的盐政与盐商》，中山大学博士学位论文，2002。

韩燕仪:《清代淮南盐的交易制度研究》，中山大学博士学位论文，2020。

韩燕仪:《清前期两淮盐价的形成机制——以湖广、江西口岸为中心》，中山大学硕士学位论文，2017。

韩燕仪:《赋权型市场与清代淮盐价格管制的演进》，中山大学博士后出站报告，2023。

　　黄国信:《清代广东私盐贸易》，中山大学硕士学位论文，1992。

　　黄凯凯:《"疏引裕课"：清代前中期的盐课征收与官盐营销》，中山大学博士学位论文，2018。

　　刘巳齐:《15~17 世纪东北亚区域贸易与后金（清）崛起》，中山大学博士学位论文，2021。

　　王军:《16~18 世纪英国特许公司研究》，东北师范大学博士学位论文，2011。

　　Yang Jeou Yi Aileen（杨久谊），The Muddle of Salt: The State and Merchants in the Late Imperial China, 1644–1911, Ph. D. Dissertation, Harvard University, 1996.

附　录　清代分盐区人口、盐引、盐课数据

凡　例

1. 本附录的所有表格，原则上采用官方原始数据。清廷处理盐务有一原则："令地方官查明户口，约计食盐配引。"地方官及朝廷掌握的户口数对盐政决策极重要。此户口数最系统的档案是《户部汇题各省民数谷数清册》，该清册 1950 年代严中平先生、1990 年代姜涛先生曾经寓目，施坚雅（G. William Skinner）曾得到部分晚清四川民数清册的缩微胶卷，惜今日笔者无由得见。故地方志缺载相关年份府、州、县人口数据时，本附录将利用相关学者重建的数据，或按人口增长率重建数据。当然，前提是不影响正文相应分析的趋势性结论。

2. 清代各盐区的地域范围多与省级行政区界不完全重合，盐区边界也偶有些小的变化。《大清会典》等清代官方典章制度以及分盐区的盐法志，在总结本盐区地域范围时，常有不精准之处。本附录尽量根据具体年份精确处理，故各盐区主要省份之外的府、州、县前，＋表示该府、州、县属于本盐区，其数据应予纳入，－表示该府、州、县不属于本盐区，其数据需要被扣减。

3. 清乾隆后期强化人口统计后，各地奏报（题报）的人口数经历了从"丁口"到"名口"或"口"的变化。但原则上，都已指具体的人口。故本附录各盐区人口统计，均以"人口数"名之，并以"人"为计量单位。

4. 因史料所限，各府、州、县人口统计数据无法统一到同一年份时，偶有利用相近年份数据的情况，但其人数占盐区总人数比例相对较低，不构成整个盐区趋势性分析的重大误差。

5. 盐引数为额引，非实际销售引目之合计；盐课数不含场课，不含非正课化的盈余银（或已注明），且均为课额，非实征。

6. 鉴于古籍影印出版版本甚多，除未标注页码及另有说明的情况外，本附录一律采用原刻本卷次和页码来标注。

7. 本附录各表格数据保留到个位，不载小数点后数字。

8. 本附录各表格凡重建数据或经过计算数据，均以 ※ 标明。

9. 盐务是清代财政、商利、贿进的重要资源，凡涉易获利之紧缺事项，清人聪明才智均得以充分呈现，故盐务中各盐区的盐引、盐课项，名色繁多，且时有变动。本附录难以容纳全部细节，仅载趋势性数据，舛误难免，敬祈指正。

附表 1　乾隆后期两淮盐区人口数

单位：人

地区		人口数	资料来源
江苏	全省	28807628	《清朝文献通考》卷 19，第 55b 页 [a]
	– 苏州府	3198489	同治《苏州府志》卷 13，第 8b~9a 页 [b]
	– 松江府	1585241[※]	嘉庆《松江府志》卷 28，第 12a 页 [c]
	– 常州府	3282139	乾隆《大清一统志》卷 60，第 7a 页 [d]
	– 镇江府	1770000	曹树基：《中国人口史》第 5 卷《清时期》，第 86 页 [e]
	– 太仓州	1595138	乾隆《大清一统志》卷 71，第 4b 页 [f]
	– 铜山县	492179[※]	乾隆《大清一统志》、同治《徐州府志》等 [g]
	– 萧县	203633[※]	乾隆《大清一统志》、同治《徐州府志》等 [g]
	– 砀山县	212853[※]	乾隆《大清一统志》、同治《徐州府志》等 [g]
	– 丰县	365039[※]	乾隆《大清一统志》、同治《徐州府志》等 [g]
	– 沛县	305210[※]	乾隆《大清一统志》、同治《徐州府志》等 [g]
安徽	全省	27566929	《清朝文献通考》卷 19，第 55b 页
	– 徽州府	2779064	乾隆《大清一统志》卷 78，第 6b 页 [h]
	– 广德州	261686	光绪《广德州志》卷 16，第 13a 页 [i]
	– 宿州	458992	光绪《宿州志》卷 6，第 1b 页 [j]
江西	全省	16848905	《清朝文献通考》卷 19，第 55b 页
	– 南安府	551932	光绪《江西通志》卷 47，第 34a 页 [k]
	– 赣州府	2041909	光绪《江西通志》卷 47，第 36a 页
	– 宁都州	819892	光绪《江西通志》卷 47，第 40a 页
	– 广信府	1066503	光绪《江西通志》卷 47，第 23b 页
湖北	全省	14815128	《清朝文献通考》卷 19，第 56a 页
	– 施南府	802285	乾隆《大清一统志》卷 274，第 5a 页 [l]
	– 鹤峰州	73928[※]	缺载 [m]
	– 长乐县	47752	光绪《长乐县志》卷 9，第 1b 页 [n]

续表

地区		人口数	资料来源
湖南	全省	14989777	《清朝文献通考》卷 19，第 56a 页
	– 郴州	577949	乾隆《大清一统志》卷 288，第 5b 页[o]
	– 桂阳州	479725	乾隆《大清一统志》卷 290，第 3b 页[p]
	– 酃县	97834	同治《酃县志》卷 7，第 1b 页[q]
河南	+ 汝宁府	1834018※	嘉庆《汝宁府志》卷 8，第 17a~18a 页[r]
	+ 光州	95917	乾隆《大清一统志》卷 276，第 5b 页
贵州[s]	+ 镇远	489000	曹树基:《中国人口史》第 5 卷《清时期》，第 264 页[t]
	+ 思州	106000	曹树基:《中国人口史》第 5 卷《清时期》，第 264 页
	+ 铜仁	101000	曹树基:《中国人口史》第 5 卷《清时期》，第 264 页
合计		81888930※[u]	

a. 此为乾隆四十一年数据。考虑到江宁布政司所辖区域到了嘉庆年间还存在只登记男丁的情况（参见姜涛《中国近代人口史》，浙江人民出版社，1993，第 58 页），曹树基的重建数据为 32436000 人（参见曹树基《中国人口史》第 5 卷《清时期》，复旦大学出版社，2001，第 88 页）。但《户部汇题各省民数谷数清册》（以下依从学术界习惯，简称为《户部清册》）载乾隆四十五年江苏人口数为 29495503 人（转引自姜涛《中国近代人口史》附录“1749~1898 年分省人口统计”，第 392 页），足见《清朝文献通考》所载乾隆四十一年江苏人口数，反而应该是清廷行政系统所掌握的“人口数”。理论上，《户部清册》中的数据最能代表官方掌握的数据，与本书讨论清廷盐政决策原则的目标吻合度最佳，经后人修正的“真实”人口数据，反而不符合清廷当时所掌握的情况。

b. 同治《苏州府志》卷 13《赋役》称这是省赋役全书所列乾隆六十年数据，但笔者发现嘉庆十五年苏州府奏报数据与此相同，存疑。

c. 该数据为不含奉贤和金山数据（方志未载）的各县加总数据，该志各县人口统计时间不完全一致，大致在乾隆四十年（上海县）到乾隆五十五年（南汇）之间。而嘉庆《松江府志》卷 28 第 12b 页载嘉庆十五年含奉贤、金山的全府完整数据为 1591539 人。

d. 方志无乾隆后期人口数据，故不得不考虑乾隆《大清一统志》的数据，但乾隆《大清一统志》各府州统计时间有别，且有些府州统计的是人口，有些府州统计的是人丁，故学界一般不予采信。本书附录各表在无其他可据以利用的数据时，偶尔采用该书数据，但利用时参考了曹树基《中国人口史》第 5 卷《清时期》重建的乾隆后期分府人口数据，二者偏离严重且该府州人口数不合情理时，改用曹树基重建的数据。曹树基据常州府人口增长率推算为 311.5 万人，参见氏著《中国人口史》

第 5 卷《清时期》，第 85 页。

e. 方志无乾隆后期人口数据，乾隆《大清一统志》卷 62 第 6b 页记载为 137186 人，疑为丁数，且属乾隆早期数据。曹树基据府属溧阳县人口增长率推算乾隆四十一年镇江府人口为 177 万人，见氏著《中国人口史》第 5 卷《清时期》，第 86 页，故此栏用曹树基数据。

f. 方志无乾隆后期人口数据，曹树基《中国人口史》第 5 卷《清时期》推算乾隆四十一年太仓州人口为 142.3 万人。

g. 方志无乾隆后期徐州府铜山、萧县、砀山、丰县、沛县五县人口数据，且整个清代徐州府完整分县人口数据仅存同治《徐州府志》所载的同治十一年记录，见该志卷 12，第 53b~54b 页。其原始数据分别是：铜山县男丁 450903 丁，妇女 337211 口；萧县男丁 177087 丁，妇女 148986 口；砀山县男丁 170560 丁，妇女 170277 口；丰县男丁 337536 丁，妇女 246992 口；沛县男丁 272198 丁，妇女 216536 口；邳州男丁 266750 丁，妇女 266740 口；宿迁县男丁 659300 丁，妇女 439554 口；睢宁县男丁 260682 丁，妇女 159991 口；此外尚有徐州卫男丁 31725 丁、妇女 22777 口和邳州屯卫男丁 47182 丁、妇女 47135 口。是年府志载徐州总人口为 4730160 人。嘉庆《大清一统志》卷 100 第 7a 页载嘉庆二十五年徐州府总人口为 2049729 人，曹树基考订认为此数据偏低，应为 337 万人，并以 337 万人为基数，按年均人口增长率反推乾隆四十一年徐州府总人口为 295.4 万人（参见曹树基《中国人口史》第 5 卷《清时期》，第 84~85 页），考虑到徐州在清中叶到同治年间并无重大战争和灾荒，本表以同治十一年数据，参考曹树基所论年均增长率，反推徐州府该五县乾隆四十一年人口数。这里需要说明两点：(1) 同治府志的各县男女人口比例，反映出某些县份人口数并不准确，其数据只能看成一种示意；(2) 虽然笔者严重反对历史数据的估算，但从整个盐区人口来说，此五县占比很低，故反推的五县数据基本不影响本书的计算目的。

h. 方志无乾隆后期人口数据，曹树基《中国人口史》第 5 卷《清时期》推算乾隆四十一年徽州府人口为 216.9 万人。

i. 光绪州志记载乾隆五十五年人口数为 284499 人，乾隆六十年为 286716 人。

j. 此为道光二年数字，但其数字占整个盐区比例低，对全局分析影响几近于无，姑且用之。

k. 此为乾隆四十七年数据，本表《江西通志》以下所引数据同此年份。其中宁都在清初归赣州府管辖，乾隆十九年升为直隶州，辖瑞金、石城二县，故乾隆《大清会典》盐法部分将其纳入赣州府行盐范围，与本书研究时段有差异，易造成误解。

l. 方志无乾隆后期人口数据，曹树基《中国人口史》第 5 卷《清时期》推算乾隆四十一年人口为 77.9 万人。

m. 史料缺载乾隆后期数据，曹树基仅重建到府一级，故此为推算数据。据道光《鹤峰州志》卷 5《赋役》第 3a~b 页和光绪《长乐县志》卷 9《赋役》第 1b 页数据，两州县改土归流时原丁额以及增长到乾隆三十七年的滋生丁额之和，长乐共 1266 丁，鹤峰共 1960 丁，这意味着鹤峰州承担的丁役明显较长乐为多。而咸丰三年长乐口数为 47752 人，据此比例推算咸丰三年鹤峰口数为 73928 人。考虑到本研究的目的，此数据占比甚小，几乎不影响分析结论，故暂且以此数据权宜用之。需要说明的是，在方法论上，笔者非常反对此类数据估算。

　　n. 方志无乾隆后期人口数据，此为咸丰三年数据。

　　o. 方志无乾隆后期人口数据，曹树基《中国人口史》第 5 卷《清时期》推算乾隆四十一年郴州人口为 72.2 万人。

　　p. 方志无乾隆后期人口数据，曹树基《中国人口史》第 5 卷《清时期》推算乾隆四十一年桂阳州人口为 78.1 万人。

　　q. 此为乾隆六十年数据。

　　r. 府志未载府人口总数，此为乾隆六十年府辖各县数据之和。乾隆《大清一统志》卷 268 第 8a 页的记载为 1126570 人。

　　s. 乾隆《大清会典则例》卷 45 第 16a~b 页载"两淮盐行于湖南者，兼行思州、镇远、铜仁、黎平四府，不颁引"，但光绪《黎平府志》卷 3 上第 31 页记载该府于乾隆二十六年改行粤盐，故本表不列黎平人口。同时，按照乾隆和光绪《大清会典》对两淮盐行销范围的规定，即淮盐行贵州四府"不颁引"，贵州此四府州不纳入两淮盐行配销额引的范围，从清王朝盐政角度出发，贵州此四府人口不计入淮盐派行额引，故可不计入本书讨论盐引分配之统计分析。事实上，乾隆《两淮盐法志》卷 3《额派》亦根本不将贵州四府列进其销引范围。

　　t. 方志未载乾隆人口数，此数据系曹树基《中国人口史》第 5 卷《清时期》推算数。

　　u. 不含贵州。

附表 2　嘉庆后期两淮盐区人口数

单位：人

地区		人口数	资料来源
江苏	全省	39509616	《户部清册》[a]
	–苏州府	5908435	道光《苏州府志》卷 9，第 8a 页[b]
	–松江府	2855775	嘉庆《大清一统志》卷 82，第 5a 页[c]
	–常州府	4489558	嘉庆《大清一统志》卷 86，第 5b 页
	–镇江府	2332291	嘉庆《大清一统志》卷 90，第 5a 页
	–太仓州	1945267	嘉庆《大清一统志》卷 104，第 3b 页
	–铜山县	628137[※]	嘉庆《大清一统志》、同治《徐州府志》等[d]
	–萧县	232310[※]	嘉庆《大清一统志》、同治《徐州府志》等[d]
	–砀山县	242829[※]	嘉庆《大清一统志》、同治《徐州府志》等[d]
	–丰县	416446[※]	嘉庆《大清一统志》、同治《徐州府志》等[d]
	–沛县	348192[※]	嘉庆《大清一统志》、同治《徐州府志》等[d]

续表

地区		人口数	资料来源
安徽	全省	35064970	《户部清册》ᵉ
	– 徽州府	2689229	嘉庆《大清一统志》卷 112，第 5b 页 f
	– 广德州	305028	光绪《广德州志》卷 16，第 14a 页 g
	– 宿州	458992	光绪《宿州志》卷 6，第 1b 页 h
江西	全省	23652029	《户部清册》
	– 南安府	619042	光绪《江西通志》卷 47，第 34b 页 i
	– 赣州府	2414951	光绪《江西通志》卷 47，第 36a 页
	– 宁都州	824306	光绪《江西通志》卷 47，第 40a 页
	– 广信府	1449258	光绪《江西通志》卷 47，第 23b 页
湖北	全省	29064179	《户部清册》
	– 施南府	920214	嘉庆《大清一统志》卷 351，第 4b 页
	– 鹤峰州	73928※	缺载 j
	– 长乐县	47752	光绪《长乐县志》卷 9，第 1b 页
湖南	全省	18928865	《户部清册》
	– 郴州	1027376	嘉庆《大清一统志》卷 377，第 5a 页 k
	– 桂阳州	791027	嘉庆《大清一统志》卷 375，第 3a 页 l
	– 酃县	109538	光绪《湖南通志》卷 48，第 29b 页
河南	+ 汝宁府	2053808	嘉庆《大清一统志》卷 215，第 7a 页 m
	+ 光州	1551828	嘉庆《大清一统志》卷 222，第 4b 页 n
贵州 º	+ 镇远	579434	嘉庆《大清一统志》卷 503，第 4a 页 p
	+ 思州	127211	嘉庆《大清一统志》卷 506，第 3a 页 q
	+ 铜仁	131844	嘉庆《大清一统志》卷 507，第 2b 页 r
合计		118695414※ˢ	

　　a. 此为嘉庆二十五年人口数，转引自姜涛《中国近代人口史》附录"1749~1898年分省人口统计"，第 399 页。而嘉庆《大清一统志》卷 72 第 27a 页记载是年江苏人口为 29279137 人，此数据比《清朝文献通考》记载乾隆后期数据略低，显然未包含江苏所有人口。姜涛考证发现，嘉庆一统志的数据在江宁布政司所辖区域可能属

于嘉庆初年男丁情况，故并非人口数据，见《中国近代人口史》，第 155 页。曹树基《中国人口史》第 5 卷《清时期》估计嘉庆二十五年江苏人口数为 3943.5 万人。关于不同年份《户部清册》数据的可靠性，姜涛有过研究，参见《中国近代人口史》，第 29~36 页。此外，严中平曾领导中国社会科学院经济研究所一批同人于 1950 年代编制过一部《中国近代经济史统计资料选辑》，其中也利用了《户部清册》数据，并对其中部分年份的数据可靠性进行了简要分析，参见严中平等编《中国近代经济史统计资料选辑》，科学出版社，1955。本表格采用的省级人口数据，均为经二书考证认为较可靠的《户部清册》数据。

　　b. 此为道光《苏州府志》记载的嘉庆二十五年人口数，嘉庆《大清一统志》卷 77 第 6a 页载苏州府人口为 5914810 人，与道光府志接近。关于嘉庆《大清一统志》人口数据的性质，梁方仲、何炳棣、李中清、姜涛、曹树基、张鑫敏等人先后讨论过，基本结论是大部分府州的数据是大体可信的。惟江宁布政司数据为丁数，非人口数据；湖南数据为嘉庆中期数据；四川数据为道光初年数据（参见姜涛《中国近代人口史》，第 155 页）。且张鑫敏推测了其三种不同计算方式：（1）嘉庆二十五年民数减去雍正九年"当差人丁"；（2）嘉庆十四年男丁数减去雍正九年"当差人丁"；（3）嘉庆十四年男丁数减去雍正九年"实在人丁"以及"原额人丁"。这显示其数据在编纂过程中，各府州的处理方式并不一致（参见张鑫敏《〈大清一统志〉中"滋生男妇大小"考——以江苏为例》，《中国经济史研究》2012 年第 3 期）。所幸后两种方式基本不出现在本书研究需要单列的府州上，因此，本书统计嘉庆二十五年人口时，如果地方志中没有更可信的数据，则主要利用嘉庆《大清一统志》数据。目前，基于这一学术背景，梁方仲编著《中国历代户口、田地、田赋统计》以及曹树基《中国人口史》第 5 卷《清时期》都利用了该数据中的"滋生大小男妇"数字。

　　c. 常州、松江、镇江、太仓四府州嘉庆二十五年人口数，曹树基《中国人口史》第 5 卷《清时期》直接利用嘉庆《大清一统志》数据，故本表亦直接利用之。

　　d. 方志无嘉庆二十五年徐州府此五县人口数据，且整个清代徐州府完整分县人口数据仅存同治《徐州府志》所载的同治十一年记录，具体参见附表 1 注释 g。同时，本表以与附表 1 注释 g 相同的方式，反推了徐州府此五县嘉庆二十五年人口数，这基本不会影响本书的计算目的。

　　e. 转引自姜涛《中国近代人口史》附录"1749~1898 年分省人口统计"，第 399 页。以下嘉庆二十五年《户部清册》数据均来自该书同页。

　　f. 曹树基《中国人口史》第 5 卷《清时期》直接利用嘉庆《大清一统志》数据。

　　g. 嘉庆《大清一统志》卷 132 第 3a 页记载数据为 125891 人。光绪州志数据由多个年份的成系列数据组成，更有系统性。

　　h. 此为道光二年数字，但对全局分析影响很小，姑且用之。

　　i. 嘉庆《大清一统志》记载南安府滋生男妇大小共 618993 人，总计 629165人；赣州府滋生男妇大小共 2414820 人，总计 2573126 人，宁都州 824226 人，总计 852182 人；广信府滋生男妇大小共 1445252 人，总计为 2359171，均与光绪《江西通志》数据接近。本表从曹树基《中国人口史》第 5 卷《清时期》，采用通志数据。

　　j. 与附表 1 注释 m 一样，史料同样缺载嘉庆后期数据。考虑到本研究的目的，此数据占比甚小，不太影响分析结论，故暂且权宜使用之。在方法论上，笔者非常反对如此使用数据。

k. 光绪《湖南通志》卷 49《赋役·户口》第 22 页载嘉庆二十一年郴州为 1024890 人，曹树基《中国人口史》第 5 卷《清时期》据该志各县人口数加总，得出郴州是年人口为 931300 人。数据较为接近。

l. 光绪《湖南通志》卷 49《赋役·户口》第 34a 页载嘉庆二十一年桂阳州为 788186 人，曹树基《中国人口史》第 5 卷《清时期》据该志各县人口数加总，得出郴州是年人口为 788168 人。数据较为接近。

m. 曹树基《中国人口史》第 5 卷《清时期》估算值为 297.9 万人。

n. 曹树基《中国人口史》第 5 卷《清时期》估算值为 208.1 万人。

o. 乾隆《大清会典则例》卷 45 第 16a~b 页载"两淮盐行于湖南者，兼行思州、镇远、铜仁、黎平四府，不颁引"，但光绪《黎平府志》卷 3 上第 31 页记载该府于乾隆二十六年改行粤盐，故本表不列黎平人口。同时，根据淮盐行贵州四府"不颁引"之制，贵州人口可不纳入本书盐引分配之统计分析。

p. 曹树基《中国人口史》第 5 卷《清时期》利用了该数据。

q. 曹树基《中国人口史》第 5 卷《清时期》利用了该数据。

r. 曹树基《中国人口史》第 5 卷《清时期》推算值为 58.3 万人。因为注释 o 的原因，本表选用了嘉庆《大清一统志》的数据。

s. 不含贵州。

附表 3　乾隆后期至嘉庆年间两淮盐区盐引数

单位：引（道），斤

时间	盐引数		每引重量	总重量	资料来源
	额引	预提			
乾隆四十二年	1685492	200000	364	686319088[※]	1）乾隆《两淮盐法志》卷 2，第 36a~38a 页；光绪《两淮盐法志》卷 40，第 21a~b 页 [a] 2）光绪《两淮盐法志》卷 35，第 1a~b 页；卷 50，第 17b~18a 页 [b] 3）光绪《两淮盐法志》卷 69，第 45b 页 [c]
嘉庆八年	1685492	200000	364	686319088[※]	1）乾隆《两淮盐法志》卷 2，第 36a~38a 页；光绪《两淮盐法志》卷 40，第 21a~b 页 [d] 2）光绪《两淮盐法志》卷 35，第 1a~b 页；卷 50，第 17b~18a 页 [d] 3）光绪《两淮盐法志》卷 69，第 47b~48b 页 [d]

续表

时间	盐引数		每引重量	总重量	资料来源
	额引	预提			
嘉庆二十五年	1685492	0	364	613519088※	1）乾隆《两淮盐法志》卷2，第36a~38a页；光绪《两淮盐法志》卷40，第21a~b页 ᶜ 2）光绪《两淮盐法志》卷35，第1a~b页；卷50，第17b~18a页 ᶜ 3）光绪《两淮盐法志》卷69，第47b~48b页 ᶜ
道光二十一年	南引1395510道，北票296982道		400	/	王庆云：《石渠余记》卷5，第29a~b页

　　a. 第一条材料是乾隆《两淮盐法志》卷2，第36a~38a页的记载，说明乾隆十一年以后，"通计两淮行盐引目：一原额淮南纲内一百一十八万一千二百三十七引，内除衡、永、宝三府归纲八万一千七百六引，又上元等八县归纲十三万八千八百四十七引，题明带课不行盐，今实行九十六万六百八十四引；一原额行淮北纲盐二十二万九千一百二十三引，内除陈州等六属改食芦盐九千一百引，今实行二十二万二十三引；一增淮南吉安府纲盐五万一千三百二引；一增淮南衡州、永州、宝庆三府纲盐八万一千七百六引；一增淮南宁国府食盐九万六千五百引；一增淮南和州、含山县食盐一万七千四百七十八引；一增淮南江都、甘泉二县食盐二万六千七百一十引；一增淮北山阳、清河、桃园、邳州、宿迁、睢宁、赣榆、沭阳八州县食盐二万六千七百一十引；一增淮南上元等八州县食盐九万七千六百引；一增淮南北照丁加引纲盐二万七百四十二引；一新增淮南巴东县纲盐二千五百二十六引；一新增饶州府纲盐三万五千引；一新增淮南永顺、永绥二府厅纲盐三千二百七十一引；一加增淮北纲盐二万七十引；一新增淮北加带余盐纲盐二万七十引；一新增淮南高邮、宝应、泰兴三州县食盐六千引，现共实行淮南淮北纲盐一百六十八万五千四百九十二引"。数据均为原文。

　　b. 史料2共两条材料，均用于说明是年每引盐的重量。第一条材料来自光绪《两淮盐法志》卷35第1a~b页，原文称："乾隆三十年十一月盐政普福奏准，淮南纲盐每引额重三百六十四斤，至所盘驳捆筑，不无抛散折耗，兼之五、六、七、八等月有例加卤耗，前任盐臣高恒定以每引重四百斤捆运出场，至仪所仍照三百六十四斤掣挚，如有多斤扣配生引附运。"第二条史料即光绪《两淮盐法志》卷50第17b~18a页，原文如下："两淮盐引国初仍明之旧，惟剖一为二，每盐一引额定连包索二百二十五斤，又解费纳银一分六厘，加盐二斤。继于康熙十六年户科给事中余国柱请革去割没溢斤公罪等名色，于额引摊派每引加盐二十五斤，加课二钱五分。又自康熙三十八年起至五十二年，节次加添河饷铜斤织造等银三十二万七千六百二十两，每引加盐四十二斤。雍正四年五月于兵部尚书卢询条奏案内，户部议准加盐五十斤，免其增课。乾隆十三年二月因盐政吉庆奏请，蒙恩于引额之外，加盐十斤，亦免其增课。乾隆十六年二月又钦奉特恩赏加十斤，不在原定成本之内，是时两淮纲食盐每引以三百六十四斤为额。"

c. 史料 3 说明是年在额引之外通过预提盐引，即预先使用次年盐引，来实际增加盐引配额数量。两淮盐区不像其他盐区主要以发行余引来增加盐引数量，而是用预提盐引来实现此目的。光绪《两淮盐法志》卷 69 第 45b 页原文如下："乾隆四十二年八月户部复准盐政寅著等奏，预提淮南戊戌纲引二十万道，公派通河众商领运，例缴余息，每引应完银三两，共应缴银六十万两。"黄凯凯曾根据光绪《两淮盐法志》整理了乾隆至嘉庆年间历年两淮盐区预提盐引的数据，参见《"疏引裕课"：清代前中期的盐课征收与官盐营销》，表 3-1。

d. 史料 1 和 2 分别说明是年盐引额和盐引重量，史料 3 说明是年在额引之外预先使用次年盐引时实际增加的盐引配额数量。光绪《两淮盐法志》卷 69 第 47b~48b 页原文如下："嘉庆八年十月盐政佶山奏，本年江广两省销盐畅旺，请预提甲子纲引目二十万道，以资接济……嗣后两淮岸销疲滞日甚一日，有铳销而无预提。至于道光初年，淮南仅照原额引目折半行运，尚苦滞销，淮北岁仅二万余引，不及十分之一。"

e. 史料 1~3 分别说明是年盐引额、盐引重量和预提纲引数量。

附表 4　乾隆至嘉庆年间两淮盐区盐课额数

单位：两

时间	额课数		资料来源
	正课	预提课额	
乾隆十三年	2174972	不详	乾隆《两淮盐法志》卷 2，第 4a、5a~b 页 [a]
乾隆四十二年	2169953	600000	光绪《两淮盐法志》卷 93，第 5a、6a 页 [b]
乾隆五十七年	2169953	928800	光绪《两淮盐法志》卷 93，第 5a、6a 页 [b]
乾隆五十八年	2197272	0	光绪《两淮盐法志》卷 93，第 5a、6a 页 [b]
嘉庆十九年	2049011	0	《两淮运司嘉庆十八年淮南纲食正杂盐课钱粮文册》，《稀见明清经济史料丛刊》第 1 辑第 14 册，第 376~640 页 [c]
道光二十九年	3355327	627600	王庆云：《石渠余记》卷 5，第 29a~b 页 [d]

a. 此为正课额，非实征数。乾隆《两淮盐法志》卷 2《课则》记载了乾隆十三年两淮盐课正项共 1847292 两，附征正项织造铜斤等为 327680 两，二者均为正课，正课总额为 2174972 两。乾隆十三年两淮盐区预提纲引数据不详，故此年盐课额未含预提盐引之盐课。

　　b. 光绪《两淮盐法志》卷 93《科则上》显示两淮盐区盐课额，乾隆中叶以后一直相对稳定，其间只有少许增减，道光年间陶澍开始在淮北行票盐法，才发生大的改变。是书记载历经乾隆三十四年、五十八年的正课微调后，一直到光绪年间，两淮盐课正项课额均为 1869592 两零，附征正项织造铜斤等 327680 两零，二者均为正课，"通共额征正课银二百一十九万七千二百七十二两三钱一分八厘三毫五丝七忽一微一缕八沙"。但乾隆三十四年至乾隆五十八年间的正课额，须扣减乾隆五十八年以后新增的融销楚岸征银 27319 两零，故此时每年正课银为 2169953 两。同时，两淮盐区预提纲引亦须征课，其课率变化则相对较大，黄凯凯根据光绪《两淮盐法志》卷 69《转运门・融销提纲》列出了乾隆三十三年至嘉庆八年的预提盐引课率，发现课率在 0.8~4.5 之间波动，淮北盐区主要在 0.8~3.4 之间，淮南盐区主要在 2.6~4.5 之间（参见黄凯凯《"疏引裕课"：清代前中期的盐课征收与官盐营销》，表 3-2）。本表已据其统计的数据将预提盐引的盐纳入额课数，分别是乾隆四十二年 600000 两、乾隆五十七年 928800 两，该年是有记载预提盐引额课最高的年份，乾隆五十八年和嘉庆十九年未预提盐引，无预提引课。

　　c. 该文册题名疑有误，该文献内载多年文册，最后一份为嘉庆十九年文册，其内文共 265 页，核其要点如下。一正项钱粮。一引课。两淮运司淮南北额行盐 1401260 引，每引征引 6 钱 7 分 5 厘，原该征银 946443 两，内除江广纲盐并淮北融南引盐应征 756165 两，限于本年十一月奏销，又除淮北实运引盐应征银 121591 两，展限于本年六月奏销外，今安庆、池州、太平等岸该征银 68686 两，除嘉庆十九年秋报止未完银 36977 两奏准自丙子纲起至癸未纲止分作 8 纲带销外，实已征完银 31709 两。一衡州、永州、宝庆三府嘉庆十九年分代纳两粤引课额该征银 55186 两，实征 1917 两。一嘉庆十九年分衡州、永州、宝庆三府代纳粤西杂税额该征引课银 15000 两，实征 515 两。一杂项钱粮。一折价。通州、泰州、海州三分司所属嘉庆十九年压征十八年分三十场折价额共该征银 80534 两，实征 23330 两。一部议十四款。一宁国府和州、含山、淮安、扬州等处加窝食盐额行 167398 引，嘉庆十九年分该征引课银 103064 两，实征 11304 两。一宁饷带盐并滴珠引课。嘉庆十九年分该征淮南北宁饷滴珠引课银 62205 两，实征 1803 两。一淮南北新增加窝引课。嘉庆十九年分该征银 107370 两，实征 3113 两。一上元、江宁等八县加窝食盐引课额行 96700 引，嘉庆十九年分该征银 65313 两，实征 24698 两。一宁国和州、含山、上元、江宁等处食盐共额行 210678 引，今嘉庆十九年分该征食盐加课银 21617 两，实征 3200 两。一梡封银。嘉庆十九年共该征梡封银 8307 两，实征 517 两。一淮南北更名食盐变价。嘉庆十九年分该征银 3946 两，实征 210 两。一潮包。嘉庆十九年分该征银 2700 两，实征 120 两。一仓盐折价。嘉庆十九年分该征银 5000 两，实征 278 两。一裁省京书。嘉庆十九年分该征银 188 两，实征 1 两。一嘉庆十九年压征十八年分额征新涨沙荡银 6054 两，实征 2114 两。一淮南北加斤。嘉庆十九年分该征银 197048 两，实征银无项。一照丁加引各课。嘉庆十九年分该征银 16663 两，实征银无项。一嘉庆十九年压征十八年分额征新升仓基升课银 25 两，实征 3 两。一认纳停引课。嘉庆十九年分该征银 20405 两，实征银无项。一铜斤脚费。嘉庆十九年分应捐输银 50000 两，实征银无项。一织造银。嘉庆十九年分该征银 227620 两，实征银无项。一饶州府新增引课并酌增引课。嘉庆十九年分该征银 46662 两，实征 24442 两。一新增永顺、永绥等府引课。嘉庆十九年分该征银 2652 两，实征 2652 两。一新增高邮、宝应、泰兴食盐引课。嘉庆十九年分该征银 5009 两，实征 2260 两。

　　d. 此为额征数，是年实征为 2129418 两，缺征比例不低。另外，627600 两是南河工银、内务府铜斤脚价银和户部织造银总额，非预提纲引盐课。详见王庆云《石渠余记》卷 5，第 29a~b 页。此三项银实施时间颇早，铜斤脚价银康熙朝即有记载，此外，赖惠敏有关乾隆朝内务府与两淮盐务收入之间关系的研究，对朝廷取自两淮盐务的收入探讨较为详细，参见氏著《乾隆皇帝的荷包》。但王庆云仅将此三项列入两淮课额，故本表亦未将两淮的这些杂项收入计入。

附表 5　乾隆后期两浙盐区人口数

单位：人

地区		人口数	资料来源
浙江	全省	19364620	《清朝文献通考》卷 19，第 55b 页 [a]
江苏	＋苏州府	3198489	同治《苏州府志》卷 13，第 9a 页 [b]
	＋松江府	1585241	嘉庆《松江府志》卷 28，第 12a 页 [b]
	＋常州府	3282139	乾隆《大清一统志》卷 60，第 7a 页 [b]
	＋镇江府	1770000	曹树基：《中国人口史》第 5 卷《清时期》，第 6b 页 [b]
	＋太仓州	1595138	乾隆《大清一统志》卷 71，第 4b 页 [b]
安徽	＋徽州府	2779064	乾隆《大清一统志》卷 78，第 6b 页 [b]
	＋广德州	261686	光绪《广德州志》卷 16，第 13a 页 [b]
江西	＋广信府	1066503	光绪《江西通志》卷 47，第 23b 页 [b]
合计		34902880※	

　　a. 此为乾隆四十一年人口数。曹树基《中国人口史》第 5 卷《清时期》的重建数据为 2236.5 万人，相对较为接近。

　　b. 参见附表 1 注释 b 至注释 f、注释 h、注释 i。

附表 6　嘉庆后期两浙盐区人口数

单位：人

地区		丁口数	资料来源
浙江	全省	27411310	《户部清册》[a]

续表

地区		丁口数	资料来源
江苏	＋苏州府	5908435	道光《苏州府志》卷 9，第 8a 页 [b]
	＋松江府	2855775	嘉庆《大清一统志》卷 82，第 5a 页 [b]
	＋常州府	4489558	嘉庆《大清一统志》卷 86，第 5b 页 [b]
	＋镇江府	2332291	嘉庆《大清一统志》卷 90，第 5a 页 [b]
	＋太仓州	1945267	嘉庆《大清一统志》卷 104，第 3b 页 [b]
安徽	＋徽州府	2689229	嘉庆《大清一统志》卷 112，第 5b 页 [b]
	＋广德州	305028	光绪《广德州志》卷 16，第 14a 页 [b]
江西	＋广信府	1449258	光绪《江西通志》卷 47，第 23b 页 [b]
合计		49386151[※]	

　　a. 此为嘉庆二十五年人口数，转引自姜涛《中国近代人口史》附录"1749~1898 年分省人口统计"，第 399 页。曹树基《中国人口史》第 5 卷《清时期》的重建数据为 2733.5 万人，甚为接近。

　　b. 参见附表 2 注释 b、注释 c、注释 f、注释 g。

附表 7　道光中期两浙盐区人口数

单位：人

地区		人口数	资料来源
浙江	全省	28858429	《户部清册》[a]
江苏	＋苏州府	5908435	道光《苏州府志》卷 9，第 8a 页 [b]
	＋松江府	2855775	嘉庆《大清一统志》卷 82，第 5a 页 [b]
	＋常州府	4489558	嘉庆《大清一统志》卷 86，第 5b 页 [b]
	＋镇江府	2332291	嘉庆《大清一统志》卷 90，第 5a 页 [b]
	＋太仓州	1945267	嘉庆《大清一统志》卷 104，第 3b 页 [b]
安徽	＋徽州府	2689229	嘉庆《大清一统志》卷 112，第 5b 页 [b]
	＋广德州	305028	光绪《广德州志》卷 16，第 14a 页 [b]
江西	＋广信府	1449258	光绪《江西通志》卷 47，第 23b 页 [b]
合计		52465581[※c]	

　　a. 此为道光十八年人口数，转引自姜涛《中国近代人口史》附录"1749~1898 年

分省人口统计"，第405页。《户部清册》人口数，姜涛《中国近代人口史》有道光末年数据，考虑到历史学界有"1840年情节"，故此处仍使用1840年前数据，而且道光十八年和道光二十九年，两浙盐区盐引正额和盐课正额均保持不变，道光十八年人口数与附表9的盐课数可以匹配。

b. 苏州府以下本表江苏、安徽、江西道光十八年各府州人口数，方志基本缺载，人口史研究著作亦无重建数据，故本表全部沿用嘉庆二十五年数据。如果采用人口增长率推算，以本表各府州中占比较高的江苏省为代表，查《户部清册》江苏人口从嘉庆二十五年的39509616人增长到道光十八年为42444485人（姜涛：《中国近代人口史》，第399、405页），则年均人口增长率为0.41%。依此增长率推算本表江苏、安徽、江西各府州人口总数应为23607152人，与本表内三省各府州人口总数21974841人相差1632311人，在盐区总人口中占比较小，基本不影响本书正文的趋势性分析。

c. 含推算数增长数，参见本表注释b。

附表8　乾隆后期至道光年间两浙盐区盐引数

单位：引（道），斤

时间	盐引数			每引重量	总重量	资料来源
	正引	票引	余引			
乾隆三十九年	704698	100698	200000	正引325，住票400，肩票800，余引兼具以上三者	395172050※	1）嘉庆《重修两浙盐法志》卷5，第3b~4a页 [a] 2）光绪《大清会典事例》卷225，《续修四库全书》本（下同，不另注），第649页下 [b] 3）光绪《大清会典事例》卷225，第648页下 [c]
嘉庆二十五年	704698	100698	150000	正引325，住票400，肩票800，余引兼具以上三者	369751050※	1）王庆云：《石渠余纪》卷5，第30b页 [d] 2）光绪《大清会典事例》卷225，第650页上 [e] 3）光绪《大清会典事例》卷225，第645页下 [f]

续表

时间	盐引数			每引重量	总重量	资料来源
	正引	票引	余引			
道光二十九年	704698	100698	230000	正引325，住票400，肩票800，余引兼具以上三者	410415050※	1）王庆云：《石渠余纪》卷5，第30b页 2）光绪《大清会典事例》卷225，第650页上 ᵉ 3）王庆云：《石渠余纪》卷5，第30b页

　　a. 乾隆《大清会典》卷15《户部·盐法》第6a页与嘉庆《重修两浙盐法志》完全吻合。其中两浙盐区的票引共行销22州县，票引又分肩票和住票两种，肩票行钱塘、仁和等11州县，住票行嘉兴、嘉善等6州县，而余姚、象山等5县则肩住兼行。李幸根据嘉庆《重修两浙盐法志》卷5《引目》记载整理了两浙盐区正、票、帑三种盐引的行销范围和引目数量表，参见李幸《治盐之道：清代两浙盐区的盐政格局与地方经略》（浙江大学博士学位论文，2024）表 2-6。据李幸整理的数据，可统计两浙票引一共100718引，其中肩引数为56204行，住引为35962引，肩住兼行县份票引为8552引，此8552引难以区分肩引与住引，给统计盐斤数量造成麻烦，为简单起见，本表以肩、住平均计之。需要说明的是，嘉庆《重修两浙盐法志》卷5《引目》称两浙票引数为100698引，但将其肩引、住引和肩住兼行引累加，则仍为100718引。故此为该盐法志文本有误，非李幸统计错误。

　　b. 史料2用于说明是年余引数量。余引在两浙盐区发行有因地制宜的性质，是报朝廷批准后再由地方发行的盐引。

　　c. 史料3用于说明是年正引与票引、余引每引的重量。余引在两浙盐区的重量与销售地相关联，其销售地归属正引销区，则重量与正引一致；归属票引销区，则与票引重量一致。理论上，应该依据正引与票引比例来推算余引的分布，但考虑到余引发行因地制宜，随需发行，故常有与此比例不匹配的情形，所以现存史料已很难准确判断每年余引的销售地区分布。同时，根据本表注释a所引李幸的研究，以及注释a中的说明，余引也会因为一县兼行肩、住二票，而更加无法精确计算其准确总重量。因此，本表余引引重以正引和肩票、住票平均分配来计算，这显然会造成统计不够精准，谨此说明。

　　d. 史料1说明是年的正引与票引额，王庆云是书的引额实际是道光二十一年至二十九年数据，结合光绪《大清会典事例》可知，从乾隆六年起一直到道光末年，引额均为此数，可见嘉庆末年亦是此数。

　　e. 史料2用于说明是年余引数量。

　　f. 史料3用于说明是年正引与票引每引盐的重量。

附表 9　乾隆至道光年间两浙盐区盐课额数

单位：两

时间	额课数		资料来源
	正课	盈余课	
乾隆十三年	737705	不详	乾隆《大清会典》卷 15，第 6a 页 [a]
嘉庆五年	974315	16552	光绪《大清会典事例》卷 225，第 645 页下 [b]
道光二十九年	533347	不详	王庆云：《石渠余纪》卷 5，第 30b 页

　　a. 本表所有征课数据均为课额，非实征。两浙盐区余引不入考成，且对商人征课相对较轻，地方官和商人均愿意推销余引，正引和票引经常积压，故常造成实征盐课数较额课数有较大差距。王庆云《石渠余纪》的记载说明有时实征仅为应征的 60%~70%，比如道光二十二年应征 647373 两，实征仅 418354 两。而另一方面，余引总课额并无明确记录，显示出较大灵活性。如雍正七年李卫说"多销引目四十万余道，增出课费银二十余万两"（《宫中档雍正朝奏折》第 12 辑，第 263 页），以及程元章雍正十三年报告说"臣任内每年俱销余盐三十余万引，溢余课费等银二十五六万两不等"（《雍正朝汉文朱批奏折汇编》第 33 册，第 249 页）。此外光绪《大清会典事例》记载了嘉庆五年的盈余银数，可供参考。但为了统一各盐区的统计口径，此盈余银不计入总固定课额统计。

　　b. 余引课银即盈余银，在两浙极为灵活，尚未成为固定化课额，极难统计。光绪《大清会典事例》在记载余引收入后，明确记载称"余引每年多寡不等"，表示其非课额，而是实征。

附表 10　嘉庆后期长芦盐区人口数

单位：人

地区		人口数	资料来源
直隶	全省	20395700	《户部清册》[a]
河南	全省	23598089	《户部清册》[a]
	− 河南府	1805587	嘉庆《大清一统志》卷 205，第 8b 页 [b]
	− 南阳府	2694355	嘉庆《大清一统志》卷 210，第 8b 页 [c]
	− 汝宁府	2053808	嘉庆《大清一统志》卷 215，第 7a 页 [d]
	− 汝州	900992	嘉庆《大清一统志》卷 224，第 4a 页 [e]
	− 光州	1551828	嘉庆《大清一统志》卷 222，第 4b 页 [f]
	− 陕州	573583	嘉庆《大清一统志》卷 220，第 4b 页 [g]
	− 襄城县	280074※	《襄城县志》，第 545 页 [h]
	+ 舞阳县	138740	道光《舞阳县志》卷 4，第 4a~b 页 [i]

续表

地区		人口数	资料来源
合计		34272302※	

a. 此为嘉庆二十五年人口数，转引自姜涛《中国近代人口史》附录"1749~1898年分省人口统计"，第 399 页。

b. 曹树基《中国人口史》第 5 卷《清时期》直接采用了该数据中的"滋生大小男妇"数。

c. 曹树基《中国人口史》第 5 卷《清时期》认为嘉庆《大清一统志》中南阳府人口 2694355 名口是"丁"数，故重建嘉庆二十五年南阳府人口数为 421.3 万人。

d. 曹树基《中国人口史》第 5 卷《清时期》估算值为 297.9 万人。

e. 曹树基《中国人口史》第 5 卷《清时期》直接采用了该数据中的"滋生大小男妇"数。

f. 曹树基《中国人口史》第 5 卷《清时期》估算值为 208.1 万人。

g. 曹树基《中国人口史》第 5 卷《清时期》直接采用了该数据中的"滋生大小男妇"数。

h. 万历至民国该县数据缺载，1928 年数据为 329766 人，见《襄城县志·风土人情编》第一章"人口"，中州古籍出版社，1993，第 545 页。考虑该记载距离所描述时段太远，故本表利用许州等五州县嘉庆《大清一统志》1400370 人的县平均数加以统计，此数据不符合笔者的历史数据使用理念，但考虑到此数据对整体数据分析影响甚微，姑且用之。

i. 此为道光十三年数据。

附表 11 道光年间长芦盐区人口数

单位：人

地区		人口数	资料来源
直隶	全省	22742690	《户部清册》[a]
	全省	23767603	《户部清册》[a]
	– 河南府	1805587	嘉庆《大清一统志》卷 205，第 8b 页 [b]
	– 南阳府	2694355	嘉庆《大清一统志》卷 210，第 8b 页 [c]
	– 汝宁府	2053808	嘉庆《大清一统志》卷 215，第 7a 页 [d]
河南	– 汝州	900992	嘉庆《大清一统志》卷 224，第 4a 页 [e]
	– 光州	1551828	嘉庆《大清一统志》卷 222，第 4b 页 [f]
	– 陕州	573583	嘉庆《大清一统志》卷 220，第 4b 页 [g]
	– 襄城县	280074※	《襄城县志》，第 545 页 [h]
	+ 舞阳县	138740	道光《舞阳县志》卷 4，第 4a~b 页 [i]

地区	人口数	资料来源
合计	36788806^{※j}	

a. 此为道光十八年人口数，转引自姜涛《中国近代人口史》附录"1749~1898年分省人口统计"，第 405 页。《户部清册》人口数，姜涛《中国近代人口史》有道光末年数据，考虑到历史学界有"1840 年情节"，故此处仍使用 1840 年前数据。而且道光十八年和二十九年大部分盐区盐引和盐课额基本保持不变。另外，本表所列河南各府州县均无可信的道光十八年人口数，甚至大部分地方志的数据较嘉庆《大清一统志》数字下降甚多，但《户部清册》中，道光十八年全省数据明显高于嘉庆二十五年全省数据，故本表所列河南各府州县人口数字暂保留上一表数据。如果以《户部清册》河南人口增长率来推算本表河南各不属长芦盐区的府州县应扣除的人口数据，则为 11369964 人，较嘉庆二十五年河南不属长芦盐区的各府州人口数11288872 人增长了 81092 人，占 0.7% 左右。

b. 同治府志人口仅记载至乾隆四十年编审人丁，故此数据为嘉庆二十五年《大清一统志》数据。

c. 方志无道光年间人口数，此为嘉庆《大清一统志》数据，曹树基《中国人口史》第 5 卷《清时期》重建的嘉庆二十五年人口数为 412.3 万人。

d. 方志无道光年间人口数，此为嘉庆《大清一统志》数据。

e. 道光《汝州志》仅载至乾隆编审人丁，此为嘉庆《大清一统志》数据。

f. 光绪《光州志》无人口数记载，此为嘉庆《大清一统志》数据。

g. 光绪《陕州直隶州志》卷 3《赋役》明确为"照光绪初年新修赋役全书并现在奏销案录"后，其"现在征赋民丁"为 5989 丁，"卫丁""现在征赋人丁"299 丁。故此处仍采用嘉庆《大清一统志》数据。

h. 万历至民国年间该县数据缺载，道光《许州志》卷 3《赋役》第 3b 页记载称，许州"道光十六年征赋人丁 48492 丁"，但未载襄城县道光征赋人丁。故本表利用许州等五州县嘉庆《大清一统志》1400370 人的县平均数加以统计，此数据不符合笔者的历史数据使用理念，但考虑到此数据对整体数据分析影响甚微，姑且用之。

i. 此为道光十三年数据。

j. 河南府州人数为推算数，参见注释 a。

附表 12　乾隆后期至道光年间长芦盐区盐引数

单位：引（道），斤

时间	盐引数		每引重量	总重量	资料来源
	正引	余引			
乾隆三十九年	966046	50000⁺	350	355616100^{+※}	1）嘉庆《长芦盐法志》卷 9，第 1b 页^a 2）光绪《大清会典事例》卷221，第 601 页下^b

时间	盐引数		每引重量	总重量	资料来源
	正引	余引			
嘉庆五年	966046	50000	350	355616100※	光绪《大清会典事例》卷221，第601页上~604页下 c
嘉庆二十五年	966046	50000	350	355616100※	光绪《大清会典事例》卷221，第601页上~604页下 c
道光二十九年	926046	0	350	324116100※	王庆云：《石渠余纪》卷5，第29a页 d

　　a. 嘉庆《长芦盐法志》卷9《转引上·引目》第1a~b页记载，自雍正十二年至嘉庆年间，长芦正引皆固定为此数。同时，该页亦记载雍正十二年至嘉庆年间，每引盐重300斤，但时有加耗。

　　b. 正引之外，为了根据实际情况的需要（比如人口增长）增加食盐供应量，清王朝对长芦盐区实行的是随时增加余引的办法，嘉庆《长芦盐法志》卷9《转引上·引目》第30b页记载"雍正十年请增余引十万道"成为定额，到乾隆十七年"请增余引三万道，……是余引五万道之外再增余引之始"。据王庆云《石渠余纪》卷5第27b页记载，乾隆"十八年长芦增余引七万道"，其后额定余引50000道之外，视具体情形每年可临时增加余引，但乾隆三十九年未见另增余引记载。此外，光绪《大清会典事例》221第601页下记载，乾隆十七年谕称"前（指雍正元年，参见第601页上之记载）因长芦盐商积欠甚多，令其每引加盐五十斤"，故自雍正十二年起，长芦每引盐额重300斤，乾隆十七年后加耗50斤，每引盐标准重为350斤。

　　c. 光绪《大清会典事例》卷221第601页下~604页下未见嘉庆年间盐引变化的记录。余引则参考本表注释b的说明。

　　d. 王庆云《石渠余纪》卷5第29a页记载，道光二十一年额引为1026046引，但光绪《大清会典事例》卷222记载，自道光二十三年起，以六年为限，每年减引100000引。

附表13　乾隆至道光年间长芦盐区盐课额数

单位：两

时间	额课数		资料来源
	正课	余引课	
乾隆十八年	600394	50702	乾隆《大清会典则例》卷45，第3b页
嘉庆五年	681313	76343	光绪《大清会典事例》卷221，第598页下 a
道光二十九年	647373		王庆云：《石渠余纪》卷5，第29a页 b

　　a. 本表所列为额课，非实征。是书记载当年正额外，有盈余银76343两。盈余银一直有每年多寡不等的说法，不容易统计，本表将能查到的盈余银列单，但为了统一各盐区统计口径，并不将其纳入总的固定课额统计中。

　　b. 当年实征数为502553两。参见王庆云《石渠余纪》卷5，第29a页。

附表 14　嘉庆后期河东盐区人口数

单位：人

地区		人口数	资料来源
山西	全省	14352120	《户部清册》[a]
	− 霍州	380894	嘉庆《大清一统志》卷 153，第 3b 页 [b]
	− 大同府	810145	嘉庆《大清一统志》卷 146，第 7a 页 [c]
	− 朔平府	550724	嘉庆《大清一统志》卷 148，第 4a 页 [d]
	− 归绥六厅	120776	嘉庆《大清一统志》卷 160，第 2b 页 [e]
陕西	全省	11976079	《户部清册》[f]
	− 鄜州	331337	嘉庆《大清一统志》卷 249，第 4a 页 [g]
	− 兴安府	1241977	嘉庆《大清一统志》卷 241，第 6b 页 [h]
	− 汉中府	1650290	嘉庆《大清一统志》卷 237，第 8a 页 [i]
	− 绥德州	300917	嘉庆《大清一统志》卷 250，第 3b 页 [j]
	− 榆林府	712140	嘉庆《大清一统志》卷 239，第 5a 页 [k]
	− 延安府	660448	嘉庆《大清一统志》卷 233，第 7a 页 [l]
河南	＋ 河南府	1805587	嘉庆《大清一统志》卷 205，第 8b 页 [m]
	＋ 南阳府	2694355	嘉庆《大清一统志》卷 210，第 8b 页
	＋ 汝州	900992	嘉庆《大清一统志》卷 224，第 4a 页
	＋ 陕州	573583	嘉庆《大清一统志》卷 220，第 4b 页
	＋ 襄城县	280074	《襄城县志》，第 545 页
合计		25823142[※]	

　　a. 此为嘉庆二十五年人口数，转引自姜涛《中国近代人口史》附录"1749~1898 年分省人口统计"，第 399 页。河东盐情形复杂，其中山西和陕西几乎有一半在河东盐区范围且领河东引的府州，实际销售的是花马池盐和土盐，这些俱归河东盐政管理，故盐法志和清朝会典均将这些地区视为河东盐区。

　　b. 曹树基《中国人口史》第 5 卷《清时期》直接采用了该数据中的"滋生男妇"数。

　　c. 曹树基《中国人口史》第 5 卷《清时期》直接采用了该数据中的"滋生男妇"数。

　　d. 曹树基《中国人口史》第 5 卷《清时期》直接采用了该数据中的"滋生男妇"数。

e. 曹树基《中国人口史》第 5 卷《清时期》直接采用了该数据。

f. 转引自姜涛《中国近代人口史》附录"1749~1898 年分省人口统计"，第 399 页。

g. 曹树基《中国人口史》第 5 卷《清时期》重建数据为 27.2 万人。

h. 曹树基《中国人口史》第 5 卷《清时期》重建数据与此数相同。

i. 曹树基《中国人口史》第 5 卷《清时期》重建数据为 179.5 万人。

j. 曹树基《中国人口史》第 5 卷《清时期》直接采用了该数据中的"滋生男妇"数。

k. 曹树基《中国人口史》第 5 卷《清时期》重建数据为 47.7 万人。

l. 曹树基《中国人口史》第 5 卷《清时期》直接采用了该数据中的"滋生男妇"数。

m. 河南各府州的考订说明，请参见附表 10 注释 b 至注释 i 的相关说明。此外，曹树基《中国人口史》第 5 卷《清时期》重建了本表各府、州、县乾隆四十一年的人口数据，分别是山西 1226.2 万人，其中霍州 30.1 万人，大同府 70.2 万人，朔平府 48.5 万人，归绥六厅 11.1 万人；陕西全省 796.5 万人，其中鄜州 24.8 万人，兴安府 10 万人，汉中府 75.1 万人，绥德州 24.9 万人，榆林府 41.8 万人，延安府 56 万人；河南省河南府 147 万人，南阳府 353.4 万人，汝州 69.7 万人，陕州 45.1 万人，襄城县未载。此可作为乾隆四十一年河东盐区人口数参考。

附表 15　乾隆后期至道光年间河东盐区盐引数
单位：引（道），斤

时间	盐引数			每引重量	总重量	资料来源
	正引	余引	土引			
乾隆五十六年	426947	240000	62749	240	175127040[※]	1）乾隆《河东盐法备览》卷 7，第 6b~7a 页[a] 2）光绪《大清会典事例》卷 224，第 632 页下[b]
嘉庆二十五年	708802		45645	240	181067280[※]	光绪《增修河东盐法备览》卷 3 上，第 8a~b 页[c]
道光二十九年	708802		42151	350	262833550[※]	王庆云：《石渠余纪》卷 5，第 30a 页[d]

a. 乾隆《河东盐法备览》卷 7《引目》第 6b~7a 页载，截至乾隆五十三年正引数与此相同。需要说明的是，河东有 53 州县领河东引而不行河东盐。具体而言，乾隆《河东盐法备览》卷 7《引目》记载称："山西则太原、汾州、宁武三府属，辽、沁、平、保、忻、代六州属，隰州暨所属之大宁、永和二县行者土盐，而领河东之引，又如陕西凤翔府属暨邠州属之长武县，行花马池盐，而亦领河东之引，此共六万二千七百四十九道。"这几近正引总数的 15%。其中山西 44 州县行盐制度规定

为"以上四十四州县额引四万五千六百四十五道，领引征税，配食土盐，名曰盐税，向设土盐商，每遇更换，由地方官自行招充，仍报运司转院备查"；陕西九州县行盐制度规定为"以上九州县额引一万七千一百四道，领引征课，配食花马池盐，名曰凤课、长武课，例系该州县按年请领，给散里民派销，不经商运，并未设有土盐商"。乾隆《河东盐法备览》卷 7《引目》进一步对此 53 州县的官员盐政责任加以说明，称："其山西所属各州县，有例食土盐者，陕西所属各州县，有例食花马池盐者，在行解池商盐之州县，止有督销之责，而纳课之责在商，若行土盐并花马池盐之处，则销引纳课之责成皆在州县。"可见，行不同盐，州县的盐政责任不一样，但均须向河东盐政官员报备。这说明，这些土引本不在河东盐区额引之内，督销责任也在不河东盐区盐政官员，但其行盐管辖权在河东盐区，故各种盐法文献均将其地域范围归入河东盐区。故本表依照清代习惯，将其地纳入河东盐区空间范围，亦将其引纳入河东盐区盐引总额之内，以利统计分析。

　　b. 光绪《大清会典事例》卷 224 第 632 页下记载了引重。

　　c. 乾隆五十六年河东盐法行课归地丁改革，裁革盐政官员和特许专商，盐由"民"（无特许专商身份的新旧盐商）运。嘉庆十二年此制度废止，仍行商运。此后，光绪《大清会典事例》卷 224 第 637 页下记载嘉庆十七年将吉兰泰盐引 87500 道拨归河东，与原正余引 426947 道、余引 240000 道一起，总计 754447 道，再扣减山西土盐引 45645 道，合计 708802 道，恰好与《增修河东盐法备览》数据吻合。惟《增修河东盐法备览》陈述引目变化材料翔备，故本表采用《增修河东盐法备览》为参考。

　　d. 王庆云《石渠余纪》卷 5 第 30a 页记载是年正余引为 708802 引，土盐 42151 引。

附表 16　乾隆后期至道光年间河东盐区盐课额数

单位：两

时间	额课数			资料来源
	正课	余课	地丁银	
乾隆五十六年	468266	45416	433682	光绪《大清会典事例》卷 224，第 632 页下 [a]
嘉庆十八年	721700			光绪《增修河东盐法备览》卷 3 下，第 2b 页 [b]
道光二十九年	533347			王庆云：《石渠余纪》卷 5，第 30a 页 [c]

　　a. 本表所列为额课，非实征。是书记载正额外有盈余银 45416 两，已单列，此外部分州县颁河东引行土盐和花马池盐，盐课摊入地丁，征地丁银，亦已单列。惟地丁银实为盐课的平替，应计入总的固定课额。

　　b. 已计入该年正杂课银。

　　c. 此为额征，是年实征为 496798 两，相对而言，所欠比例不算太高。见王庆云《石渠余纪》卷 5，第 30a 页。

附表 17　乾隆后期山东盐区人口数

单位：人

地区		人口数	资料来源
山东	全省	21497430	《清朝文献通考》卷 19，第 56a 页 [a]
江苏	＋铜山县	492179[※]	乾隆《大清一统志》、同治《徐州府志》等 [b]
	＋萧县	203633[※]	乾隆《大清一统志》、同治《徐州府志》等 [b]
	＋砀山县	212853[※]	乾隆《大清一统志》、同治《徐州府志》等 [b]
	＋丰县	365039[※]	乾隆《大清一统志》、同治《徐州府志》等 [b]
	＋沛县	305210[※]	乾隆《大清一统志》、同治《徐州府志》等 [b]
安徽	＋宿州	458992	光绪《宿州志》卷 6，第 1b 页 [c]
合计		23535336[※]	

a.《清朝文献通考》卷 19 第 56a 页记载乾隆四十一年山东人口数为 21497430 人，曹树基认为《清朝文献通考》可能利用了对登州和沂州低估的人口数，推算当年山东人口应为 2790.2 万人。

b. 参见附表 1 注释 g。

c. 参见附表 1 注释 j。

附表 18　嘉庆后期山东盐区人口数

单位：人

地区		人口数	资料来源
山东	全省	29522473	《户部清册》[a]
江苏	＋铜山县	628137[※]	嘉庆《大清一统志》、同治《徐州府志》等 [b]
	＋萧县	232310[※]	嘉庆《大清一统志》、同治《徐州府志》等 [b]
	＋砀山县	242829[※]	嘉庆《大清一统志》、同治《徐州府志》等 [b]
	＋丰县	416446[※]	嘉庆《大清一统志》、同治《徐州府志》等 [b]
	＋沛县	348192[※]	嘉庆《大清一统志》、同治《徐州府志》等 [b]
安徽	＋宿州	458992	光绪《宿州志》卷 6，第 1b 页 [c]
合计		31849379[※]	

a. 此为嘉庆二十五年人口数，转引自姜涛《中国近代人口史》附录 "1749~1898 年分省人口统计"，第 399 页。

b. 参见附表 1 注释 g 和附表 2 注释 d。

c. 参见附表 2 注释 h。

附表 19　乾隆至道光年间山东盐区盐引数

单位：引（道），张，斤

时间	盐引数			每引／票重量	总重量	资料来源
	额引	余引	额票			
乾隆五十六年	500500	50000	171240	225	162391500※	1）嘉庆《山东盐法志》卷12，第4b、6b 页 ª 2）光绪《大清会典事例》卷222，第614 页上 ᵇ
嘉庆二十五年	500500	83180	171240	225	169857000※	1）王庆云：《石渠余纪》卷5，第29b 页 ᶜ 2）光绪《大清会典事例》卷222，第614 页上 ᵈ
道光二十九年	500500	83180	230000	225	183078000※	1）光绪《大清会典事例》卷222，第614 页上 ᵉ 2）王庆云：《石渠余纪》卷5，第29b 页 ᶠ

a. 史料 1 说明是年正引、余引和票盐数量。

b. 史料 2 说明是年引、票的盐斤重量。

c. 本栏史料 1 记载的是道光二十九年盐引和盐票数量，史料 2 记载的是嘉庆五年的盐引和盐票数量，其间未见有变化，故可说明嘉庆二十五年盐引和盐票额。

d. 史料 2 记载了正引和票引的稳定，以及余引量的变化。

e. 史料 1 记载了到光绪年间正引、余引和票盐数量的稳定。

f. 史料 2 记载了是年的正引和引票，余引额由本栏史料 1 呈现。

附表 20　乾隆至道光年间山东盐区盐课额数

单位：两

时间	额课数	资料来源
乾隆十八年	245668	乾隆《大清会典则例》卷45，第12b 页 ª
嘉庆五年	243354	光绪《大清会典事例》卷222，第614 页上 ᵇ
道光二十九年	310067	王庆云：《石渠余纪》卷5，第29a 页 ᶜ

a. 本表所列为额课，非实征。该史料记载余引的课额则"尽销尽报，并无定额"，是余引无额课有实征，嘉庆《山东盐法志》卷12《赋课上》第4b 页记载，乾隆五十六年余引 50000 道，"岁共征课银一万二千二百五十四两"，余引征课较正引和盐票为少，每引轻 0.12 两多。本表未将其列入固定课额统计。

b. 此数据为嘉庆五年征自正引与票引的课额。

c. 此为额征，是年实征为 129804 两，欠课比例相当高。见王庆云《石渠余纪》卷5，第29b 页。

附表 21 乾隆后期两广盐区人口数

单位：人

地区		人口数	资料来源
广东	全省	14820732	《清朝文献通考》卷 19，第 56a 页 [a]
广西	全省	5381984	《清朝文献通考》卷 19，第 56a 页
江西	+南安府	551932	光绪《江西通志》卷 47，第 34a 页 [b]
	+赣州府	2041909	光绪《江西通志》卷 47，第 36a 页 [b]
	+宁都州	819892	光绪《江西通志》卷 47，第 40a 页 [c]
湖南	+郴州	577949	乾隆《大清一统志》卷 288，第 5b 页 [d]
	+桂阳州	479725	乾隆《大清一统志》卷 290，第 3b 页 [e]
	+酃县	97834	同治《酃县志》卷 7，第 1b 页 [f]
贵州	+黎平	282000	曹树基：《中国人口史》第 5 卷《清时期》，第 264 页 [g]
福建	+汀州府	1265000	曹树基：《中国人口史》第 5 卷《清时期》，第 182 页 [h]
合计		26318957※	

a. 曹树基《中国人口史》第 5 卷《清时期》重建的乾隆四十一年数据为 1844.5 万人，可资参考。

b. 此为乾隆四十七年数据。

c. 此为乾隆四十七年数据，宁都在清初归赣州府管辖，乾隆十九年升为直隶州，辖瑞金、石城二县，故乾隆《大清会典》盐法部分将其纳入赣州府行盐范围，与本书研究时间段有异，易造成误解，谨此说明。

d. 方志无乾隆后期人口数据，曹树基《中国人口史》第 5 卷《清时期》推算乾隆四十一年郴州人口为 72.2 万人。

e. 方志无乾隆后期人口数据，曹树基《中国人口史》第 5 卷《清时期》推算乾隆四十一年桂阳州人口为 78.1 万人。

f. 此为乾隆六十年数据。

g. 方志无乾隆后期人口数据，此数据系曹树基《中国人口史》第 5 卷《清时期》推算数。

h. 方志无乾隆后期人口数据，此数据系曹树基《中国人口史》第 5 卷《清时期》推算数。乾隆《大清一统志》卷 333 第 6a 页的记载为 199803 人，与嘉庆《大清一统志》数据 1684239 人差异太大，故用曹树基之数据。

附表22　嘉庆后期两广盐区人口数

单位：人

地区		人口数	资料来源
广东	全省	21558239	《户部清册》[a]
广西	全省	7422952	《户部清册》[a]
江西	＋南安府	619042	光绪《江西通志》卷47，第34b页[b]
	＋赣州府	2414951	光绪《江西通志》卷47，第36a页[b]
	＋宁都州	824306	光绪《江西通志》卷47，第40a页[b]
湖南	＋郴州	1027376	嘉庆《大清一统志》卷377，第5a页[c]
	＋桂阳州	791027	嘉庆《大清一统志》卷375，第3a页[d]
	＋酃县	109538	光绪《湖南通志》卷48，第29b页
贵州	＋黎平	423592	嘉庆《大清一统志》卷508，第3b~4a页[e]
福建	＋汀州府	1684239	嘉庆《大清一统志》卷434，第5b页[f]
合计		36875262[※]	

　　a. 此为嘉庆二十五年人口数，转引自姜涛《中国近代人口史》附录"1749~1898年分省人口统计"，第399页。

　　b. 此为道光元年数据。嘉庆《大清一统志》记载南安府滋生男妇大小共618993人，总计629165人；赣州府滋生男妇大小共2414820人，总计2573126人；宁都州滋生男妇大小824226人，总计852182人；广信府滋生男妇大小共1445252人，总计为2359171人，均与光绪《江西通志》数据接近。本表依从曹树基《中国人口史》第5卷《清时期》，采用光绪《江西通志》数据。

　　c. 光绪《湖南通志》卷49《赋役·户口》第22页载嘉庆二十一年郴州人口1024890人，曹树基《中国人口史》第5卷《清时期》据该志各县人口数加总得出郴州是年人口为931300人。

　　d. 光绪《湖南通志》卷49《赋役·户口》第34a页载嘉庆二十一年桂阳州为788186人，曹树基《中国人口史》第5卷《清时期》据该志各县人口数加总得出桂阳州是年人口为788168人。

　　e. 曹树基《中国人口史》第5卷《清时期》重建是年黎平府人口数为33.6万人。

　　f. 曹树基《中国人口史》第5卷《清时期》重建是年汀州府人口数为149.4万人。

附表 23　道光年间两广盐区人口数

单位：人

地区		人口数	资料来源
广东	全省	24762938	《户部清册》[a]
广西	全省	7601632	《户部清册》[a]
江西	＋南安府	619042	光绪《江西通志》卷 47，第 34b 页 [b]
	＋赣州府	2414951	光绪《江西通志》卷 47，第 36a 页 [b]
	＋宁都州	824306	光绪《江西通志》卷 47，第 40a 页 [b]
湖南	＋郴州	1027376	嘉庆《大清一统志》卷 377，第 5a 页 [c]
	＋桂阳州	791027	嘉庆《大清一统志》卷 375，第 3a 页 [d]
	＋酃县	109538	光绪《湖南通志》卷 48，第 29b 页 [e]
贵州	＋黎平	423592	嘉庆《大清一统志》卷 508，第 3b~4a 页 [f]
福建	＋汀州府	1684239	嘉庆《大清一统志》卷 434，第 5b 页 [g]
合计		40258641[※h]	

　　a. 此为道光十八年人口数，转引自姜涛《中国近代人口史》附录"1749~1898 年分省人口统计"，第 405 页。

　　b. 方志缺载道光十八年数据，此为道光元年数据。参见附表 22 注释 b。如按《户部清册》从道光元年到道光十八年的江西人口增长率来推算，道光十八年南安、赣州、宁都的人口数应分别为 640962 人、2500466 人、853495 人。

　　c. 方志缺载道光十八年数据。光绪《湖南通志》卷 49《赋役·户口》第 22 页载嘉庆二十一年郴州为 1024890 人，曹树基《中国人口史》第 5 卷《清时期》据该通志各县人口数加总得出郴州是年人口为 931300 人。如此，按曹树基判断的嘉道年间郴州和桂阳州人口年均增长率为 0.4%（《中国人口史》第 5 卷《清时期》，第 148 页）推算，则道光十八年郴州人口为 1121894 人。

　　d. 方志缺载道光十八年数据。光绪《湖南通志》卷 49《赋役·户口》第 34a 页载嘉庆二十一年桂阳为 788186 人，曹树基《中国人口史》据该通志各县人口数加总得出郴州是年人口为 788168 人。如此，按曹树基判断的嘉道年间郴州和桂阳州人口年均增长率为 0.4%（《中国人口史》第 5 卷《清时期》，第 148 页）推算，则道光十八年桂阳州人口为 863801 人。

　　e. 方志缺载道光十八年数据。依注释 b 方法推算，道光十八年酃县人口数为 119615 人。

　　f. 曹树基《中国人口史》第 5 卷《清时期》判断黎平府嘉庆年间到 1953 年年均人口增长率为 0.41%，据此推算道光十八年黎平府人口数应为 457479 人。

　　g. 曹树基《中国人口史》第 5 卷《清时期》判断汀州府嘉庆到道光年间年均人口增长率为 0.38%，据此推算道光十八年汀州府人口数应为 1810090 人。

　　h. 除广东、广西数据外，其他各府州数据为推算数，参见本表注释 b 至注释 g。

附表24　乾隆至道光年间两广盐区盐引数

单位：引（道），斤

时间	盐引数	每引重量	总重量	史料来源
乾隆五十六年	814510	235（广东、广西、湖南、福建）264（赣州、宁都）322（南安）	192515707※	1）道光《广东通志》卷166，第1页 [a]2）道光《两广盐法志》卷6，第76a~79a页；卷8，第26a~30a页；卷6~8的其他部分
嘉庆二十五年	814510	235（广东、广西、湖南、福建）264（赣州、宁都）322（南安）	192515707※	光绪《大清会典事例》卷227，第661页下 [b]
道光十六年	814510	235（广东、广西、湖南、福建）264（赣州、宁都）322（南安）	192515707※	道光《两广盐法志》卷8，第39a页
道光二十九年	814509	235（广东、广西、湖南、福建）264（赣州、宁都）322（南安）	192515472※	王庆云：《石渠余纪》卷5，第31a页

a. 史料1说明是年盐引数量。两广盐商经营极为灵活，总能设法增加余引，并且在额定盐引重量外不断加耗，甚至加一（即增加引盐定额10%）配运，这让乾隆极为不满。乾隆二十三年将余引全部改为正引，三十一年将广西余引亦改为正引。道光《广东通志》卷166《经政略·盐法》第1页记载了此事，称两广"原额引六十万五千五百八十三道零，乾隆二十三年余盐改引十七万六千六百九十五道，三十一年广西羡余增引三万二千七百三十二道"，形成814510道零的引额，王庆云《石渠余纪》卷5第31a页显示此引额延续到道光二十九年。两广盐区盐行六省（此外还有滇粤铜盐互易，嘉庆二十五年运粤盐1426706斤，行销云南广南、宝宁二府，"交百色埠商按年带运"。如果包括铜盐互易则行七省，但滇越铜盐互易，在两广盐区属百色埠带运，额引在百色埠，为六省之内），各地盐引重量不一，光绪《大清会典》记载为235斤、264斤、322斤不等，史料2呈现了这三种盐引重量的不同属地，分别是道光《两广盐法志》卷6第76a~79a页显示了南安府每引322斤，共派盐引12421引；道光《两广盐法志》卷6第75页和卷8第26a~30a页显示了赣州府和宁都直隶州每引264斤，共派盐引33770引；该书卷6~8的其他部分，显示两广盐区除赣州、宁都和南安外，其他各府州县均为每引235斤，共派引764259引。

b. 该史料说明是年盐引额，此额一直延续到道光二十九年。

附表 25　乾隆至道光年间两广盐区盐课额数

单位：两

时间	额课数		资料来源
	正课	盈余银	
乾隆十八年	468787	200613	乾隆《大清会典则例》卷 45，第 56b 页 [a]
嘉庆五年	644981	60392	光绪《大清会典事例》卷 227，第 661 页下 [b]
道光十六年	617031	0	道光《两广盐法志》卷 8，第 39b 页
道光二十九年	612126		王庆云：《石渠余纪》卷 5，第 31a 页 [c]

a. 本表所列为额课，非实征，盈余银已单列，两广盈余银亦非固定课额。

b. 已计入该年额课和盈余银。

c. 此为额征，是年实征为 532389 两，相较而言，实征比例较高。参见王庆云《石渠余纪》卷 5，第 31a 页。

附表 26　乾隆后期福建盐区人口数

单位：人

地区		人口数	资料来源
福建	全省	11219887	《清朝文献通考》卷 19，第 55b 页 [a]
	－ 汀州府	1265000	曹树基：《中国人口史》第 5 卷《清时期》，第 182 页 [b]
合计		9954887[※]	

a. 此为乾隆四十一年数据，曹树基《中国人口史》第 5 卷《清时期》第 189 页重建数据为 1287.9 万人，考虑到清代台湾府食盐在雍正元年后自产自销，"官收官卖"（光绪《大清会典事例》卷 226，第 653 页），并不行销福建盐，而乾隆四十七年福建巡抚雅德奏称"台湾府属实在土著、流寓民户男妇大小共九十一万二千九百二十名口"（转引自曹树基《中国人口史》第 5 卷《清时期》，第 188 页），即台湾府有 912920 人，故在参照曹树基的重建数据后，《清朝文献通考》的数据更适合本表的研究目的。

b. 参见附表 21 注释 h。

附表 27　嘉庆后期福建盐区人口数

单位：人

地区		人口数	资料来源
福建	全省	16066553	《户部清册》[a]
	- 汀州府	1684239	嘉庆《大清一统志》卷 434，第 5b 页 [b]
		14382314[※]	

a. 此为嘉庆二十五年数据，转引自姜涛《中国近代人口史》附录 "1749~1898 年分省人口统计"，第 399 页。曹树基《中国人口史》第 5 卷《清时期》第 189 页重建数据为 1475.8 万人（不含台湾府重建数据的 178.7 万人）。

b. 参见附表 22 注释 f。

附表 28　道光年间福建盐区人口数

单位：人

地区		人口数	资料来源
福建	全省	17459379	《户部清册》[a]
	- 汀州府	1684239	嘉庆《大清一统志》卷 434，第 5b 页 [b]
合计		15775140[※]	

a. 此为道光十年数据，转引自姜涛《中国近代人口史》附录 "1749~1898 年分省人口统计"，第 405 页。

b. 参见附表 23 注释 g。

附表 29　乾隆后期至道光年间福建盐区盐引数

单位：引（道），斤

时间	盐引数			每引重量	总重量	资料来源
	正引	余引	额外余引			
乾隆四十一年	545062	401423	123000	675（西路） 100（东南二路）	138404450[※]	1）乾隆《大清会典则例》卷 45，第 50b~51a 页 [a] 2）光绪《大清会典事例》卷 226，第 653 页下 ~654 页上 [a] 3）道光《福建盐法志》卷 11，第 2a~3b、24a 页 [a]

续表

时间	盐引数			每引重量	总重量	资料来源
	正引	余引	额外余引			
嘉庆五年	545062	401423	123000	675（西路）100（东南二路）	138404450※	1）乾隆《大清会典则例》卷45，第50b~51a 页 2）光绪《大清会典事例》卷226，第653 页下~654 页上 3）道光《福建盐法志》卷11，第2a~3b、24a 页
嘉庆二十五年	545062	387422	123000	675（西路）100（东南二路）	137004350※	1）光绪《大清会典事例》卷226，第657 页上 2）道光《福建盐法志》卷11，第2a~3b、24a 页 b
道光二十九年	545062	387422	123000	675（西路）100（东南二路）	137004350※	王庆云：《石渠余纪》卷5，第30b~31a 页 c

　　a. 此三条史料说明自乾隆十八年到道光十年，福建正引额一直稳定。史料2 说明额外余引从乾隆十八年到嘉庆六年一直相对稳定在 123000 道，史料3 第24a 页再次说明从嘉庆六年到道光十年，额外余引一直稳定在 123000 道。同时，史料3 更详列了西路、东路、南路盐引分配情况，分别是正引西路 25026 引，东南二路 520036 引；余引西路 23530 引，嘉庆六年前东南二路 377893 引，嘉庆六年及其后 363892 引。然而额外余引未见西路与东南二路分配情况，所幸正引与余引的西路和东南二路分配占比基本为 5：95，故可按此比例对已经明确定额化的额外余引做分配推算。

　　b. 史料2 卷11 第2a~3b 页说明嘉庆六年福建盐区减派南路福清、晋江、南靖、莆田等地余引 14000 引，此后福建盐区余引额为 387422 引。

　　c. 王庆云《石渠余纪》此处记载的是额引 932485 引，与道光《福建盐法志》卷11《引目》第3b 页对正余引的汇总统计一致，故本表仍分拆为正、余引计入。

附表30 乾隆至道光年间福建盐区盐课额数

单位：两

时间	额课数			资料来源
	正课	盈余银	额外余课	
乾隆十八年	173060	141769	不详	乾隆《大清会典则例》卷45，第50b~51a页 [a]
嘉庆五年	174830	143587	不详	光绪《大清会典事例》卷226，第653页下~654页上 [b]
道光十年	362212			道光《福建盐法志》卷14，第39a页
道光二十九年	333010			王庆云:《石渠余纪》卷5，第30b页 [c]

　　a.本表所列为额课，非实征，但福建盐区盈余银类似正额盐课，须计入总的固定课额统计。惟有额外余引之课，类似于其他盐区之盈余银，无定额，始终属于"每年尽销尽报，无定额"（乾隆《大清会典则例》和光绪《大清会典事例》均如此记载）。

　　b.已计入该年额课和盈余银。

　　c.此为额征，是年实征为153929两，实征比例较低。见王庆云《石渠余纪》卷5，第30b页。

附表31 乾隆后期四川盐区人口数

单位：人

地区		人口数	资料来源
四川	全省	11135394	《乾隆六十年分四川通省民数册》[a]
云南	+东川府	未编人丁	道光《云南通志稿》卷56，第56a页 [b]
	+昭通府	未编人丁	道光《云南通志稿》卷56，第56b页 [c]
	+曲靖府	195000※	曹树基:《中国人口史》第5卷《清时期》，第244页 [d]
湖北	+施南府	802285	乾隆《大清一统志》卷274，第5a页 [e]
	+鹤峰州	73928※	缺载 [f]
	+长乐县	47752※	光绪《长乐县志》卷9，第1b页 [g]

续表

地区		人口数	资料来源
贵州	全省	5100764	《清朝文献通考》卷19，第60b页 [h]
	－镇远	489000	曹树基：《中国人口史》第5卷《清时期》，第264页
	－思州	106000	曹树基：《中国人口史》第5卷《清时期》，第264页
	－铜仁	101000	曹树基：《中国人口史》第5卷《清时期》，第264页
合计		16659123[※]	

　　a. 此为乾隆六十年数据，转引自刘铮云《清乾隆朝四川人口资料检讨：史语所藏〈乾隆六十年分四川通省民数册〉的几点观察》，载"中研院"历史语言研究所出版品编辑委员会编《中国近世家族与社会学术研讨会论文集》，台北，1988，第307页。其实，这正是《户部清册》记载的数字。清代中后期四川人口数据有《四川通省民数册》、嘉庆《四川通志》和嘉庆《大清一统志》三种来源，来自中央档案的《通省民数册》数据最符合本研究的需要，故本表利用了此数据。但需要说明的是，经过施坚雅、刘铮云、曹树基的研究之后，学界发现在人口统计的精确度上，三者均有其不足之处。这是因为，清代四川盐区人口问题相当复杂，该盐区涉及四川、贵州、云南三省，这一地区人口统计的第一个问题是当地有大量当时人称为"苗""夷""番"的少数民族人口，这些人在清初主要在土司统治之下，改土归流之后，缓缓进入编户齐民系统。这一过程随时间变化，对他们的登记准确程度并不统一，少数民族人口常有漏载，所幸本研究的目的在于理解官方的盐引分配和盐课征收逻辑，故其影响不大。第二个问题是明清之交四川有大规模战争，造成人口数量急降，到清中叶又出现人口大规模增长，数量急升，亦不容易统计。所幸本研究侧重于乾隆四十一年之后，故仍可为之。不过，《清朝文献通考》卷19第55b页记载乾隆四十一年人口数为7789791人，《乾隆六十年分四川通省民数册》记载的乾隆六十年四川人口数为1113.4万余人，在一定程度上似乎也显示出四川人口特殊增长率的合理性。

　　b. 道光《云南通志稿》卷56《食货志一之二·户口下》第56页在著录东川府户口时，明确宣称"东川府俱系夷户，并未编丁"。曹树基《中国人口史》第5卷《清时期》第244页重建数据为18.6万人。

　　c. 道光《云南通志稿》卷56《食货志一之二·户口下》第56页明确说"昭通府俱系夷户，并未编丁"。曹树基《中国人口史》第5卷《清时期》第244页重建数据为46万人。

　　d. 曲靖府辖二县六州，仅其中南宁县、平彝县和沾益州划入川盐区。曹树基《中国人口史》第5卷《清时期》第244页重建该府乾隆四十一年数据为39万人，考虑到南宁为附郭县，故暂以此三州县人口数占全府人口数一半来理解。当然，这一处理毫无精确度，并不可靠。

　　e. 方志无乾隆后期人口数据，曹树基《中国人口史》第5卷《清时期》推算乾隆四十一年为 77.9 万人。参见附表 1 注释 l。

　　f. 史料缺载乾隆后期数据，据道光《鹤峰州志》卷 5《赋役》第 3a~b 页数据和光绪《长乐县志》卷 9《赋役》第 1b 页数据，两州县改土归流时原丁额以及增长到乾隆三十七年的滋生丁额之和，长乐共 1266 丁，鹤峰共 1960 丁，意味着鹤峰州承担的丁役明显较长乐为多。而咸丰三年长乐口数为 47752 口，据此比例推算咸丰三年鹤峰口数为 73928 口。考虑到本研究的目的，此数据占比甚小，几乎不影响分析结论，故暂权宜用此数据。参见附表 1 注释 m。

　　g. 方志无乾隆后期人口数据，此为咸丰三年数据。参见附表 1 注释 n。

　　h. 为尽量接近四川数据的年份，此处选取乾隆四十八年数据。《清朝文献通考》卷 19 记载乾隆四十一年贵州人口为 5003177 人，乾隆四十五年为 5081157 人。据此增长率推算，乾隆六十年贵州人口应为 5248010 人。

附表 32　嘉庆后期四川盐区人口数

单位：人

地区		人口数	资料来源
四川	全省	26259320	《户部清册》[a]
云南	+ 东川府	未编人丁	道光《云南通志稿》卷 56，第 56a 页
	+ 昭通府	未编人丁	道光《云南通志稿》卷 56，第 56a 页
	+ 曲靖府	304000※	曹树基：《中国人口史》第 5 卷《清时期》，第 244 页[b]
湖北	+ 施南府	802285	乾隆《大清一统志》卷 274，第 5a 页[c]
	+ 鹤峰州	73928※	缺载[d]
	+ 长乐县	47752※	光绪《长乐县志》卷 9，第 1b 页[e]
贵州	全省	5389087	嘉庆《大清一统志》卷 499，第 19b~20a 页[f]
	− 镇远	579434	嘉庆《大清一统志》卷 503，第 4a 页[g]
	− 思州	127211	嘉庆《大清一统志》卷 506，第 3a 页[h]
	− 铜仁	131844	嘉庆《大清一统志》卷 507，第 2b 页[i]
合计		32037883※	

　　a. 此为嘉庆二十五年数据。转引自姜涛《中国近代人口史》附录"1749~1898 年分省人口统计"，第 399 页。曹树基《中国人口史》第 5 卷《清时期》重建数据为 2356.5 万人。

　　b. 参见附表 31 注释 d。曹树基《中国人口史》第 5 卷《清时期》第 244 页重建该府嘉庆二十五年数据为 60.8 万人。

　　c. 参见附表 1 注释 l。

　　d. 参见附表 2 注释 j。

　　e. 参见附表 1 注释 n。

　　f. 曹树基《中国人口史》第 5 卷《清时期》重建嘉庆二十五年贵州全省人口数为

7478000 人，可资参考。

　　g. 参见附表 2 注释注 p。

　　h. 参见附表 2 注释 q。

　　i. 参见附表 2 注释 r。

附表 33　乾隆后期至道光年间四川盐区盐引数

单位：引（道），斤

时间	盐引数		每引重量	总重量	资料来源
	水引	陆引			
乾隆六十年	26847	128734	5000（水引）400（陆引）	185728600[*]	光绪《四川盐法志》卷 17，第 21a~27a 页 [a]
嘉庆五年	28833	131288	5000（水引）400（陆引）	196680200[*]	光绪《大清会典事例》卷 228，第 675 页下
嘉庆十七年	29018	136232	5000（水引）400（陆引）	199582800[*]	光绪《四川盐法志》卷 22，第 7a 页
嘉庆二十四年	30178	138229	5000（水引）400（陆引）	206181600[*]	光绪《四川盐法志》卷 23，第 6b 页
道光二十九年	29516	137878	5000（水引）400（陆引）	202731200[*]	王庆云：《石渠余纪》卷 5，第 31b 页 [b]
道光三十年	30178	138229	5000（水引）400（陆引）	206181600[*]	光绪《四川盐法志》卷 23，第 6b 页

　　a. 据光绪《四川盐法志》卷 17《引票二·历年增引》统计，其中扣减了因水灾而割除的盐引数。

　　b. 与光绪《四川盐法志》卷 23《征榷四·积欠》记载略有出入，暂不知原因。

附表34　乾隆至道光年间四川盐区盐课额数

单位：两

时间	额课数		资料来源
	正课	盈余银	
雍正七年	73332		光绪《四川盐法志》卷20，第11b 页 [a]
嘉庆五年	148486	152356[※]	1）光绪《大清会典事例》卷228，第675 页下 [b] 2）光绪《四川盐法志》卷23，第2a、6b 页
嘉庆十七年	306026		光绪《四川盐法志》卷22，第7a 页 [c]
嘉庆二十四年	296222		光绪《四川盐法志》卷23，第6a 页
道光二十九年	288247		王庆云：《石渠余纪》卷5，第31b 页 [d]

a. 本表所列为额课，雍正七年数据未含羡余银。

b. 已计入该年额课和盈余银。光绪《大清会典事例》卷228《户部·盐法·四川》记载，四川"每引预发余引，存储巡抚衙门，有请增额引者，即将余引给发以作额引，应增课银，归入额课项下报销"，同时记载该年正课额为148686 两8 钱，可见四川盈余银已入额课。是年《大清会典事例》和光绪《四川盐法志》并无羡余银记载，参考乾隆四十五年和珅奏称"每年应征盐引羡余银十四万八千九百余两"（光绪《四川盐法志》卷23，第2a 页）以及道光三十年徐泽醇奏称嘉庆二十四年以前四川应征"羡截银十五万五千八百一十三两零"（光绪《四川盐法志》卷23，第6b 页）的说法，计入了其平均值以做参考。

c. 此为嘉庆十七年"课羡共银"，即含盈余银的总课银，按光绪《四川盐法志》卷23 第6b 页的记载，是年羡截银为155813 两，已计入本栏课银总额。

d. 此为额征，是年实征为145906 两，实征率仅50% 左右。见王庆云《石渠余纪》卷5，第31b 页。

后 记

本书的构思与写作得到了众多朋友的关心、帮助与支持。近几年来，我们一群人，在西樵，在珠海，在中大马岗顶，开过多次小型学术研讨会，设专题讨论明清盐史问题，多次讨论到我的书稿。温春来、陈海立、黄凯凯、谢晓辉、黎文靖、任建敏、李晓龙、杜丽红、李义琼、叶锦花、徐靖捷、韩燕仪、李幸等人，都曾对全书的结构和具体的内容提出了建议。尤其是温春来，几乎全程参与了我书稿写作与修改的"思想过程"，在我想放弃本书写作的时候，给了我很多鼓励，并对全书的结构和关键性概念提出许多建议，书中一些重要概念的斟酌使用，他出力甚多。他的哲学和社会科学素养极佳，这对我使用学术概念起到了至关重要的作用。本书的框架还得益于彭凯翔、曹树基、申斌、刘永华、蒋宏达、邱永志、袁为鹏等教授在会议、论文答辩和学术聊天等各种情境下给予的启发。刘志伟师近年来建构贡赋体系理论，盐成为他理论思考中的一个重要构件，他对我们的盐史研究给予了许多关注，经常与我们一起讨论波兰尼、希克斯、梁方仲、吴承明等大家的理论，给了我很多启发和鼓励。

本书初稿得到了温春来、谢晓辉、黎文靖、黄凯凯、韩燕仪、任建敏、刘正刚等朋友的审阅与修订，在此过程中，黎文靖和谢晓辉提供了关于规制经济学理论方向的建议，黄凯凯为本书提供了个别关键史料，胡剑波、朱迪、顾浩、杨贤毅、刘雅君、李知真、康婕、夏薇为本书校核了部分文献来源。

本书的出版，得益于社会科学文献出版社历史学分社郑庆寰社长的支持。郑社长对我帮助有加，令我感激不尽。出版社陈肖寒编辑对书稿字斟句酌，从思路到逻辑以及史料、文字、数据的审定，都极其认真，对本书贡献良多，令人动容。需要说明的是，本书的修订事实上截止于 2021 年 1 月，此后的最新研究，本书未能一一吸纳，还请读者诸君见谅。此外，本书重点在于探索清代盐政的原理，对盐政运行中的细节呈现得不够细致，并且在个别章节中，主要讨论的是结构性问题，对历时性变化也未给予特别关注，这只能寄希望于志同道合的诸君的未来努力。

本书的完成，算是我盐史研究一个阶段的总结。远在 1991 年，当我在中山大学梁铢琚堂售票厅附近和陈春声老师一起散步的时候，陈老师建议我硕士学位论文可以写盐。自那时开始，已经三十余年。写硕士学位论文时，我并不知道盐的重要意义，到写博士学位论文，我也没有将论文的问题意识放在盐上。今天交出这部书稿，总算是对老师三十余年来的关心、帮助和支持的一个并不成功的交代。我终于明白，盐在传统时期，几乎可以媲美近三十年房地产对财政的意义。显然，此话并不稳妥，不过通俗易懂，姑且留在这里吧。

在这三十余年中，我一直得到两位家人的支持。内人（应其要求隐姓埋名）有着客家女性的传统美德，温婉、贤淑、吃苦耐劳，在繁重的教学工作之余，承担了几乎全部家务，我因此可以跟一帮"狐朋狗友"一起在小辣椒、红头船、404、人民公社等地畅聊学问，而不必照顾家庭琐事。她还无条件地支持我各种奇怪的爱好，宽容我的懒惰，经常劝我注意身体，少做研究，却又一直陪着我看书思考和写作，直至深夜。她以自己的辛劳作为对我的支持，保证了我心情的舒畅和写作的效率。晚上一起散步时，她还常跟我聊起各种大事、奇事和怪事，更让我惊喜的是，她常常一语中的，讲透我研究中历史情节的关键和奥妙。那位出生两三个月就枕着我臂弯睡觉的女儿，完全继承了父母亲的"傻乖"，从小学到博士，除了有时候会像男孩子一样出远门忘记报平安，竟然不需要我花时间操心其他事情。博士阶段进入社会语言学领域，她开始和我的社会史理路有了些理论上的交集，一起探讨我那些无聊的食盐话题，也给了我不少启发。这样的孩子，如果不是遇到特殊政策，真的应该多要一打。总之，这是两个让我安心做自己事情的人，非常值得感谢。还有在天堂的父母，你们的养育之恩、你们的偏爱，除了在经济上对懵懂少年的我，给予了极大支持，也让我的人生轨迹可以按照自己的想法"随波逐流"。三位哥哥和一位姐姐，小时候你们读书都挺厉害的，但因为各种原因，你们最终把上学的机会都留给了我，还在我的求学路上给出了各种支持。祈愿大家幸福！

我还要感谢我的硕士导师黄启臣教授。因为有您的支持、鼓励与帮助，我才有机会从罗霄山走到广州，走进历史学，成为明清社会经济史的从业人员。遥想当年考研时，我居然大言不惭地跟您说，"我们以后合作写一部《明清经济史》教科书吧"，现在想来，这该有多么的幼稚啊。显然，这部教科书，您不会写了，我也不会写了，但这本清代盐政的书，可以算是当年我信口开河的一个弥补吗？

"光阴似箭，日月如梭"，这一儿时老师让我们背诵的金句，已从少不更事的学生写作文时形容时间飞逝的一个表达，残酷地变成了切切实实的感触。我和我几个朋友一样，硕士、博士时期想写的书，现在基本写完了。那就换个选题，准备写下一本书吧。

　　　　　　　　　　　2020 年冬初志，2023 年春补记

图书在版编目(CIP)数据

规制如何生财：清代盐政基本原理研究: 1644~
1850 / 黄国信著. -- 北京 : 社会科学文献出版社,
2024. 7（2025.3重印）. -- （新经济史丛书）. -- ISBN 978-7-5228
-3708-6

I . F426.82

中国国家版本馆CIP数据核字第2024VC8472号

·新经济史丛书·

规制如何生财：清代盐政基本原理研究（1644~1850）

著　　者 / 黄国信

出 版 人 / 冀祥德
责任编辑 / 陈肖寒
责任印制 / 王京美

出　　版 / 社会科学文献出版社·历史学分社（010）59367256
　　　　　　地址：北京市北三环中路甲29号院华龙大厦　邮编：100029
　　　　　　网址：www.ssap.com.cn
发　　行 / 社会科学文献出版社（010）59367028
印　　装 / 北京联兴盛业印刷股份有限公司

规　　格 / 开　本：787mm×1092mm 1/16
　　　　　　印　张：17　字　数：210千字
版　　次 / 2024年7月第1版　2025年3月第2次印刷
书　　号 / ISBN 978-7-5228-3708-6
定　　价 / 88.00元

读者服务电话：4008918866